Space and Time in History of Education: The Schoolhouse and the Daily Program in American History

空間と時間の教育史

アメリカの学校建築と授業時間割からみる

宮本健市郎

関西学院大学研究叢書　第196編

東信堂

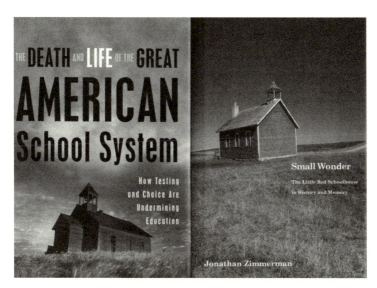

図 A　教会モデルの校舎
出典：左 D. Ravitch, *The Death and Life of American School System* (Basic Books, 2010) のカバー；右 J. Zimmerman, *Small Wonder* (Yale University Press, 2009) のカバー

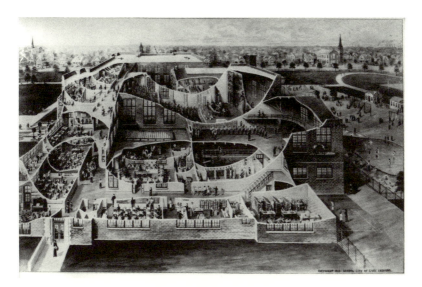

図 B　工場モデルの校舎
出典：William A. Wirt, *The Great Lockout in America's Citizenship Plant* (Gary, Indiana: Printed by Students of Horace Mann School, 1937) p.5

図C　家庭モデルの校舎（外観）
出典："School at Winnetka, Illinois," *The Architectural Review*, Vol.91（Jan., 1941）p.3

図D　家庭モデルの校舎（屋内）
出典：N.L.Engelhardt, N.L.Engelhardt, Jr. & S.Leggett, *Planning Elementary School Buildings*（New York: F. W. Dodge Corporation, 1953）p.121

口絵 iii

WILLIAM B. ITTNER

図E　ウィリアム・B・イトナー

Courtesy of Missouri History Museum, St. Louis

図F　ウィリアム・B・イトナー
Cecil Morrison Baskell ed., *Men of Affairs in Saint Louis: A Newspaper Reference Work* (Press Club of St. Louis, 1915)

口絵 v

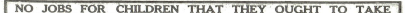

図G　アリス・バロウズ

The New York Times, 1913年3月2日

School Buildings After War Expected to Be More Useful

Expert on Planning at Columbia Says They Will Serve a Variety of Public Purposes

School buildings after the war will be built to meet community needs as well as academic demands and will be adaptable to a variety of public functions, Dr. N. L. Engelhardt, Professor of Education at Teachers College, Columbia University, declared yesterday. Dr. Engelhardt is a specialist in the planning of school buildings and has acted as educational consultant

Blackstone
Dr. N. L. Engelhardt.

図H　N. L. エンゲルハート

The New York Times, 1942年3月15日

図I　ウィリアム・A・ワート
出典：Library of Congress Prints and Photographs Division Washington, D.C. 20540 USA
http://hdl.loc.gov/loc.pnp/pp.print（米国議会図書館より）

図 J　L. B. パーキンス

©Perkins+Will
左は、Philip Will, Jr. 右が Lawrence B. Perkins

はしがき

　本書は、独立前後から 20 世紀に至るアメリカ合衆国における学校建築と授業時間割の変遷をたどり、学校教育の実態とその背後にあった教育思想を解明することを目的としている。なかでも、19 世紀末から 20 世紀前半までの新教育運動の時期に起こった学校の変貌に焦点を当てた。アメリカの新教育は、一般には進歩主義教育と呼ばれ、子ども中心を標榜する教育改革をめざしていた。子ども中心の思想が、学校建築と授業時間割にどのような影響を与えたか、その実態を描き出すことが本書の主題である。アメリカの状況が日本に与えた影響をみるために、明治期から昭和戦前期までの授業時間割の変化も調べたが、直接的な関連は見出しがたく、付章として収録することにした。

　近代社会の重要な特徴のひとつは、空間や時間が細分化されたことであった。現代では、生活の空間、遊ぶ空間、仕事のための空間、住民の憩いの空間、学習のための空間など、明確な機能をもった空間がいろいろなところに出現している。学校は学習のための空間と見なしてよいだろうが、その中が、さらに、教室、講堂、体育館、音楽室、遊戯室などに区分されている。人間は、これらの多様な空間のなかを移動しながら生きている。空間の場合と同様に、時間も細分化されている。年齢によって大人と子どもの区別を明確にしたのは近代になってからである。今では、ほとんどの国で義務教育制度が確立し、教育を受けるための特別な時間が設定されている。学校には学年があり、また、学校が決める一週間の予定表や、毎日の時間割表がある。このように細分化された空間と時間のなかで子どもは生きている。

　19 世紀末からの新教育運動は、このような細分化された空間と時間に対する反発であったととらえることができる。子ども中心を標榜した人々が、子どもの自然や自発性を強調したとき、細分化された空間や時間が子どもの自由を奪っていることを意識し始めた。空間と時間を解放し、子どもの自由を保障しようとする動きが始まったのである。この運動がどのような成果を

あげたか、あるいは失敗したかは、単純に決めることはできない。本書は、進歩主義教育の時代を中心に、子どもが経験した空間と時間の実態とその変貌を描き出すことを目指した。

しかしながら、空間と時間と歴史を具体的に描き出すことは至難である。具体的にどのような事象をとらえ、どのような観点から分析すればよいのか。筆者に明確な見取り図があったわけではない。たしかに、西洋教育史や思想研究の分野ではわが国にも多くの研究蓄積があるし、近年では教育の制度や教育実践についても手堅い研究が生みだされている。とくに本書が対象とする新教育運動についての研究は、21世紀になって新しい観点からの研究が次々に発表されるようにはなった[1]。それでも時間と空間に焦点を絞ったものは非常に限られていた。

そこで、筆者は、学校建築と授業時間割に焦点を当てることにした。そのうえで、次の二つの視点を重視した。

第一は、具体性である。空間や時間についての、子どもの経験の実相を解釈し、描き出すことは不可能ではない。授業についての研究歴史であるなら、そうすべきだろう。だが、本書は、それよりも、建築や時間割表という具体的な事物の変化を取り上げることを重視した。現代人である私たちは、学校がつくりあげる空間や時間をあまりに自明なものとして受け止めているように思われたからである。先に私自身「学校は学習のための空間」と記したが、実際の機能はそれに限定されてはいないはずである。素朴実証主義という批判もあるかもしれないが、近代の学校のありかたそのものを批判する以上、まずは具体的な事実の解明をしていく。

第二は、空間構造と時間編成の変貌を関連づけることである[2]。筆者は、本研究に取り掛かったころ、時間は自己の気分やリズムの問題であり、自分の意識しだいで操作可能であると考えていた。しかしながら、必ずしもそうではないことがわかってきた。子どもがどのような空間にいるかということが、子どもの時間認識に大きな影響を与えている。たとえば、個別の机に座っているときと、4人が共同で使用する大きな机についているときとでは、子どもの時間認識は異なる。大きな講堂と小さな講堂では、子どもの時間感覚

は違うはずである。空間構成と時間割編成との密接なつながりは見逃しては
ならないのである。

　私の立場は、新教育運動のなかから生まれてきた学校建築や時間割編成を、
子どもの自由やリズムを尊重しようとする方法として称揚しようとすること
ではない。かといって、もちろん、19世紀の学校秩序や、それ以前の無秩
序を肯定するわけでもない。ただ、この2世紀にわたって、子どもの自由や
個性や社会性を育てるための環境をつくり上げようとしてきた人間の試みを
記し、その成果も失敗も、教訓として将来の世代に伝えることが自分の使命
と考えているのである。

　本書の意図が十分に達成されているかは心許ない。しかし、学校は、すべ
ての子どもが安心して生活し、学習し、人格を成長させるところであり、同
時に、民主主義社会の成員としての社会性を養うところなければならない。
学校および学校を取り巻く地域の教育環境を改善することが必要であるとい
う確信は、本研究をとおしていっそう強まった。それは教育にかかわるすべ
てのものに共通の課題である。そのために、筆者も、親、教師、研究者と協
力して努力していきたいと思っている。

　2018年1月2日

　　　　　　　　　　　　　　　　　　　　　　　　　宮本健市郎

註
　1　宮本健市郎「新教育」教育史学会編『教育史研究の最前線II——60周年記念誌』（六
　　花出版、近刊）所収
　2　空間と時間の両方を指す日本語として「場」という言葉がある。場所、場面という
　　ことばを連想すればわかりやすいだろう。空間と時間の関連を考察することは高度な
　　哲学的な課題であり、本書では深入りしないが、両者の関連の深さは明らかである。

目次／空間と時間の教育史
——アメリカの学校建築と授業時間割からみる——

はしがき………………………………………………………………………ix
序章　空間と時間の教育史へ ………………………………………………3

第一部：アメリカにおける学校空間の構成原理

第1章　進歩主義教育運動における学校建築思想の転換
　　　　——教師中心の教場から子ども中心の学習環境へ …………………13
はじめに　(13)
　I　教師中心の教場と教室——教会モデルの校舎 ………………………14
　　　1　教室の秩序の追求　(15)
　　　2　教師の権威　(17)
　　　3　小さな赤い校舎の神話　(18)
　II　大規模校舎の出現——工場モデルの校舎………………………………19
　　　1　安全、採光、暖房、換気等の技術の向上
　　　　　——「開放型」校舎の出現　(20)
　　　2　学校建築の芸術性　(24)
　　　3　施設・設備の豊富化　(24)
　　　4　校舎中心／教科中心の教育　(28)
　III　子ども中心の校舎への動き——建築と教育の接続 …………………29
　　　1　ウィリアム・B・イトナーの教育思想——変化する教育への対応　(29)
　　　2　アリス・バロウズの教育思想——劇場としての講堂　(31)
　IV　子ども中心の学習環境——家庭モデルの校舎………………………33
　　　1　校舎のデザインにおける教育者の役割　(34)
　　　2　家庭モデルの教室　(37)
　　　3　クロウ・アイランド小学校の歴史的意義　(41)

おわりに　(41)

第2章　学校建築における講堂の出現と変貌 ……………………………… 47

はじめに　(47)

Ⅰ　ホールから集会場へ ……………………………………………………… 48

　1　一教室学校　(48)

　2　ホールの出現　(48)

　3　集会場の出現　(57)

Ⅱ　講堂の普及──工場モデルの校舎 …………………………………… 62

　1　学校建築の技術革新　(62)

　2　講堂中心の校舎　(63)

Ⅲ　講堂の思想 ……………………………………………………………… 68

　1　学校と地域の接点としての講堂　(68)

　2　社会性または学校精神の形成　(70)

　3　プラツーン学校の講堂　(72)

Ⅳ　講堂から多目的室へ …………………………………………………… 74

　1　自己表現の場所としての講堂　(74)

　2　講堂の規模の縮小　(76)

おわりに　(79)

第3章　教育環境としての校舎の発見
　　　　──アリス・バロウズの学校建築思想 ……………………… 85

はじめに　(85)

Ⅰ　社会の実態調査と職業指導の推進 …………………………………… 86

　1　デューイとの出会い　(86)

　2　職業指導についての社会学的調査　(87)

Ⅱ　プラツーン学校運動──校舎への着目 …………………………… 89

　1　ニューヨーク市でのゲーリー・プラン推進運動
　　　──子どもの経験の豊富化　(89)

　2　全米の学校調査とプラツーン学校推進運動　(92)

3　プラツーン学校普及の実態　（95）

　Ⅲ　教育環境としての校舎……………………………………………96

　　1　都市における子どもの生活経験の貧困化　（96）

　　2　校舎の機能的計画　（98）

　おわりに　（100）

第4章　工場モデルから家庭モデルへ

　　　——エンゲルハートの学校建築思想…………………………104

　Ⅰ　工場モデル校舎の推進…………………………………………104

　　1　学校調査と工場モデルによる能率化　（104）

　　2　校舎採点簿の作成と基準の設定　（106）

　　3　校舎採点簿の特徴　（109）

　Ⅱ　家庭モデル校舎の提唱…………………………………………110

　　1　『初等学校校舎計画』（1953）の刊行　（110）

　　2　校舎採点簿の改訂　（114）

　Ⅲ　モダニズム建築と家庭モデル校舎の出現……………………116

　　1　工場モデルへの批判——モダニズム建築への着目　（116）

　　2　モダニズムの校舎　（117）

　　3　エンゲルハートの学校建築思想の展開　（121）

　Ⅳ　家庭モデル校舎は子どものアジールか………………………124

第二部：アメリカにおける授業時間割の編成原理

第5章　コモン・スクール成立期の時間割——神の代理としての教師……136

　はじめに　（136）

　Ⅰ　神と自然の支配する時間………………………………………136

　Ⅱ　学校の秩序維持のための時間割——教師の権威……………137

　Ⅲ　南北戦争前の時間割の実態……………………………………140

　おわりに　（143）

目 次　xv

第6章　工業化時代の時間割——管理の対象としての教師·····················146

はじめに　（146）

Ⅰ　機械時間の普及と学校経営の能率化···································146

Ⅱ　授業のシステム化と時間割の厳密化·································147

　　1　クラスの出現　（148）

　　2　グレイドへの時間配分　（152）

　　3　時計による管理の徹底　（158）

Ⅲ　教師の権威の衰退···161

　　1　時間割編成における教師の権限の制約　（161）

　　2　子どもの管理　（163）

　　3　教師の管理——権威の衰退　（164）

おわりに——科学的管理法としての時間割の成立　（165）

第7章　新教育運動期における時間割の弾力化

　　　　——教師の権威と専門性···170

はじめに　（170）

Ⅰ　科学的管理法としての授業時間割···································171

　　1　ゲーリー・プランの時間割　（171）

　　2　ゲーリー・プランの再検討　（173）

Ⅱ　時間割改革の始まり···174

　　1　子どもの自主性　（174）

　　2　時間割編成基準の探求　（176）

Ⅲ　子どもの自発性の発見——身体のリズムと自発性··············179

　　1　身体のリズム　（179）

　　2　自発性　（181）

Ⅳ　進歩主義学校の時間割——専門家としての教師·················183

　　1　時間割の弾力化と大ブロック化　（183）

　　2　個別学習と社会的活動　（188）

　　3　子どもの自由とリズム　（190）

おわりに——子どもの主体性と教師の専門性　（199）

終　章　新教育運動期における空間構成論と時間編成論の転換
　　　　──子ども中心と教師の権威と専門性 ……………………………… 205
　1　結論　（205）
　2　残された課題　（208）

付章　日本における授業時間割編成原理の展開 …………………………… 211
　はじめに　（211）
　　I　試行錯誤の時期──明治初期の時間割 ………………………………… 212
　　　1　明治初期の混乱　（212）
　　　2　師範学校式教則の普及　（213）
　　　3　明治初期の時間割の特徴　（215）
　　II　時間割の定型化──明治後期の時間割をめぐる議論 ……………… 216
　　　1　義務教育制度の整備と授業定型の成立　（216）
　　　2　時間割編成原理の定着　（218）
　　　3　休憩時間の定着　（220）
　　　4　教科配列法としての時間割編成　（221）
　　III　大正新教育期における時間割の変貌 ……………………………… 223
　　　1　生活と生命のための時間──リズム　（224）
　　　2　生活指導のための時間──郷土教育　（226）
　　IV　日本における時間割編成論の特質 ……………………………… 228

　主要参考文献 ……………………………………………………………… 243
　英文　アブストラクト …………………………………………………… 259
　巻末資料 …………………………………………………………………… 262
　あとがき …………………………………………………………………… 283
　索引 ………………………………………………………………………… 289

目 次　xvii

図表一覧

口絵
図 A：教会モデルの校舎　（i）
図 B：工場モデルの校舎　（i）
図 C：家庭モデルの校舎（外観）　（ii）
図 D：家庭モデルの校舎（屋内）　（ii）
図 E：ウィリアム・B・イトナー　（iii）
図 F：ウィリアム・B・イトナー　（iv）
図 G：アリス・バロウズ　（v）
図 H：N. L. エンゲルハート　（v）
図 I：ウィリアム・A・ワート　（vi）
図 J：L. B. パーキンス　（vii）
表 A：教師一人の公立小学校の割合　（12）
図 1-1：バーナードの構想した教室　（15）
図 1-2：ジョホノットの紹介した教室　（17）
図 1-3：クリーブランド市における校舎の発展　（21）
図 1-4：開放型の校舎　（23）
図 1-5：閉鎖型の校舎　（23）
図 1-6a：フレーベル校の地階　（26）
図 1-6b：フレーベル校の 1 階　（26）
図 1-6c：フレーベル校の 2 階　（27）
図 1-7：ゲーリー・プランの理念　（27）
図 1-8：クロウ・アイランド小学校の小さい机　（38）
図 1-9：クロウ・アイランド小学校の L 字型教室　（38）
図 1-10：クロウ・アイランド小学校のラウンジ　（40）
図 1-11：クロウ・アイランド小学校の講堂　（40）
図 2-1：ホーレス・マン推奨の教室　（49）
図 2-2：ジョージ・M・ウォートン校（ホールは通路）　（50）
図 2-3：ホリングワース校（ホールは通路）　（51）
図 2-4：ボストンの女子師範学校（ホールは中央）　（52）
図 2-5：ドイツの校舎はアウラが最上階で中心（1）　（54）
図 2-6：ドイツの校舎はアウラが最上階で中心（2）　（55）
図 2-7：ドイツの校舎はアウラが最上階で中心（3）　（56）
図 2-8：校舎中央にホールと廊下　（58）
図 2-9：校舎中央に廊下、両端にホール　（59）
図 2-10：16 教室ある校舎の中央に集会場　（60）
図 2-11：大規模ハイスクール校舎の中央に集会場　（61）
図 2-12：H 型校舎　（64）

xviii

図 2-13：講堂と集会場 （65）

図 2-14：最上階の集会場と各階のホール （66）

図 2-15：プラツーン学校の理念 （73）

表 2-1：講堂の減少 （74）

図 2-16：講堂の小規模化 （77）

図 2-17：多目的室のある校舎 （79）

図 2-18：空間関係ダイヤグラム （80）

表 3-1：アリス・バロウズが執筆した連邦教育局報告書 （94）

図 4-1：現代学校のようす （110）

図 4-2：多様な活動ができる教室 （111）

図 4-3：教室の屋外の連続 （113）

図 4-4：エマソン・ジュニア・ハイスクールの教室（ノイトラ設計） （119）

図 4-5：子どもの身体的・心理的ニーズ （120）

図 4-6：エンゲルハートが紹介した小学校の教室 （123）

第一表：初等学校校舎採点簿 （126）

第二表：エンゲルハート＝レゲット初等学校校舎採点簿 （127）

第三表：進歩主義教育と建築の対応表 （128）

図 5-1：学習時間プレートと時間割 （141）

表 5-1：エマーソンの提示した時間割 （143）

表 6-1：D. ペイジの示した時間割 （148）

表 6-2：学年制のない学校における理想的なプログラム （150）

表 6-3：ケロッグの提示した時間割 （151）

表 6-4：セント・ルイス市における教科内容の学年配当（1870 年ころ） （153）

表 6-5：1 週間あたりの教科別時間配当（クリーブランド市、1855-6 年） （154）

表 6-6：シカゴ市教育長が示した時間割 （155）

表 6-7：ホワイトが提案したスリー・グレイド・プログラム （157）

表 6-8：ボルドウィンの教場指令法 （159）

図 6-1：連動時計 （160）

表 6-9：セント・ルイス市の教科別授業時間数（1902 年） （162）

表 7-1：ゲーリー・プランの時間割 （172）

表 7-2：デューイ・スクールの典型的なプログラム （177）

表 7-3：デューイ・スクールの社会的仕事 （178）

図 7-1：子どものエネルギーのリズム（オーシア） （180）

表 7-4：バークのフリー・プレイ観察記録 （182）

表 7-5：リンカン・スクールの週間時間割（1925 年第 4 学年） （184）

表 7-6：成功した時間割（1938 年ころ、第 3 学年後半から第 4 学年前半） （185）

表 7-7：典型的な時間割（1955 年ころ、第 3-4 学年） （185）

表 7-8：子ども中心学校と伝統的学校の時間割の比較 （187）

表 7-9：ウィネトカ・プランの時間割 （189）

目 次　xix

表7-10：ドルトン・プランの時間割（1931-32年、第4-5学年）（190）
表7-11：リンカン・スクールの一日の時間割（1925年、第3学年）（191）
表7-12a：シティ・アンド・カントリー・スクールの週間時間割（192）
表7-12b：シティ・アンド・カントリー・スクールの一日の活動（193）
表7-13：能動的活動と受動的活動の交替（伝統的学校と進歩的学校の比較）（194）
図7-2a：伝統的学校の時間割編成概念（196）
図7-2b：進歩的学校（D校：リンカン・スクール）の時間割編成概念（197）
表7-14：私立の進歩的学校（E校：シティ・アンド・カントリー・スクール）の
　　　　授業の展開（198）
表7-15：コース・オブ・スタディで時間配当を決定していた州、都市または郡の割合
　　　　　　　　　　　　　　　　　　　　　　　　　　　　　　（200）

付章資料

資料1：静岡県小学校教則（三教科式教則）（230）
資料2：静岡県沼津一番小学（三教科式教則）（231）
資料3：熊谷県改正小学校教則（文部省式教則）（232）
資料4：静岡県金谷学舎課業表（文部省式教則）（233）
資料5：師範学校のテキストの一部（師範学校式教則1876年8月）（234）
資料6：岩手県矢沢下等小学教則（師範学校式教則1875年8月）（234）
資料7：ペイジの時間割表（235）
資料8：小学校令施行規則第四号表（1900年8月）（236）
資料9：白井毅『学級教授術』（1887年11月）（237）
資料10：広島高等師範学校附属小学校の時間割（237）
資料11：奈良女子高等師範学校附属小学校の時間割（238）
資料12：山崎博「体験記録 時間割の生活化」（239）

巻末資料

1　教会モデルの学校（262）
　1-1　教会モデルの校舎（262）
　1-2　教会モデルの教室（263）
　1-3　教会モデルの教室にある時間割（264）
2　工場モデルの学校（265）
　2-1a　工場モデルの校舎（外観）（265）
　2-1b　工場モデルの校舎（1階）（266）
　2-1c　工場モデルの校舎（2階と3階）（267）

2-2　工場モデルの校舎（平面図）（268）
3　プラツーン式校舎から活動プログラム型校舎へ　（269）
　3-1a　プラツーン式校舎（1 階）（269）
　3-1b　プラツーン式校舎（2 階）（269）
　3-2a　活動プログラム型校舎（1 階）（270）
　3-2b　活動プログラム型校舎（2 階）（270）
　3-3　活動プログラムのためのプロット・プラン　（271）
　3-4　L 字型教室の先駆　（272）
4　教室と講堂の変貌　（273）
　4-1　子どもの活動の連続性を重視した教室（ノイトラのデザイン）（273）
　4-2　空間の連続性を重視した教室（ノイトラのデザイン）（274）
　4-3　教室の変貌　（275）
　4-4　コミュニティ・ホールとしての講堂（カリフォルニア大学ロサンゼルス校
　　　附属実験学校）（276）
　4-5　講堂の小規模化（カリフォルニア大学ロサンゼルス校附属実験学校）
（277）
5　進歩主義の校舎（クロウ・アイランド小学校）（278）
　5-1　クロウ・アイランド小学校の平面図　（278）
　5-2　クロウ・アイランド小学校の教室　（279）
　5-3　クロウ・アイランド小学校のL字型教室　（280）
　5-4　クロウ・アイランド小学校のリソース・センター　（281）
　5-5　アジールのあるリソース・センター　（281）
　5-6　クロウ・アイランド小学校の子どもの絵　（282）

空間と時間の教育史
──アメリカの学校建築と授業時間割からみる──

序章　空間と時間の教育史へ

はじめに

　本書のねらいは、19世紀末から20世紀前半までの学校教育の実態を、空間構成と時間編成という観点からみていき、学校教育の機能の変質を明らかにすることである。その時代は、子ども中心の教育改革を標榜した新教育運動が世界的に盛り上がった時期であった。したがって、子ども中心の思想が、空間構成と時間編成にどのように反映されていたかを確かめることが具体的な課題となる。第一部では、空間構成をとりあげ、第二部では時間編成を取り上げる。

1　現代学校における空間構成論

　空間を合理的かつ能率的に整備することは、近代社会の重要な特徴のひとつである。家庭、仕事場、学校、遊び場など、私たちは様々な場所で時間を過ごす。かつて、家庭は養育や教育の単位であるだけでなく、生産の単位でもあった。徒弟制度は、仕事と教育を同時に実践する方法であった。しかし近代以後の社会では、様々な機能が混在していた空間が秩序づけられ、仕事のための空間、遊びのための空間、教育のための空間などに区分された。「整理」「整頓」の行き届いた秩序が「美的規準をもって評価される」ようになった。19世紀後半以後各国でつくられた義務教育の学校は、教育のための空間の典型であり、「学校における生徒及び教師の行動規制と生活管理」[1] をねらいとしていた。

　したがって、校地、校舎、教室、設備等の空間構成は、学校教育の機能の具体的な現われとみることができる。校舎や教室の配置や大きさや形、教室

内の椅子や机や黒板の有無や形状等は、教師が意識しているか、いないかにかかわらず、しばしば授業の効果を決定づけている。たとえば、子どもは学校に入ったとたん、自分の机のまえに座ること、時間を守ることを、いつの間にか習得していく。もし、子どもが、図書館や運動場のない学校、作業室や実験室のない校舎、あるいは机や椅子が固定されている教室にいるとすれば、能動的に活動したり、協同学習に取り組んだりすることは、困難である。つまり、学校空間の構成は、教育実践を成り立たせる基礎として、重要な意味をもっている。

　見逃すことができないのは、19世紀末から20世紀前半にかけて、学校建築が大きな変貌を遂げたという事実である。アメリカの場合であれば、19世紀半ばにコモン・スクールが出現したころ、ほとんどの学校には一教室しかなかった。ところが、19世紀末に大規模校舎が出現し、20世紀後半には、平屋建ての開放的校舎が普及した。この変貌が、学校教育の機能の変化を示唆しているのである。第一部では、学校建築の変化を手掛かりとして、新教育運動期における学校空間構成論の展開を解明する。

2　学校教育における時間割編成論

　空間についていえることは、時間にも当てはまる。第二部では、新教育運動期における時間編成論の転換をとりあげる。ミヒャエル・エンデが『モモ：時間どろぼうとぬすまれた時間を人間にかえしてくれた女の子のふしぎな物語』[2]のなかで描いたように、現代人の多くは時間に追われている。仕事をするときでも、学校で学ぶときでも、屋外で遊ぶ時でさえ、時間を忘れて過ごすことは難しい。労働時間は会社や事務所によって管理されており、学校の授業時間割は学校によって予め決められている。そのうえ、仕事であれ、学習であれ、決められた時間内で目に見える成果を上げることが求められることが多い。現代人の生活は、決められた時間に、決められた場所で、仕事や学習に従事することが基本になっているのである。たしかに、就業時間や授業時間割が厳密でない例もないわけではないが、仕事や学習の能率を上げて時間を節約すること、すなわち時間を有効に利用することは、現代では仕

事においても、学校教育においても、共通する目標となっている。

　日本の学校をみると、小学校から高等学校まで、ほとんどどの教室にも碁盤目状の週間時間割表が掲げられている。授業時間割表は、子どもの学校での学習や活動を区切っているだけでなく、子どもの1週間の生活リズムをも制約している。子どもは学校の時間割に合わせて、家庭での学習や遊び、そして休日の使い方までも決めなければならない。子どもは教室の時計と時間割を見ながら、時間を守ることの大切さを学習する。現代では、時計で測られる時間を意識しないで生活していくことは不可能であり、学校は時間にあわせて生きていくことを学ぶ場所ということもできよう。学校の時間割が子どもの時間観念の形成に大きな影響を与えていることは疑いない。

　しかしながら、時間割を編成するための確かな理論はこれまであまり研究されたことがない。時間割はどのような原理に基づいて編成されてきたのであろうか。日本であれば、45分あるいは50分を単位時間とするようになったのは、いつから、どのような理由によるのであろうか。ほとんどの学校で、いまも単位時間をもとに時間割を作成しているのはなぜであろうか。教師が主体となって時間割を編成することにたいする批判はなかったのだろうか。時間割が子どもの学習や活動の主体性や継続性を阻害することはなかったのだろうか。このような問題についての理論的研究は進んでおらず、学校では慣習や経験則にしたがって時間割を作成しているのが現状といってよいであろう。

　時間割といえば、多くの場合、どの教科の授業に何時間を費やすかという教育内容または教育課程の問題と見なされがちであるが、本書が注目するのはそれではない。日々の子どもの学習や活動が、どのような形で時間割に組み込まれていたかという実態である。ミクロのレベルの授業時間割の背後にあった原理を解明することがねらいだからである。もちろん、近代以後の学校の授業時間割は、社会に共通する秩序や能率を追求する手段のひとつでもあった。その点では、時間割はマクロな社会変化の一環としてとらえる必要もある。本書は、ミクロのレベルの授業時間割と、マクロの社会変化という両面から授業時間割の実態を分析することで、その背後にあった隠れたカリ

キュラムとしての時間割編成論を解明していく。

3　新教育運動における空間構成論と時間割編成論

　本書で取り上げる時間割および校舎は、新教育運動の時期のものが中心である。19世紀末から20世紀前半に、子ども中心を標榜する教育改革が世界各国で展開したが、その動きは、学校建築にも時間割にも如実に現れていた。

　よく知られているように、19世紀の末にデューイは、新教育の始まりを告げた有名な演説のなかで、聴講を前提とした伝統的な学校教室を、子どもに受動性を強要するものであるとして厳しく批判した。「伝統的な学校教室には、子どもが作業するための場というものがほとんどない。子どもが構成し、創造し、そして能動的に探求するための作業場・実験室・材料・道具が、いやそういうことに必要な空間さえもが、大部分欠如している」[3] と断言した。このデューイの宣言に促されるように、その後、子どもの多様な学習を保障したり、能動的な活動を促したりするための場所や施設、たとえば、図書館、体育館、講堂、作業場、運動場などを備えた校舎が、20世紀前半に各地に出現した。これらの新しく出現した校舎や諸設備は、新教育が理念とする個性尊重や共同体の形成への具体的な方策であり、子どもの能動的な活動を保障しようとする意図の現れであったとみることができる[4]。

　また、子どもの能動的な活動を保障するためには、暗誦を中心とした数分間の教え込み中心の授業を繰り返すような時間割を破棄し、子ども中心の時間割を作成する必要があった。それを象徴的に示しているのは、ドルトン・プランである。教師は時間割を作成せず、子どもが自分で時間割を作成した。子ども自身のリズムを尊重することがねらいであった。また、プロジェクト・メソッドを採用した学校では、子どもたちが集団で活動する時間が長くなり、自分の興味やリズムに応じた主体的な学習が可能になっていた。詳細は本論中で述べるが、進歩主義教育のなかでは、時間割を作成する主体が教師ではなく子どもに移っていた。

　空間構成と時間編成が密接なつながりを持っていることは、あらためて強調する必要はないであろう。たとえば、学校に立派な運動場が設置されたと

しても、それを活用する時間が子どもに保障されない限り、教育の効果は期待できない。運動場の設置と体育の時間の確保とは連動しているのが通常であろう。このように、空間構成と時間編成は密接なつながりをもっている。ただし、校舎や運動場を実際に建設するためには、経費と時間がかかる。これに対して、時間割を変更することは容易である。そのことが、学校建築と授業時間割に子ども中心の思想が現れる時期の違いをもたらしていた。そのことについては本論で詳述しよう。

いずれにせよ、20世紀初頭に出現した校舎や時間割が、実際に子ども中心といえるような教育の質的転換をもたらしていたかどうかは、慎重に検討する必要がある。

4　本書の構成

本書で具体的に取り上げるのは、19世紀後半から20世紀前半のアメリカにおける学校建築と授業時間割である。いずれも、秩序と能率をもとめた近代社会の産物であること、そして、新教育の思想が広がる中で大きな変貌の過程にあったという共通点をもっている。そのような社会的背景を前提として、第一部では学校空間の構成原理、第二部では授業時間割の編成原理、それぞれの変貌過程をみていく。

全体の概略を予め述べておこう。アメリカ建国後の学校建築の歴史を概観すると、三種類のモデルに分類できる。すなわち、教会モデルの校舎（19世紀前半、口絵図A）、工場モデルの校舎（19世紀末から20世紀初頭、口絵図B）、家庭モデルの校舎（20世紀半ば以後、口絵図C、口絵図D）である。アメリカの小学校の時間割編成原理の展開は、これに対応するかたちで、三段階に時期区分できる。秩序を重視した時期（19世紀前半）、能率を重視した時期（19世紀後半）、子どものリズムを重視した時期（20世紀前半）である。

このような大きな流れのなかで、空間構成論と時間割編成論がどのように関連していたか、それらが新教育運動のなかでどのように変貌していったかを確かめていきたい。本書は空間と時間の教育史に向けての試論である。

註

1 成沢光『現代日本の社会秩序——歴史的起源を求めて』(岩波書店、2011年) 111頁、38頁。

2 ミヒャエル・エンデ (大島かおり訳)『モモ』岩波書店、1976年 (原著はドイツ語、1973年刊)

3 デューイ (宮原誠一訳)『学校と社会』(岩波書店、1957年) 42-43頁。

4 デューイ (杉浦宏他訳)『明日の学校教育』(明治図書、1978年) 129頁;宮本健市郎『アメリカ進歩主義教授理論の形成過程』(東信堂、2005年) 284-286頁。

第一部　アメリカにおける学校空間の構成原理

　アメリカにおいて19世紀から現代に至るまでに出現した校舎は、三つのモデルに分類することができる。第一は教会モデル校舎である（**口絵図A**）。19世紀では多くの学校が一教室学校であり、1930年になっても6割以上を占めていた（**表A**）。校舎には大きなひとつの教場（school room）しかなく、その中には、授業をしたり、子どもに説教をしたりするための教壇があった。建物に尖塔や鐘がついていることからわかるように、校舎は教会をモデルにしていたとみることができる。第二は工場モデル校舎である（**口絵図B**）。高層式で多くの教室をもった大規模校である。19世紀末から20世紀前半にかけて、都市部では就学人口が増加し、できるだけ多くの生徒を収容するための校舎が必要になった。校舎は通常の教室だけでなく、特別教室や図書館、体育館など、いろいろな施設を備えるようになった。田舎でも、学区を統合することで学校を大規模化して、多くの教室や設備をもつ校舎の建設が進められた。できるだけ能率よく、学校を運営し、よき市民を生産することがねらいであった点で、工場と共通の性格をもっていた。第三は家庭モデル校舎である（**口絵図Cおよび口絵図D**）。1940年以後に出現した平屋建て、または低層式で、屋内と屋外の連続性を重視した開放的な校舎である。遊び場や多目的室があって、キッチンや暖炉を備えていたりして、家庭的な雰囲気を持っている。

　以上の三つのモデルは現在でも混在しているが、歴史的には、19世紀には教会モデルが主流であり、20世紀の前半に工場モデルの校舎が増え、20世紀後半になって家庭モデルが増えた。このことは、20世紀前半の進歩主義教育の時代即ち、子ども中心の教育改革が流行した時代に、学校建築の大きな転換があったことを示唆している。第一部では、この時期の思想と校舎の変貌を中心にみていく。

　しかしながら、20世紀初頭に出現した近代的な校舎が、実際に子ども中心といえるような、教育の質的転換をもたらしていたとは限らない。その理

由として、少なくとも二点を指摘することができる。第一に、校舎は理念を忠実に表現したものではないということである。どのような校舎であれ、経費と時間において大きな制約を受けている。費用について言えば、校舎建設に相当の費用がかかることは当然である。費用を無視して教育の理念の実現を図ることはあり得ない。時間について言えば、校舎は計画されてから竣工するまでにかなりの時間がかかる。また、いったん建設された校舎は、数十年にわたって利用されるのが通常である。進歩主義教育が新しい校舎で、理想的な教室環境のなかで即座に実践に移されるのは幸運に恵まれた少数の例であり、実際には、旧式の校舎のなかでの実践を余儀なくされることの方が普通であろう。したがって、新たに建設された校舎であっても、新教育の理念を体現したものというよりは、理念が経費と時間によって制約されて表現されたものと見た方が正確である。これからみていく校舎の例もこのような制約をうけていることは当然である。それにしても、その制約を自覚的に乗り越えようとする試みであったところにその時代における意義を見出すことができる。

　第二の理由は、校舎の教育的機能は、必ずしも教育者によって明確に認識されているとは限らないということである。校舎や空間の構成は、教育の質を根本的に制約している物理的条件であり、隠れたカリキュラムの重要な一部分である。ところが、教育実践の改革においては、教育者が教えるべき教育内容や教授法の開発を積極的に進めれば進めるほど、すでに出来上がっている校舎や教室は教育実践の外部にある環境として認識される。この傾向は、新しい大規模校舎が次々に建設されつつあった19世紀末から20世紀初頭にかけて、とくに強まっていた。校舎のデザインは建築家の仕事となり、教育者の関知しない事項になっていた。すなわち、校舎は隠れたカリキュラムとしての機能を強めていたのである。

　以上の二点に留意しながら、第1章では、コモン・スクールが出現してから20世紀前半までの学校建築思想の展開を概観し、子ども中心の教育思想が学校建築に与えた影響を確認する。第2章では、進歩主義学校のなかでとくに重要な機能をもっていた講堂に着目して、子ども中心の思想の具体的な

姿を描き出す。第3章では、デューイの教育思想を受け継いで、教育課程の改革と学校建築の改革に取り組んだアリス・バロウズの思想を分析する。第4章では、ティーチャーズ・カレッジで学校建築の専門家として活躍したエンゲルハートの思想の展開をたどる。以上の作業をとおして、進歩主義教育の思想が学校建築に浸透していった過程を明らかにしていく。

12　第一部　アメリカにおける学校空間の構成原理

表A　教師一人の公立小学校の割合

年次	学区数	公立小学校数	教師一人の公立小学校数	教師一人の公立小学校数(%)	公立中等学校数
1929-30	—	238,306	149,282	62.6%	23,930
1937-38	119,001	221,660	121,178	54.7%	25,467
1939-40	117,108	—	113,600		—
1945-46	101,382	160,227	86,563	54.0%	24,314
1947-48	94,926	146,760	75,096	51.4%	25,484
1949-50	83,718	128,225	59,652	46.5%	24,542
1951-52	71,094	123,763	50,742	41.2%	23,746
1953-54	63,057	110,875	42,865	38.9%	25,637
1955-56	54,859	104,427	34,964	33.5%	26,046
1957-58	47,594	95,446	25,341	26.5%	25,507
1959-60	40,520	91,853	20,213	22.0%	25,784
1961-62	35,676	81,910	13,333	16.2%	25,350
1963-64	31,705	77,584	9,895	12.7%	26,431
1965-66	26,983	73,216	6,491	8.9%	26,597
1967-68	22,010	70,879	4,146	5.8%	27,011
1970-71	17,995	65,800	1,815	5.1%	25,352
1973-74	16,730	65,070	1,365	2.1%	25,906
1975-76	16,376	63,242	1,166	1.8%	25,330
1976-77	16,271	62,644	1,111	1.8%	25,378
1978-79	16,014	61,982	1,056	1.7%	24,504
1980-81	15,912	61,069	921	1.5%	24,362
1982-83	15,824	59,656	798	1.3%	23,988
1983-84	15,747	59,082	838	1.4%	23,947
1984-85	—	58,827	825	1.4%	23,916
1985-86	—	—	—		—
1986-87	15,713	60,784	763	1.3%	23,389
1987-88	15,577	61,490	729	1.2%	22,937
1988-89	15,376	61,531	583	0.9%	22,785
1989-90	15,367	62,037	630	1.0%	22,639
1990-91	15,358	61,340	617	1.0%	22,731

出典：Thomas D. Snyder ed. *120 Years of American Education: A Statistical Portrait* (U. S. Department of Education, Office of Educational Research and Improvement, Jan. 1993), p.56 より作成

第1章　進歩主義教育運動における学校建築思想の転換
──教師中心の教場から子ども中心の学習環境へ──

はじめに

　アメリカにおける学校建築史を概観すれば、二つの画期を指摘すること
ができる。そのひとつは、19-20世紀転換期である。それまでは単級学校か、
大きな教場（schoolroom）がいくつかの教室に区切られている学校が通常で
あった。それに対して、20世紀になると、いろいろな種類の教室や設備をもっ
た「現代的校舎 modern school building」が出現した。それは、義務就学制
度と一斉授業が普及したことに伴って遊びや工作などの機会が減少し、子ど
もの経験が貧困化した時代において、教育プログラムを根本的に改革しよう
とした進歩主義教育運動と密接に結びついていた[1]。

　本章では、この時期に進歩主義教育の理念を学校建築と結びつけようとし
た二人の人物の活躍に注目する。そのひとりは、イトナー（William B. Ittner,
1864-1936）である。彼は、20世紀の初めにセント・ルイスを中心に、学校
建築の専門家として活動し、ゲーリー公立学校など、進歩主義教育の影響を受
けた斬新な校舎を次々に設計した。彼が設計した校舎は430校を超え、「現代
学校の発達においてイトナーほど顕著な役割を果たした建築家はいない」[2]
と言われている。もう一人は、連邦内務省教育局で学校建築の専門家として
活躍したバロウズ（Alice Barrows, 1877-1954）である。彼女は20世紀前半に、
全国の校舎の状況を数回にわたって詳細に調査して、内務省教育局からしば
しば報告書を公表し、学校建築の在り方について提言を繰り返していた。そ
の多くの報告書から、学校建築における進歩主義教育の影響を明確に読みと
ることができる。

　学校建築史上のもうひとつの重要な画期は、イリノイ州ウィネトカのク

14　第一部　アメリカにおける学校空間の構成原理

ロウ・アイランド・スクール（Crow Island School）の校舎が建築された 1940
年である。同校は「アメリカの学校建築史上で記念碑的な作品」[3] と言われ、
世界的に著名な建築家サーリネン父子（Eliel Saarinen, 1873-1950; Eero Saarinen,
1910-1961）、地元の建築会社（Perkins &Will）、およびウォシュバーン教育長
（Carleton W. Washburne, 1889-1968）が協力してプランを作成し、「建築史上は
じめて、教師の意見を聞いてつくられた校舎」[4] と評されている。進歩主義
教育の子ども中心の理念はこの校舎において徹底的に追求されている。同校
の校舎はその後の学校建築に大きな影響を与え、今も海外からの注目を集め
ており、現代の学校建築の出発点とみなすことができる[5]。

　したがって、アメリカの学校建築の歴史は、第 1 期を進歩主義教育以前の
時期、第 2 期を大規模な校舎が普及した時期、第 3 期を 1940 年以後と区分
することができる。本書は、第 2 期、すなわち進歩主義教育運動が盛り上がっ
ていた時期の校舎に着目して、そこに込められていたはずの子ども中心の教
育空間の理念を抽出し、その教育的機能を分析する。

I　教師中心の教場と教室——教会モデルの校舎

　まず、19 世紀半ばころに出現した学校建築に関する思想を概観しておこ
う。19 世紀には学校管理（school-keeping）や、学校統治（school government）
と題する書物がかなり出版されているが、それらはほとんど例外なく、学校
と教室の秩序を維持する方法を論じていた。「秩序は天が決めた第一原理で
ある」という格言は、S. ホールの『学校管理講義』（1829）や、D. ペイジの
『教授の理論と実際』（1847）などにしばしば引用された[6]。このような学校
管理論のなかから、学校建築に関する議論が始まった。

　19 世紀に刊行された学校建築に関する書籍のうち、もっとも読まれたも
のは、H. バーナードの『学校建築』（1848）[7] と、J. ジョホノットの『カン
トリー・スクールハウジズ』（1858）[8] である。前者は、アメリカ国内でひ
ろく参照されたのみならず、学校建築に関して「英語で書かれたもっともす
ぐれたもの」[9] として海外でも注目されていた。後者はバーナードの思想を

継承し、学校建築の実際をさらに体系的に記述しようとしたものである[10]。それらを通して、コモン・スクールの提唱者が校舎に込めていた教育思想を知ることができる[11]。

1 教室の秩序の追求

　古い単級学校がしばしば尖塔や鐘楼を備えていることが象徴するように、学校建築の起源は教会と深いつながりをもっていた[12]。19世紀のはじめにコモン・スクールは教育課程から宗教関連の教科をはずし、宗教との明示的なつながりを排除したけれども、バーナードやジョホノットの提唱した校舎の構造には宗教的な特徴が強く残っていた。たとえばバーナードは、当時の校舎の狭さ、非衛生、採光・換気の不適切さなどを指摘して、複数の教室を備えた実用的な校舎を提案した。そのうえで、「すべての校舎は神殿であり、

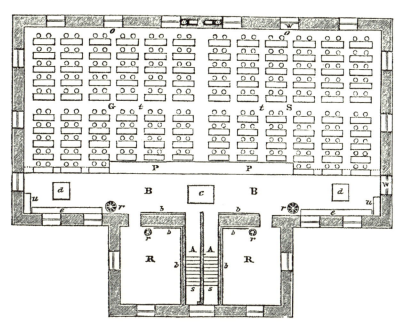

FIGURE 33. Plan of a Grammar School Room, Providence, Rhode Island

図1-1　バーナードの構想した教室

出典：Barnard, *School Architecture*, p.168

地域のすべての子どもが、祈りをとおして、身体的、知的、道徳的な教養を身につける場所であるべきだ」[13] という。校舎は、学校と教室の秩序を維持するための手段であった。

彼らは校舎の構造図を多数示している。バーナードが提示した教室（**図1-1**）をみてみよう。A が入り口で s はそれにつながる階段である。B は教壇で 14 インチの高さがある。c は教師の机、d は助教の机である。b は黒板、e は新入生が一時的に座る長ベンチ、r は暖房の管理場所、u はクロゼットと柵である。P は階段、大教室の外にある小教室 R は暗誦室（recitation room）である。バーナードの書に掲載されているどの図をみても、それに示された教室はほとんどが同型であり、子どもは、列をなしている固定式の椅子と机をあてがわれ、整然と着座していることが要求された。教室に着座している子どもは○で示されている。子どもは暗誦のときには小教室で声を出し、大教室の中では教師の監督下で従順であることが求められた。

ジョホノットは校舎の一般原則として、子どもを保護する場所であること、耐久性があること、というふたつを指摘したあとで、校舎には子どもの高貴な感情に働きかける教育的な影響力があることに言及している。均整がとれていること、シンメトリ、多様性と調和、統一性などの要素を含んだ芸術性を校舎にも求めた [14]。子どもの芸術的な心情に訴えることも、教室の秩序を作るひとつの手段とみなしていたのである。

そのうえで、工事にかかる費用も示しながら、いっそう具体的に建築プランを提示した。彼は子どもの健康への配慮を第一の原則として挙げ、その中で、換気や採光の確保を重視すべきであると主張したが、その根拠としたのは神の法則であった。「どんな学校でも、適切な換気の手段を欠いているならば、生徒の血液と脳の中にゆっくりと秘かに毒がまわり、生命の根本を食い取ってしまう。その有害な影響からまぬかれることはできない。なぜなら、それにさらされるということは、神の法則のひとつを破っているからである」[15] と述べた。ジョホノットにとって、換気や採光も、神の意向にしたがって、子どもを管理することとつながっていた。

2 教師の権威

19世紀の半ばまで、教師は教室の中では神に由来する絶対的な権威をもつべきであり、神が定めた秩序に子どもを従わせるべきであるとする主張は、多くの教授理論書の中で、繰り返し主張されていた。先に紹介したホールは、「教師はどこにいても、どんな時でも主人でなければならない」[16]と述べた。教師教育用のテキストとして広く使用されていた『教師』を著わしたジェイコブ・アボットは、教師が神の代理としての権威をもっており、学校では独裁者でなければならないと強調した[17]。明治初期の日本で、開発主義教授法を広めた人物として知られているノルゼントは、『教師と親』を著し、「もし、地球上のどこかで、秩序が、徹頭徹尾、最も高貴な法として存在している場所があるとすれば、それは学校の教室（school-room）である」[18]と主張していた。そして、父親が家族の主人であるのと同様に、教師は学校の主人でなければならなかった[19]。教師は、神から、親に代わる（in loco parentis）権威を負託されていたのである。

教室のなかで教師の権威を象徴していたのが教師の机と教壇である。バー

図1-2 ジョホノットの紹介した教室

出典：Johonnot, *Country School-houses*, p.180

ナードは、教師が生徒全部を一目で監視することができるように、教師の机は教室の前にあって、すこし高くなっているべきであるという。もちろん、必要な参考書や道具を置くのに十分の広さがなければならない。子どもの座席の間に通路を設けるのも、子どもの管理を徹底するためであった[20]。ジョホノットによると、教師の机といすがかつては威厳のしるしであった（**図1-2**）。現在（1858年）ではそれほどではなくなっていることを認めているものの、挿絵では一段高いところに教師がいて、教師が一目で生徒を見渡すことができるようになっていて、それによって秩序を維持することができるという長所を指摘している[21]。神の代理として教師に与えられていた権威は、能率的に、順序正しく生徒を管理することであった。

　19世紀後半になると、大教室をスライド式の壁で区切っていくつかの教室にした例も増えてくるが、生徒は教室の中で、きちんと並べられた席に座り、教師の話を聴き、教師に求められたときにだけ立ち上がり、教師の前で復唱する。これが19世紀末の授業の一般的な形式であった。聴講を前提とした校舎や教室は、そのような授業にとっては何ら不都合ではなかった。スライド式の壁が本物の壁にとって代わられて、多数の教室をもつ校舎が出現しても、この状況は変わらなかった。校舎は構造が単純であったから、教育者の関心は校舎の設計にはなく、教室内の秩序維持に向けられていたのである[22]。

3　小さな赤い校舎の神話

　19世紀後半には新しい校舎を提示した書物は出版されたものの、実際にはなお多くが教会をモデルとする単級学校であった。1913年においても、全米の子どもの約半数は単級学校に通学していた。イリノイ州についてみると、1936年でも、教師がひとりしかいない学校が31%存在していた。すなわち、教会モデルの単級学校は20世紀になっても相当の間、存続し続けていた[23]。1890年から1940年を「単級学校の黄金時代」とみる歴史家もいるほどである[24]。

　19世紀の教会モデルの校舎は、現代のアメリカ人にはしばしば小さな赤

い校舎（Little Red Schoolhouse）を思い起こさせるであろう。小さな赤い校舎
は、伝統的な古きよきアメリカの小学校を象徴するものと考えられており、
この名をもつ小学校は今も少なくない。小さな赤い校舎の歴史をたどったジ
ンマーマンによると、その用語は、工業化がすすみつつあった時代に田舎の
価値観をたたえるために、1880年代の末に詩人が作ったものであるが、現
代では四つの感情を象徴しているという。失われた古き良き生活へのノスタ
ルジア、かつてのアメリカ人を結びつけていた人間関係、自由や勤勉や自立
心をもつ個人主義的価値、そして愛国心である[25]。

　しかし、ジンマーマンが注意を促したのは、この用語が惹き起す現代人の
感情が実態を反映したものではなかったということである。これらの学校
に、先にみたような教師の権威と教室の秩序が実際にあったのではない。換
気や採光はしばしば不十分であった。椅子が高すぎて昇りにくいこともあっ
た。ストーブを焚くので室内に煙が充満したり、悪臭があったりした。ナイ
フでつけられた傷跡や落書きなども少なくなかった。設備の不適切さに加え
て、非衛生で危険な状態は珍しくなかった[26]。教室の秩序維持が学校管理
のうえで重要な課題であったのは、じつはこのような環境への対処こそが教
師の主要な役割であったからである。校舎は秩序維持のための手段に他なら
なかった（巻末資料 1-1、1-2 参照）。

II　大規模校舎（School Plant）の出現——工場モデルの校舎

　19世紀末から20世紀初頭にかけて、工業化の進展や移民の流入によって
人口が急増しつつあった都市部では、多くの子どもを収容できる大規模な校
舎が次々に出現し、学校建築は大きな変貌を遂げつつあった。この間に出現
した校舎は、まずは、教場をいくつかの教室に分割し、その後、教科別の特
別教室、作業場、図書館、幼稚園、体育館、講堂などのいろいろな種類の施
設をもつようになった。学区が合併して新しい大規模な校舎を建設した例も
多い。

　この時期に起こった校舎の変貌をよく示しているのは、1915年ころに実

施された有名なオハイオ州クリーブランドの学校調査である。調査団はその報告書で、1850年代から1910年代にかけて、それぞれの時期に建設された特徴的な校舎を選び、七つの図で示した（**図1-3**）。教室の数が徐々に増え、新しい種類の教室が出現している。1860年代に廊下が、1880年代にホールが、1900年代に講堂が出現したことが確認できる。

　20世紀初めに活躍した建築家イトナーは20世紀の最初の四半世紀における学校建築の進歩を4点に要約している。第一に、安全、採光、暖房、換気などについての技術が進歩したこと、第二に校舎の芸術性が追求されるようになったこと、第三に、「開放型」が発展し、特別教室が増えたこと、第四は、科学的研究と経済原理の応用としているが、具体的には、建築家と教育家の協力に基づいて、能率的に建築プランを教育プログラムに適合させる技術が開発されたことを指している[27]。はじめの三つは外見上の明らかな変化であり、最後の点は、建築と教育との関係の根本的な変化を示唆したものである。本章では、外見上の進歩を確認しておこう。

1　安全（防火）、採光、暖房、換気等の技術の向上──「開放型」校舎の出現

　20世紀の初頭に、安全、採光、暖房、換気、衛生等に対する関心が高まった。田舎の単級学校でもこれらの問題を抱えてはいたが、大規模な校舎になったからといって、それが解決されたわけではなかった。むしろ、大きな校舎のなかをたくさんの壁で区切りをつけて教室にすることで、問題はいっそう複雑になっていた。このような状況に対応して、1902年にニューヨーク州が学校建築に関する特別法を制定した。その後、1910年から20年の間に、他の多くの州でも校舎を管轄する州の機関が設置され、生徒ひとりあたりの教室の広さ、空間、窓の大きさなどが法律で規制されるようになっていった。1920年の時点で、そのような法律を制定していなかったのは4州のみであった[28]。安全や採光への関心は全国で急激に高まりつつあった。

　これらの問題に積極的に取り組み、採光や換気に配慮した大規模校舎の設計に取り組んだひとりが、ニューヨーク市の建築家シュナイダー（C. B. J. Snyder, 1860-1945）であった。彼は、1891年から1923年まで、ニューヨー

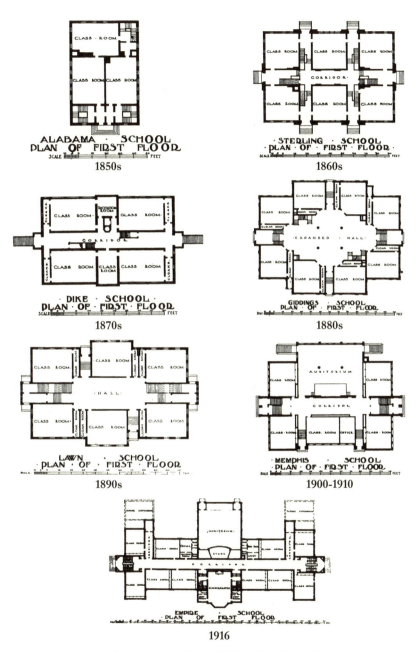

図 1-3　クリーブランド市における校舎の発展

出典：Ayres, *School Buildings and Equipment*, pp.22-34

ク市の校舎管理官（Superintendent of School Buildings）を務め、その間に多くの生徒を収容できる大規模校舎をニューヨーク市に次々に設計した。彼は1896年に、子どもの健康と防火に留意し、採光や換気をよくするためにH型と呼ばれる校舎配置を採用した（図2-12、本書64頁参照）。H型は、両側の建物の間に表玄関があり、その前はリクリエーションに利用されることが多かった。この方式で1906年までにニューヨーク市に80の校舎を建設した。その後、H型またはそれを修正した型のものを採用する学校が全国に普及して、校舎改善の重要な手段となった。採光や換気だけでなく、衛生、安全、暖房といった様々な条件を整備することは、校舎の大規模化のなかで最も留意されたことであった。おりしも、1908年3月4日にオハイオ州コリンウッドの学校火災で173名の子どもが死亡するという事故があり、防火を中心として校舎の安全性を高めようとする動きは全国に広がっていた[29]。

　中西部では、セントル・ルイスを拠点にして活躍していた学校建築の専門家イトナーが、1898年にベルリンの学校を見学したのを契機として、「開放型」open plan と言われる形式の校舎を設計し始めた（**図1-4**）。これが学校建築における根本的な変化の始まりであったとイトナーは言っている[30]。彼は19世紀後半に建てられた校舎は、大教室を壁で区切っただけの「閉鎖型」が多いことを問題視した（**図1-5**）。「閉鎖型」の大規模校舎は、多くの教室を設置することで、学級一斉の授業を能率よく実施するには都合のよい形態だったが、ひとつひとつの教室はほぼ同様な形態であり、それらは、採光、換気、安全、衛生などの点で問題を抱えていた。そこでイトナーは、安全、採光（照明）、換気に十分な配慮をした大規模な校舎、すなわち「開放型」の大規模校舎を提案したのである。校内の採光と換気をよくするために、H型に加えて、E型やL型を採用することもあった。

　安全（防火）、採光、暖房、換気等について、20世紀になって急速な技術的な進歩があったことは言うまでもないが、それらの技術について本稿で詳しく解説する必要はあるまい[31]。確認しておきたいことは、技術に関することは、教育者ではなく建築家が主導していたということである。シュナイダーもイトナーも建築家であり、小学校の授業に直接に関与する教育者では

第 1 章　進歩主義教育運動における学校建築思想の転換　23

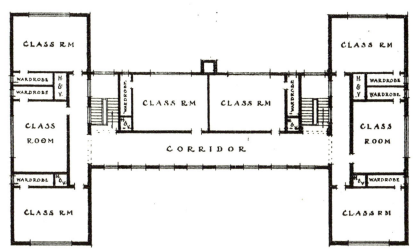

図 1-4　開放型（Open-plan）の学校
出典：Ittner, "Forty Years in American School Architecture," p.40

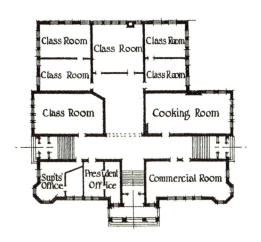

図 1-5　閉鎖型（Closed-plan）の校舎
出典：Ittner, "Forty Years in American School Architecture," p.40

なかった。

2　学校建築の芸術性

　第二の進歩は、校舎の外観および内装のどちらについても、芸術性または美観が重視されるようになったことであった。イトナーは、「地域住民が能率と経費節減に満足するような時代は過ぎた。芸術的な校舎でも経費を大幅に増やさずに、建設することができるようになった」[32] という。たとえばレンガをうまく使うことで、安全性の確保と同時に、色彩の美も追求することが可能になった。芸術性を追求した校舎としては、大規模なハイスクールが多かったが、次第に初等学校も「地域の芸術的側面の発展をもたらす潜在的な要因」[33] になっていった。

　校舎の美観に関心が高まったのは、地域住民が校舎を地域のモニュメントとして意識するようになったからである。19世紀までは、校舎はどこに行っても同じ形式であり、地域の住民が特徴のない校舎に誇りを見出すことはなかった。ところが、20世紀になって学校と地域のつながりが強調されるようになると、地域の文化を象徴するものとして、学校建築が着目されるようになった。『アメリカ教育委員会雑誌』の編集者フランク・ブルース（Frank Bruce）によると、「地域住民は素晴らしい学校を建設することに、地域の誇りと愛国心の発露を見出している。………現代的なタイプのアメリカの学校建築は、世界のどの国と比べても、比類ないほどの水準に達している。それは有用性、美観、威厳のどれをとっても他を寄せ付けない」[34] という自信をアメリカ人は持ち始めていた。建築家の立場から見れば、アメリカではイギリスと違って、大規模な新しい校舎が次々と建設されていたので、建築家がその才能を発揮する機会に恵まれ、実用的であると同時に、芸術的な建物に取り組むこともできたのである。

3　施設・設備の豊富化

　20世紀初頭の校舎の三つ目の顕著な進歩は、いろいろな種類の教室や設備が出現したことである。イトナーの言う「開放型」は、直接的には換気

や採光の改善を意味していたが、実際にはそれにとどまるものではなかった。「（開放型を採用した）このときから、次第に教育プログラムが拡大されるようになって、開放型の柔軟性と可能性がいっそう強調され始めた」[35]と、開放型校舎の出現と教育課程の拡大との関連を指摘した。シュナイダーが子どもを収容する教室の数をできるだけ増やすことを眼目にしていたのに対して、イトナーは、それにとどまらず、子どもが従事する学業や作業の種類の多様化に対処することを重視していた。具体的には、図書館、自然学習室、図工室、音楽室、作業場、料理室、裁縫室、さらには、プール、体育館、講堂、幼稚園などを設置したのである。

　1910 年代に、進歩主義学校として注目を集めていたインディアナ州ゲーリーの校舎をみてみよう。**図 1-6** および**口絵図 B** はイトナーが設計し、1912年に使用が始まったフレーベル校（地階、1 階、2 階）である。地階に多くの教科ごとの教室（作業場）がある。それに加えて、校外には運動場や動物飼育場などもあった。

　正面から入ると、地階に、自然学習室、図書室、音楽室、倉庫、幼稚園、プール（男女別）などがあり、1 階（first floor）に校長室や保健室、体育館（男女別）、講堂など、2 階（second floor）に、生物室、美術室、音楽室、工作室などがある。とくに教科目等を付記していない教室は、通常の授業のために使われる。建物の中央に体育館や講堂などを置き、周囲の教室の採光や換気が損なわれないように配慮している。

　ゲーリーの校舎の特徴は、このような様々な教室や設備がフルに活用されていたことであった。**図 1-7** はゲーリー・プランの理念を解説したワート教育長（William A. Wirt, 1874-1938）の著書の扉に掲げられた図である[36]。また第 7 章の表 7-1（本書 172 頁）はゲーリー・プランの時間割である。「労働・学習・遊戯プラン（work-study-play plan）」という別名があったことからわかるように、ゲーリーの子どもは、学校で労働と学習と遊戯という 3 種類の活動を順番にする。伝統的な学校は学習が中心だが、ゲーリーの学校では、労働や遊戯に費やされる時間が学習にあてられる時間よりも多い。それぞれの活動場所は異なるので、子どもはいろいろな教室や設備等を動き回る。表によれば、

26　第一部　アメリカにおける学校空間の構成原理

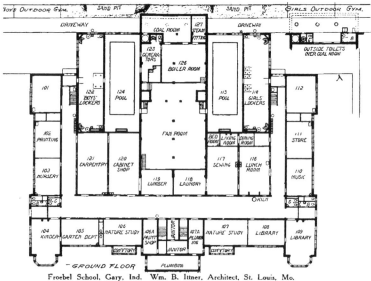

図1-6a　フレーベル校の地階
出典：Wilbur T. Mills, *American School Building Standards* (2nd.ed. 1915) p.538

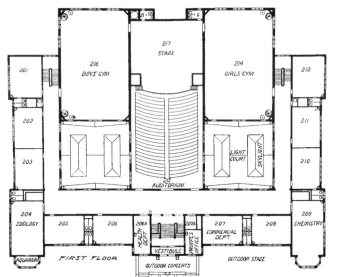

図1-6b　フレーベル校の1階
出典：Mills, op. cit. p.539

第1章　進歩主義教育運動における学校建築思想の転換　27

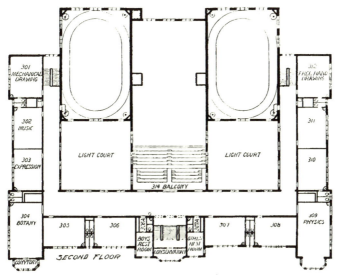

図1-6c　フレーベル校の2階

出典：Mills, op. cit. p.540

図1-7　ゲーリー・プランの理念

出典：Wirt, *The Great Lockout in America's Citizenship Plants*, cover

たとえば、5B のクラスは毎日、教室、特別教室、運動場、教室、特別教室、運動場と動きまわる。このような活動をすべての子どもに保障するためには、それに必要な多様な施設や教室を備えていなければならない。そうしてはじめて、すべての子どもがいろいろな学習や活動をし、しかもすべての施設が無駄なくつねに利用されるのである。イトナーは、ワート教育長の考え方に共鳴し、その依頼に応えて、ゲーリーの校舎を設計した[37]。イトナーがまだ学校建築の専門家として駆け出しのころであった。

　このように、子どもが多様な活動ができるように、様々な教室や施設をもった校舎はプラツーン学校と呼ばれて、1920 年代から 1930 年代にかけて、全国に普及していった[38]。それは校舎を能率的に使用して、できるだけ多くの生徒を収容するための手段であった。このプラツーン学校を全米に普及させようと尽力したのがアリス・バロウズであった。

4　校舎中心／教科中心の教育

　ここまで、20 世紀の学校建築の外見上の変化の特徴を概観した。それらはいずれも、学校建築の技術あるいは芸術上の変化と見ることができる。

　しかしながら、これらの変化が子ども中心の教育理念とただちに結びつくものではない。ゲーリー公立学校の校舎の意義を、ゲーリー・プランの実際と照らしあわせてみると、いくつかの問題点を指摘しないわけにはいかない。第一に、教育者が子どもを、集団（プラツーン）として扱っている点である。特別教室や運動場などのひとつひとつの施設を、子どもは集団として利用する。ひとりひとりの自由は原則として認められない。だから、机やいすは、同じ規格のものであって、ある子どもには高すぎ、またある子どもには低すぎた[39]。子どもは与えられた校舎や設備に自らを適応させなければならなかった。第二に、子どもは教育者から教科学習や作業を割り当てられるという形式である。しかも、あらかじめ教育者が決定した学習内容や活動を、決められた場所で、順序どおりに、こなさなければならなかった。第三に、施設や設備が教科内容と分かちがたく結びついていたことである。イトナーは施設の柔軟性と拡張性を強調したが、実際に建設された施設・設備は、体育

館、美術室、工作室など、多くのものは、特定の教科を前提としていた。第四に、最も重要なことだが、子どもには学習の場所や形式を子どもが自分で決定する自由がないということである。学校内の空間は建築家と教育家の管理下にあったのである。

　ゲーリーの公立学校に限らず、進歩主義教育の影響を受けた校舎は、子どもに体育館や講堂を含めて、いろいろな教室や施設を用意するようになった。しかし、多くの特別教室は教科別の学習や作業をするための場所であった。しかも、子どもは教師が作成した教育のプログラムにしたがって、諸施設の間を動かなければならなかった。設備の豊かな大規模校舎で、子どもの多様な学習や活動が可能になったことは明らかであるとしても、以上の点を考慮すれば、そこでも、子どもの学習や活動が大きな制約を受けていたことを見逃すことはできない。子どもが学習空間を自ら構成する自由は認められていなかったのである。子どもは、校舎に合わせて学習と活動に取り組まなければならなかった。これを校舎中心の教育と言ってよいであろう。それは進歩主義教育者が批判した教科中心の教育でもあった。

III　子ども中心の校舎への動き──建築と教育の接続──

　20世紀初頭に出現した大規模な校舎は、技術の向上、芸術性の追求、設備の豊富化という特徴を明確に示していたものの、子ども中心の教育理念を必ずしも体現したものではなかった。しかしながら、20世紀になって進歩主義教育の思想が広がっていくなかで、教育プログラムの変化を学校建築に反映させようとする建築家や教育者が現れてきた。この課題に最も熱心に取り組んだ二人の人物に注目してみよう。ひとりは建築家のウィリアム・B・イトナーであり、もうひとりは連邦教育局のアリス・バロウズであった。それぞれの思想と活動をみていこう。

1　ウィリアム・B・イトナーの教育思想──変化する教育への対応

　イトナーは建築家でありながら、教育の観点を導入することで、学校建築

の専門家として 20 世紀の初頭に活躍した。彼は 1910 年前後にゲーリーの
公立学校の設計を担当したのちも、1930 年代まで次々に新しい校舎の設計
にあたった。イトナーが建築と教育をどのように関連付けたのか。その論理
を分析することで、進歩主義教育が学校建築に与えた影響の一端を確かめる
ことができる。

　1919 年の全米教育協会（NEA）の全国会議で、学校建築の基本的な要件
として彼が提案したものは、建築家の側からの教育要求のとらえ方を示して
いた。彼は、換気、暖房、衛生、健康への配慮などとともに、教室（classroom）
を作業室（workroom）にして、必要な教具を備えること、小グループの学習
ができるような構造にすること、仕事場は大きなオープン・スペースにするこ
と、女子のための実用的芸術の場を設けること、などの必要性を強調した[40]。
これに対して、出席者のひとりで、建築家として有名であったパーキンス（D.
H. Perkins）が、「我々は建築家であって、この組織（ＮＥＡ：筆者）の会員で
はありません。建築の方法を教えるためにここに出席しているのです。私
たち（建築家）がここにいるのは、何を建てるべきかを、あなた方（教育家）
に教えてもらうためなのです」[41] という疑問を投げかけた。パーキンスは、
建築家と教育者の役割が異なることを明確にしようとしたのである。パーキ
ンスも学校建築にかかわった建築の専門家のひとりではあるが、その関心は
建築に限定されていた。これに対してイトナーは、教室を作業室にしようと
する教育思想の出現を意識していたことが分かる。

　その後、イトナーは学校建築の柔軟性と拡張性の重要性を繰り返し強調す
るようになった。校舎はいったん造ってしまうと、何十年かは使用すると考
えなければならない。教育的な要求がつねに変化しているとすれば、校舎も
それに合わせて改修あるいは拡張することが必要になる。「教育上の要求が
いつも変化しているのだから、教育のプログラムも変化するし、校舎も変わ
ることがしばしば求められる。学校建築家が成功するには、将来の教育的ニー
ズと諸課題を予測しなければならない。………変更や拡張がすぐにできるよ
うに、建築プランは柔軟でなければならない」という[42]。

　したがって、学校建築に取り組もうとするなら、建築家にも学校教育のカ

リキュラムの変化そのものを確かめることが要請される。「建築プランと教育プランの間には密接なつながりがなければならない。学校建築が成功するかどうかは、建築家がしっかりした判断をすることだけでなく、学校や学校管理法や教育の傾向について十分な知識があるかどうかにかかっている。学校建築が最も役立つものになるには、そのような知識が必要である」[43] という。校舎の建築に携わるからには、建築家自身がその時代の教育思想の展開を踏まえていなければならないと、自覚していたのである。

　イトナーは晩年に、学校建築の「機能的概念」を提起し、学校建築の「標準化」を厳しく批判した。「標準化」は校舎に教育プログラムを適応させるものであるという。教育思想やカリキュラムが変化しつつあるときに重要なことは、ある目的に特化した校舎ではなく、社会や教育のニーズに柔軟に対応できる校舎、すなわち「機能的」校舎であると主張した[44]。校舎中心の教育への明確な批判であった。彼は、校舎にあわせた教育ではなく、教育にあわせた校舎を求めていた。

　このようにみてくると、イトナーが、進歩主義教育の思想の影響を強く受けていたことは疑いがない。子どもの安全や健康への配慮、子どもの多様な活動を可能にするための教室や設備、さらには、カリキュラムの変化に対応できるような柔軟な校舎を構想したことは、子ども中心の学習と活動を保障するための前提条件となった。イトナーは建築家に教育家としての知見を求めた点で、まさに学校建築の専門家と評価することができる。

2　アリス・バロウズの教育思想──劇場としての講堂

　バロウズは 1900 年にヴァッサー・カレッジを卒業し、教員を経験したのち、ティーチャーズ・カレッジの大学院でデューイのもとで教育について学んだ。その後、ニューヨーク市の女性労働の状況や職業教育の実態調査などに参加したのち、1918 年から 1942 年まで、連邦教育局の都市教育部門に所属して、学校建築の専門家として、様々な学校調査に従事した[45]。

　その経歴からわかるとおり、バロウズは当初からイトナー以上に教育への関心が強かった。バロウズは、20 世紀初頭の都市に住む子どもたちの生活

環境が悪化し、経験が貧困になっていることを憂慮していた。彼女の認識では、子どもは本来、知識欲や活動意欲にあふれ、芸術的な表現に関心をもっているはずであった。ところが、都市が工業化していくについて、子どもたちの健全な遊び場や活動の場が減少し、子どもは自然に触れたり、物を創りだしたり、リクリエーションをしたりする機会がなくなりつつあった。そこで、彼女は、危険に満ちた都市の環境の中に放置されている子どもを救うことに関心を向けた[46]。「現代文明が発展するにつれて、子どもは、学校の外では、健康に成長するために必須の学習や遊びの活動を与えられなくなっており、労働者や市民として共同体のなかで自分の地位を確保することができなくなりつつある」[47] という危機感を率直に表明した。

　したがって、校舎は子どもに多様な活動を可能にするようなものでなければならなかった。そこで、バロウズは「われわれは子ども全体を教育しなければならない」というデューイの言葉を引用して、子どもが経験をとおして学ぶことの意義を強調した[48]。教育のプログラムとしては、子どもの健康で健全な遊びが必要であり、現実の社会から子どもを遮断するような都市の環境を批判した。子どもが自分の手を使って物を作りだしたり、感情を表現したり、創造的な遊びをしたりすること、そのための機会と場所を提供することが現代の学校の課題であるという。そこで、学校は教室だけでなく、作業場、理科室、絵画室や音楽室、調理室、裁縫室、講堂、体育館などをもつべきであった。これらの設備のある校舎では、「すべての子どもは、最良の環境のなかで学習し、作業場や特別教室で創造的活動をし、余暇の価値ある使い方を好むようになる」[49] という。このような条件を実際に満たす教育として、バロウズはゲーリー・プランに着目した。そして、ゲーリー・プランの実施を可能にするための校舎として、プラツーン学校組織を普及させることに力を注ぎ、1925 年には全国プラツーン学校組織研究協会（National Association for the Study of the Platoon or Work-Study Play School Organization）を結成し、その事務局長として精力的な活動を続けた。

　バロウズは、プラツーン学校組織の中でとくに重要な意義をもつものとして、講堂に着目した。講堂は伝統的な教育を根本的に変革する可能性をもっ

ていた。彼女はその理由をいくつも挙げている。第一に、講堂は教科を教えるための教室ではないので、子どもが自由にいろいろな活動に取り組むことができる。教科ならば、州のコース・オブ・スタディなどの制約を受けるが、講堂にはそれが当てはまらない。また、演劇や映画の上映など、従来は教育とは見なされていなかったものも子どもの学習の一部として取り上げることが可能である。第二に、講堂では子どもの社会的な活動が可能である。たとえば、学年や学級が異なる生徒が集まって活動することや、学習した内容を発表することもできる。第三に、子どもの創造的表現の場にもなる。たとえば、演劇や音楽会などを開催することができる。さらに、講堂は公共の集会所として、学校と地域との結節点になることもある。このような様々な機能をもつ講堂は、民主主義を学ぶ場所であるという[50]。

　バロウズの思想は当時の進歩主義教育と深く結びついていた。彼女の思想と活動の出発点は、子どもの経験の質への着目と、子どもの生活の改革であった。彼女は、まず、子どもの経験の豊富化を目指した。次に、子どもに多様な経験を保障するための校舎の普及に尽力した。さらには、教科を越えた経験をとおして、民主主義社会の形成までを構想にいれて、講堂の重要性の認識に至った。このような彼女の思想展開は、子どもの経験の改造と社会改革を構想していたデューイら、同時代の進歩主義教育の展開と一致していたといえるであろう。バロウズについては第3章で詳述する。

IV　子ども中心の学習環境——家庭モデルの校舎

　1940年にイリノイ州ウィネトカの町に、クロウ・アイランド小学校の校舎が完成した。建設したのは、パーキンス・ウィーラー・ウィル建築会社（Perkins, Wheeler & Will）だが、全体のデザインをしたのは世界的に有名な建築家のエリエル・サーリネン、およびその息子のエーロ・サーリネンであった。本章の冒頭で紹介したように、この校舎が学校建築の歴史において画期をなしていることは、ほとんどの建築家の認めるところである。「クロウ・アイランド小学校は、ほとんど完全に子どもの視点からデザインされた最初の校

舎のひとつである」[51] という評価は定着している。イギリスの戦後の学校建築にも大きな影響を与えており、「戦後のインフォーマル教育の原型」と評されることもある[52]。教育のプログラムと校舎環境とがよく結びついている優れた校舎に対して、アメリカ建築家協会の推薦にもとづいて与えられる賞がクロウ・アイランド・アウォードという名称であることもその証左といえよう[53]。

　この校舎の新しさは、建築が教育と密接に結びついているところに見出される。同校の建設を手掛けたパーキンス（Lawrence B. Perkins, 1907-1997）が、1965 年に語った次の言葉は、それをよく示している。

　　（この校舎が…筆者）教育として表現しているものは、素材や様式よりも、校舎のデザインといっそうつよく結びついています。1910 年に建てられた校舎であっても、もしも教育者が望んでいたなら、クロウ・アイランド小学校の建物と同じようなものでありえたでしょう。クロウ・アイランドは冒険的な建物でもなければ、建築上の驚くべき偉業でもありません。それは、どこにでもあるような素材を使いながら、それを子どもと教師の活動のどちらにも適切となるように配置しようとする哲学の成果なのです[54]。

　本節では、クロウ・アイランドの校舎にあった哲学とはどのようなものであったかを、確認してみよう。

1　校舎のデザインにおける教育者の役割

　19 世紀末から大規模な校舎の建設が始まり、学校建築の専門家が出現したものの、当然のことながら、学校を建設する際に多くの建築家が最も関心を向けたのは、安全、防火、換気、採光・照明、そして費用などであった。1900 年以前は、建築家が学校のカリキュラムにまで関心を向けることは少なく、一方、教育者の建築への関心は弱く、建物は建築家に任せるのが通常であった[55]。

　しかし、20 世紀になって進歩主義教育の思想が広がりを見せるなかで、

この状況は徐々に変わっていった。イトナーのように、教育に関心を向ける建築家が増えてきたし、バロウズのように、建築に関心を向ける教育家も現れた。同時に、校舎のデザインをめぐって、教育者と建築家の間の協力、あるいはしばしば葛藤が起こりつつあった[56]。クロウ・アイランド小学校は、教育家と建築家の協力が成功した例である。

　最初に、この校舎が建設された経緯をみておこう。クロウ・アイランド小学校は、大都市シカゴの郊外にあるウィネトカという小さな町の公立学校である。ウィネトカの町は、1919 年にウォシュバーンが教育長として着任して以来、1920 年代、1930 年代をとおして、ウィネトカ・プランという斬新な教育方法を開発し続け、進歩主義教育の拠点のひとつとして、全米に知られていた[57]。1930 年代の末に新しい学校を建設する話が進んだ時、ウォシュバーン教育長は自分自身の教育哲学を実現するのにふさわしい校舎の建設を思い立ち、進歩主義教育の哲学を理解したうえで、学校建築に取り組んでくれるのに適当な建築家を探した。まず、シカゴにいた建築家のパーキンス（Lawrence B. Perkins）が仕事への参加を申し出た。パーキンスはまだ若く、経験も少なかったが、彼の会社がこの仕事を請け負うに当たって、「若いから伝統にとらわれないで、新鮮な目で問題を捉えることができます。われわれは、学校の（子どもの）あらゆる行動をよく研究し、教育長の書いたものをすべて読んで、教師や校長ともよく話し合いをします。私たちなら、あなた自身の教育の理念と要求によく合致した校舎を作ることができます」[58]と強調した。その後、ウォシュバーンは、パーキンスの他に、エリエル・サーリネン、およびその息子のエーロ・サーリネンにも参加してもらって、学校の建設を進めることにした。パーキンスはその言葉どおり、数か月にわたって教室に通って子どもたちの活動や動きの状況を観察したうえで、教室の構造等について案を提示した。校舎全体のデザインをしたのはサーリネン父子であった。もちろん、教育長に加えて、教育委員会や教師が校舎の設計についてしばしば話し合ったのは言うまでもない[59]。

　ウォシュバーン教育長および教師は、建築家にたいして様々な要求を出した。たとえば、集団的創造的活動を担当していたフランシス・プレスラー

（Frances Presler）という教師は講堂とパイオニア・ルームについて要望を出した。パイオニア・ルームとはアメリカの古い時代の生活を再現した部屋である。さらに、彼女は建築家に長い手紙を書き、「学校は子どもらしくなければならない。もちろん、大人が考えるような子どもらしいということではない。それは、生活の場所であり、利用すべき場所でなければならない。………それは暖かく、自分自身のものであり、居心地のよいものでなければならない」[60]と強調した。プレスラーの他にも、いろいろな教師が、芸術教室、体育館、運動場などについて要望を出した。校舎管理人が衛生上の様々な要望を出したこともあった[61]。これらの様々な提案が、建築家を困惑させたこともあるはずだが、彼らの意見をとおして、パーキンスは建築学の教科書では決して知ることのできない諸問題を初めて意識することができたという[62]。竣工から25年後の回想のなかでパーキンスは「建築の歴史の中ではじめて、教師の言うことを聞いてくれた」と語った教師の言葉を紹介している[63]。このように、校舎のデザインに建築家だけでなく、多くの学校関係者が参加していたのである。実際、ウォシュバーンはクロウ・アイランド校について、「ひとりの考えでできたのではない。子ども、教師、教育主事、校長、建物管理人、教育委員、親、教育長、エンジニア、そして建築家が、調整しながら話し合った成果である」[64]と述べていた。

　建築家のパーキンスが、教育者との話し合いの中で、子ども中心の教室という理念を意識するようになったことは、とくに注目しておきたい。彼にとって重要なのは、照明や換気といった建築技術や建築経費の問題ではなかった。「問題は、照明や換気についての一連の諸規則に従うことではなくて、子どもを中心にして教室をデザインするということである。照明、換気、暖房費、空間の体積あたりの費用はすべて適切ではあるが、それ自体が目的ではない。教室や建物が、全体の目的となるのではない。そうでなくて、教師の仕事の効果を高めるように、子どもの気分を盛り上げ、生彩のある、子どもらしい環境（childlike surroundings）を用意することが、価値のあることである」[65]とパーキンスは確信したのである。彼は建築家としての観点を越えて、子ども中心の理念の実現を目指していたといえよう。ここに、建築家と教育者の

第1章　進歩主義教育運動における学校建築思想の転換　37

協力関係を見出すことができる。

2　家庭モデルの教室

　では、子どもらしい環境がどのような特徴をもっており、それがどのような教育実践を可能にしたであろうか。その基本的な理念は、「家庭らしい環境」という言葉に集約されていた。その意味を確かめてみよう。

　第一に、校舎や教室、教具の大きさがどれも子どものサイズにふさわしく、小さめであった（**図 1-8**）。椅子、黒板、ドアの把手、窓なども、小さな子でもすぐに届くように低いところにあった。建物を小さくすることで、教室を「出来る限り完全な家庭」[66] にしようとしていた。「家庭らしい環境」をもっとも具体的に実現しているのが、有名なL字型教室であった（**図 1-9**）。それぞれの教室には、座席、黒板、作業場、プロジェクトのための場所、トイレットがあった。さらに、教室の窓は低くて外とのつながりがあり、花や灌木が教室の一部に置かれた。一般の家屋と同じように、天井は低くしていた。さらに、教室の外も教室の一部（outdoor classroom）であった。このような教室が醸し出す雰囲気が家庭的なのである。先に紹介したプレスラーは、このような家庭的な環境にいる子どもたちは、「学校と家庭との一体感」[67] をもつようになると述べている。

　第二に、学習内容の柔軟性と連続性が重視されていた。もういちど、L字型教室を見てみよう。子どもは、先生の話を聞くとき、自力で学習するとき、協同で作業をするとき、すべてをひとつの教室のなかで行うことができる。学習の形態を個別にするか、集団でするかは自分で決められる。もちろん、机や椅子は可動式だから、自分でその配置を考えることもある。こうして、子どもは自分自身でいろいろな活動を選択しながら、教室の中を移動するのである。付け加えれば、ウィネトカの学校の時間割は細かく区切られておらず、午前中は個別活動と集団活動に2分割されているだけである[68]。そうであれば、この教室のなかで、自由に時間と場所を選んで、自分のリズムで学習したり、活動したりすることがさらに容易になる。このような環境だからこそ、ウォシュバーン教育長はクロウ・アイランド小学校の校舎が「子

図 1-8　クロウ・アイランド小学校の小さい机
出典：Washburne, "Crow Island School — In Winnetka," p.69

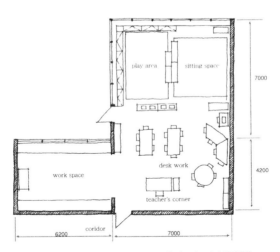

クラスルームの平面とコーナーのとられ方（レイアウト調査図）
図 1-9　クロウ・アイランド小学校の L 字型教室
出典：柳澤要他『アメリカの学校建築』p.6

どもの自発性、自主性、創造的学習、そして自立的思考を促進している」[69]と自慢げに述べたのである。

第三に、生徒相互の、あるいは教師と生徒の協力や、自由な話し合いを促すための環境があった。たとえば、仕事台、作業室、洗面台、アルコーブ（教室の一部の凹ませた部分）は、ひとりで使うこともできるし、集団で利用することもできる。このようなスペースは、プロジェクトをするときなどに協同作業の場となる。また、教師と生徒が親密な話し合いをする場所として、ラウンジが有効であった（**図1-10**）。玄関を入るとそのすぐ左に広い廊下と一体化したラウンジがある。ここは、生徒と教師がしばしば集まって話し合う場所である。柱や壁が近くにあることによって、ラウンジの端は教師と生徒の親密で、家庭的な関係を作り上げる場所となる。そこは現在でも、家庭的な雰囲気をもった場所であり、教師と生徒が話し合いをする場所として利用されている。

第四に、校舎は、ひとりひとりが共同体の一員であることを実感させるための場所でもあった。それをとくに意識して設計されたものが講堂（または集会ホール）である（**図1-11**）。講堂の写真を見ると、ステージに昇ろうとしている子どもが写っている。ステージ前がすべて階段になっていて、子どもが昇るのが容易である。講堂は子どもが演劇をしたり、学習発表をしたりする場所である。ステージに昇ることは、自己表現でもあるが、同時に、子どもの社会的活動の一部でもある。プレスラーは講堂の意義を次のように述べている。

　集会ホールは、学校のなかでも独特の位置を占めている。それは、すべての子どもが同時に集まり、明確に、そして、意識的に学校全体を作り上げるための場所である。この場所は、その本質からみて、学校生活の頂点といってよい。………したがって、この部屋は大きな集団意識をもたせるに違いないのである[70]。

さらに付け加えるならば、講堂は、地域社会の一員である子どもにとっては、

図 1-10　クロウ・アイランド小学校のラウンジ

出典：上 2 枚は筆者が 2008 年および 1994 年に撮影したもの
下 2 枚は、Anon. "Crow Island Revisited," *Architectural Forum* Vol.103,（Oct. 1955）p.136

図 1-11　クロウ・アイランド小学校の講堂

出典：Anon. "Crow Island School — After 25 Years," *The American School and University*, 1965, p.32

学校と地域社会とをつなぐ場所でもあった。ウォシュバーンは、その意義を「ここ（講堂）では、あらゆる年齢の人々が集まる。また、ウィネトカにいる大人、つまり教師や生徒の家族がする課外学習にも焦点を当てている」[71]ところに見出していた。

3　クロウ・アイランド小学校の歴史的意義

　クロウ・アイランドの校舎で理念とされていた「子どもらしい環境」は、子どもの体格にあわせた校舎を意味していたにとどまらない。子どもの学習の継続性、創造性を開発し、子どもたち相互の協力を促そうとするものであった。子どもは、自分自身の計画やリズムに応じて、学習し、作業し、遊ぶこともできた。自分のいるべき場所を子どもは自ら決定することができたとみることができるであろう。

　校舎が完成してからおよそ 60 年後、同校の校長を長く務めたベス・ヒバートは、クロウ・アイランド小学校の校舎と教室は、教育のための場所というよりは、子どものための学習環境として見るべきであると語っている[72]。クロウ・アイランド小学校は、子ども中心の思想を、その校舎によって表現したのである。クロウ・アイランド小学校の校舎が、「アメリカの学校建築史上の記念碑的作品」[73]であることは間違いない。

おわりに

　本章は、19 世紀後半から 20 世紀前半にいたるまで、アメリカにおける校舎の変貌をみてきた。子ども中心という進歩主義教育の思想が、校舎にどのように現れ、どのような教育実践が展開するようになったのか、もういちど確認しておこう。

　19 世紀の多くの校舎は教室がひとつしかなかった。その構造は教会をモデルとしており、教授理論書等では、教師が教育空間を支配する権威をもつことが理想とされていた。田舎ではこのような単級学校が 20 世紀の初めまで主流であった。

　19 世紀末から、都市では、多くの教室をもつ校舎やいろいろな種類の教

室や設備をもつ大規模な校舎（school plant）が建設されるようになった。建築家は、安全、採光、換気などに配慮した校舎の設計に取り組み始めた。子どもは、学校で座学だけを強要されるのでなく、働いたり、遊んだりする機会と場所も与えられたという点では、これらの校舎は進歩主義教育の影響を受けていた。しかし、これらの校舎は、それぞれの設備や教室が教科と密接に結びついており、学習すべき内容、場所、時間についても、子どもの自由は大きく制約されていた。校舎の構造が子どもの学習内容を制約していたのであり、子ども中心とみることはできない。

　20世紀になって、建築と教育とのつながりを実現させようとする建築家および教育家が現れた。建築家イトナーは、教育理論の変化に関心を向けつつ、校舎の構造転換を促した。教育家バロウズは、子どもの経験の豊富化や創造的表現を重視して、その実現のための校舎を提案した。かれらの思想は、明らかに20世紀前半の進歩主義教育の影響を強く受けていた。

　1940年に完成したクロウ・アイランド小学校の校舎は、進歩主義教育思想の成果であった。その校舎は、アメリカの進歩主義教育の実践上の有力な指導者のひとりであった教育長ウォシュバーン、および教師らが中心となって、建築家の協力を得て、設計されたものであった。学校を出来る限り家庭的なものにすることを理念とし、子どもの自由とリズム、協同、創造的表現、学校と地域とのつながり、などに配慮していた。そこには、進歩主義教育が掲げる「子ども中心」の理念が反映していた。

　アメリカの校舎の変貌を、三つの時期に区分して述べてきた。その中で、新教育運動史の観点からとくに興味深いのは第二期、すなわち、20世紀前半の大規模校舎の時代である。この時期に、子どもに多様な活動を保障しようとする思想が普及しつつあった一方で、子どもを特定の場所と時間に縛りつけようとする管理的実践が広がりつつあったといえるのではないだろうか。20世紀後半になって家庭モデルの平屋建ての校舎が出現したとはいえ、実際には現代の多くの校舎が工場モデルである。われわれはその歴史的意義と、機能を確認する必要がある。

　校舎の構造は、だれの目にも明らかなものであるが、校舎のもつ教育的機

第1章　進歩主義教育運動における学校建築思想の転換　43

能を認識することは難しい。隠れたカリキュラムとしての校舎の機能は、新教育運動の展開の中で、さらに詳細に検討する必要がある。

註

1　Alice Barrows, *Changing Conceptions of the School-Building Problem, Department of the Interior, Bureau of Education, Bulletin,* 1929, No.20, pp.1-5.

2　"Thirty Years a School Architect," *The American School Board Journal,* Vol. 77, No. 5 (Nov. 1928), pp.60, 97; Guy Study, "Work of William B. Ittner, F. A. I. A.," *Architectural Record,* Vol.57, No.2 (Feb., 1925), p.97.

3　柳澤要・鈴木賢一・上野淳『アメリカの学校建築』(ボイックス、2004年) 3頁、98-99頁。

4　"A Report Based on Crow Island's 25th Year: Interview with Architect Perkins," *The American School Board Journal,* Vol. 150 (Jan., 1965), p.10.

5　Amy S. Weisser, ""Little Red School House, What Now?": Two Centuries of American Public School Architecture," *Journal of Planning History,* Vol.5, No.3 (Aug., 2006) p.211; Catherine Buke & Ian Grosvenor, *School* (London: Reaktion Books Ltd., 2008) p.102; David Hutchinson, *A Natural History of Place in Education* (New York: Teachers College Press, 2004), p.53.

6　Samuel R. Hall, *Lectures on School-Keeping* (Boston: Richardson, Lord & Holbrook, 1829; rep. Arno Press, 1969), p.56; David Page, *Theory and Practice of Teaching: Or the Motives and Methods of Good School-keeping,* (Syracuse, N.Y.: Hall & Davidson, 1847; rep. Arno Press, 1969), p.148. なお、引用句の原典は、OED (CD-ROM版 2004) によると、Alexander Pope, *An Essay on Man* (1734). となっている。

7　Henry Barnard, *School Architecture; or Contributions to the Improvement of School-houses in the United States* (2nd ed. 1848) rep. & ed. by Jean and Robert McClintock (New York: Teachers College Press, 1970).

8　James Johonnot, *Country School-houses: Containing Elevations, Plans and Specifications with Estimates, Directions to Builders, Suggestions as to School Ground, Furniture, Apparatus, etc. and a Treatise on School-house Architecture,* with numerous designs by S. E. Hewes (New York: Ivison, Phinney, Blakeman, 1859/ rep. 1866). 本稿では1866年版を使用した。

9　Edward Robert Robson, *School Architecture, Being Practical Remarks on the Planning, Designing, Building, and Furnishing of School-houses* (London: John Murray, Albemarle Street, 1874), p.27.

10　N. L. Engelhardt & Fred Engelhardt, *Planning School Building Programs* (New York City: Bureau of Publications, Teachers College, Columbia University, 1930), pp.295-297.

11　バーナードを中心とした学校建築の思想は鈴木清稔が詳細に分析している。鈴木清稔「学校建築の誕生——空間構成の企てと教育空間の整序」田中智志編著『ペダゴジーの誕生——アメリカにおける教育の言説とテクノロジー——』(多賀出版、1999年) 277-309頁。

12 May Ayres, "A Century of Progress in Schoolhouse Construction," *The American School Board Journal*, Vol.55（July, 1917）, p.26; Engelhardt, op.cit. p.295.

13 Cit. in Barnard, *School Architecture*, p.5.

14 Johonnot, *Country Schoolhouses*, pp.15-22.

15 Ibid. p.30.（原文のこの部分すべてイタリック体）.

16 Hall,*Lectures on School-keeping*, p.28, p.67（傍点部は原文ではイタリック体）.

17 Jacob Abbott, *The Teacher, or, Moral Influences Employed in the Instruction and Government of the Young*（London: W. Darton and Son, 1834?）, p.55.

18 Charles Northend, *The Teacher and the Parent: A Treatise upon Common-school Education*（1858, New Edition, Syracuse, N.Y.: C. W. Bardeen, 1895）, p.106. 傍点部はイタリック体

19 Northend, *The Teacher and the Parent*, p.106.

20 Barnard, *School Architecture*, pp.73-74.

21 Johonnot, *Country School-houses*, pp.173-176, p.181.

22 Ayres, "A Century of Progress in Schoolhouse Construction," pp.24-25; Edward Robert Robson, *School Architecture, Being Practical Remarks on the Planning, Designing, Building, and Furnishing of School-houses*（London: John Murray, Albemarle Street, 1874）, chap.3.

23 Jonathan Zimmerman, *Small Wonder: The Little Red Schoolhouse in History and Memory*（New Haven: Yale University Press, 2009）, p.17.

24 Paul Rocheleau, *The One-Room Schoolhouse: A Tribute to a Beloved National Icon*（New York: Universe Publishing, 2003）, chapter three.

25 Zimmerman, *Small Wonder,* pp.7-9.

26 Zimmerman, *Small Wonder*, pp.15-52; John Duffy, "School Buildings and the Health of American School Children in the Nineteenth Century," in *Healing and History: Essays for George Rosen,* ed. by Charles E. Rosenberg（London: Science History Publications, 1975）, pp.161-178.

27 Ittner, "A Quarter Century in Schoolhouse Planning and Construction," *The American School Board Journal*, Vol.70, No.1（Jan., 1925）, pp.39-42.

28 N. L. Engelhardt, *Planning School Building Programs*, pp.297-302.

29 Engelhardt（1930）, op.cit. p.296; A.D.F. Hamlin, C.B.J. Snyder, William B. Ittner, et al. *Modern School Houses: Being a Series of Authoritative Articles on Planning, Sanitation, Heating and Ventilation*（New York: The Swetland Publishing Co., c1910?）, pp.45-57.

30 Ittner, "Forty Years in American School Architecture," *The American School Board Journal*, Vol.82, No.3（March, 1931）, p.49.

31 『アメリカ教育委員会雑誌』には、換気、採光、等に関する記事がしばしば掲載されている。D.D. Kimball, "Twelve Years of School Building Ventilation," *The American School Board Journal*, Vol. 68, No.1（Jan. 1924）, pp.54-56, No.2（Feb. 1924）, pp.51-52; Forest R. Nofsinger, "A Century's Progress *in* School Heating *and* Ventilation," *The American School Board Journal*, Vol. 91（July, 1935）, pp.38-39,（Sep. 1935）, pp.37-38,（Nov. 1935）, p.36. など参照。

32 Ittner, "New Senior High School Junior College at Wichita Falls, Texas," *The American*

第 1 章　進歩主義教育運動における学校建築思想の転換　45

School Board Journal, Vol.72, No.1 (Jan., 1926), p.43.

33　Ittner, "A Quarter Century," p.41.

34　[Frank Bruce] "American School Architecture," *The American School Board Journal*, Vol. 76, No.1 (Oct., 1928), p.37.

35　Ittner, "Forty Years in American School Architecture," p.49.

36　William Wirt, *The Great Lockout In America's Citizenship Plants* (Gary, Ind.: Horace Mann School, 1937).

37　Marie Anderson Ittner, "William B. Ittner: His Service to American School Architecture," *The American School Board Journal*, Vol. 102 (Jan. 1941), p.3.

38　Raymond A. Mohl, "Alice Barrows: Crusader for the Platoon School, 1920-40," *The Elementary School Journal*, Vol.77 (May, 1977), pp.351-357.

39　詳細は宮本健市郎「アメリカ進歩主義教育運動におけるコミュニティと学校──1910年代のゲーリー・スクールの研究」『東京大学教育学部紀要』第23巻（1983年）pp.275-286.

40　Ittner, "Intermediate School, with discussion," *Proceedings and Addresses of the NEA* (1919), pp.328-331.

41　Ibid. p.329. なお、Dwight H. Perkins は、クロウ・アイランド小学校の建設に参加した Lawrence B. Perkins の父であり、シカゴで建築会社を経営していた。

42　Ittner, "Mooted Questions in School-building Service," *Proceedings and Addresses of the NEA* (1922), pp.1425-26.

43　Anon. [Ittner] "Planning of High School Buildings," *The American School Board Journal*, Vol.66 (March, 1923), p.101.

44　Ittner, "The Functional Concept in School-building Planning," *The American School Board Journal*, Vol. 92 (May, 1936), pp.41-42.

45　Raymond Mohl, "Alice Barrows: Crusader for the Platoon School, 1920-40," *The Elementary School Journal*, Vol.77, No. 5 (May 1977), pp.350-357; "Alice Barrows," in *Women Educators in the United States, 1820-1993,* ed. by Maxine Seller (Westport, Conn.: Greenwood Pr., 1994), pp.21-29.

46　Barrows, *Changing Conceptions of the School-building Problem, U.S.Bureau of Education, Bulletin,* 1929, No.20 (Washington,D.C.: 1929), pp.1-5; Barrows, "Modern Cities and Children," *The Platoon School*, Vol.III (June/August, 1929), pp.79-81.

47　Barrows, *The School Auditorium as a Theater, United States Department of the Interior, Office of Education, Bulletin,* 1939, No.4, p.2.

48　Alice Barrows, "Some Results of Dewey's Philosophy," *The Platoon School*, Vol. III (Dec., 1929), pp.150-151.

49　Alice Barrows, *School Building Survey and Program for Mount Vernon, New York* (U. S. Bureau of Education, Department of the Interior, 1929), p.4, p.11.

50　Alice Barrows & Lee Simonson, *The School Auditorium as a Theater, United States Department of the Interior, Office of Education, Bulletin,* 1939, No.4.

51　Norman Glubok, "Crow Island — After Fifteen Years," *The Nation's Schools*, Vol. 56,

No.4（Oct., 1955）p.64.

52 Marta Gutman, "School Buildings and Architecture," in *Encyclopedia of Children and Childhood in History and Society*, editor-in-chief Paula Fass（New York: Mcmillam Reference, 2004）, p.728; Ben E. Graves, *School Ways: The Planning and Design of America's Schools*（New York: McGraw-Hill, Inc., 1993）, pp.27-34.

53 Betty Williams Carbol, *Still a Special Place: A History of Crow Island School, Winnetka, Illinois*（Winnetka, Illinois, circa1991）.

54 "A Report Based on Crow Island's 25th Year — An Interview with Architect Perkins," *The American School Board Journal,* Vol.150（January, 1965）, p.11.

55 H. W. Schmidt, "Fifty Years in School-building Design and Construction," *The American School Board Journal*, Vol. 100, No.3（March, 1940）, p.31.

56 葛藤の状況については、Catherine Burk & Grosvenor, *School*, Chapter 2; Amy S. Weisser, " 'Little Red School House, What Now?': Two Centuries of American Public School Architecture," *Journal of Planning History*, Vol. 5, No.3（August, 2006）, pp.196-217. など参照。

57 山口満・宮本健市郎・ウォッシュバーン『教育の個別化』（明治図書、1988 年）参照。

58 Carleton W. Washburne, Sidney P. Marland, Jr. *Winnetka, The History and Singnificance of an Educational Experiment*（New Jersey: Prentice-Hall, 1963）, p.138.

59 Carleton W. Washburne & Lawrence B. Perkins, "Crow Island School — In Winnetka," *The American School and University*（1942）, pp.62-69.

60 Cit. in Washburne, "Crow Island School, Winnetka, Ill." *The Architectural Forum*, Vol. 75（Aug., 1941）, p.80.

61 Washburne & Marland, *Winnetka*, p.140.

62 Perkins, "The Winnetka Classroom," *The American School Board Journal*, Vol.100（June, 1940）p.52.

63 "A Report Based on Crow Island's 25th Year — An Interview with Architect Perkins," *The American School Board Journal,* Vol.150（January, 1965）p.9; Perkins, "When Teachers, Janitors Build Schools," *The American School Board Journal*, Vol. 103（Sep., 1941）, pp.33-39, 87.

64 Washburne & Perkins, "Crow Island School — In Winnetka," pp.62-69.

65 Perkins, "The Winnetka Classroom,"（June 1940）, p.52.

66 Loc. cit.

67 Presler's letter cited in Washburne, "Crow Island School, Winnetka, Ill." *The Architectural Forum*, Vol. 75（Aug. 1941）, p.80.

68 ウィネトカ・プランの時間割については、第 7 章で論ずる。

69 Washburne & Perkins, "Crow Island School — In Winnetka," p.64.

70 The letter is cited in Washburne, "Crow Island School, Winnetka, Ill.," p.80.

71 Washburne, & Perkins, "Crow Island School — In Winnetka," p.68.

72 Elizabeth Hebert, "Design Matters: How School Environment Affects Children," *Educational Leadership*, Vol. 56, No.1（Sep., 1998）, pp.69-70.

73 註 3 に同じ。

第 2 章　学校建築における講堂の出現と変貌

はじめに

　本章では、19 世紀から 20 世紀半ばまでの校舎の変貌を、講堂に焦点をあてて、概観する。新教育の時代の校舎の変貌をもっともよく表しているのが講堂であった。講堂（auditorium）が設置された背景と経緯、および講堂の形態と機能の変化を明らかにする。

　講堂の変貌について述べる前に、本章で取り上げる講堂とは何をさすのかを明確にしておく必要がある。講堂が小学校の校舎の一部として設置されるようになったのは 20 世紀になってからである。19 世紀の校舎は教室がひとつしかないのが通常であったから、講堂は校舎の中に存在していなかった。あるいは、講堂の「聴衆がいる公共の建物の一部」[1] という辞書的な定義にしたがうなら、校舎全体が講堂であったといえるかもしれない。いずれにせよ、校舎に関しては講堂という語で表示される施設はなかった。19 世紀の後半から、中等学校の校舎で学年や学級が成立し、複数の教室が出現したとき、生徒が移動したり、全校生徒が集まったりするための場所が必要になった。それが廊下（corridor）やホール（hall）であった。その後、ホールは集会場（assembly hall）となり、さらに、講堂へと変貌を遂げ、小学校にも講堂が設置される例が増えた。したがって、本章でも、ホール、集会場、講堂の順に取り上げることにする。

48　第一部　アメリカにおける学校空間の構成原理

Ⅰ　ホールから集会場へ

1　一教室学校

　南北戦争以前に著された校舎についての書物で、アメリカで最も読まれた
ものは、ヘンリー・バーナードが著した『学校建築』（初版 1842）と、ジョ
ホノットの『カントリー・スクール・ハウス』（初版 1858）である。いずれ
も多くの学校のフロア・プランを提示しているが、講堂またはホールは記載
されていない[2]。校舎に尖塔や鐘楼があることからわかるとおり、「校舎は
教会の建物から派生したものであった」[3]。だから、校舎も、教会と同じよ
うに、説教または授業のための大きな部屋が中心にあった。19 世紀の半ば
までは、校舎はひとつの大きな教場（school room）だったのである。

　学校経営者（すなわち教師）にとって重要なのは、大きな教場の秩序を維
持し、教授の能率を上げるための、机や椅子の配置であった。大きな教場の
横（または周辺）にあって、少数の生徒を指導したり、親との面談場所だっ
たりしたのが暗誦室（recitation room）であった。たとえば、バーナードは、ホー
レス・マンが推奨している教室として、**図 2-1** を示している。大きな教場の
後ろに、小さな暗誦室がついている。暗誦室は大教室の秩序を維持するため
の場所とみなすことができる。

　このように、大教室がひとつあって、その端に小さな暗誦室があるのが、
19 世紀半ばの典型的な一教室学校であった。ホールや講堂は存在しない。
というより、大教室全体がホールであったとみてよい。当時の校舎の多くは
このようなものであった[4]。

2　ホールの出現

　19 世紀の半ばになると、学級が成立した中等学校では、大教室が複数の
教室に分割されるようになった。当初は大教室を可動式壁で区切ったのであ
るが、次第に、固定式の壁になり、教室が成立する。複数の教室のある校舎
ではホールが出現した。当時のイギリスの著名な建築家ロブソンは、アメリ
カの中等学校にホールがあることに注意を払っている。**図 2-2** はフィラデル

第 2 章　学校建築における講堂の出現と変貌　49

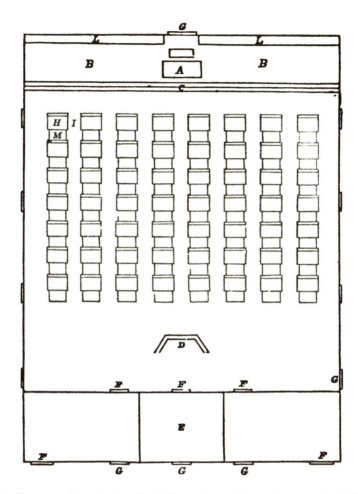

A. Represents the teacher's desk.　B B. Teacher's platform, from 1 to 2 ft. in height.
C. Step for ascending the platform.　L L. Cases for books, apparatus, cabinet, &c.
H. Pupils' single desks, 2 ft. by 18 inches.　M. Pupils' seat, 1 ft. by 20 inches.　I. Aisles,
1 ft. 6 inches in width.　D. Place for stove, if one be used.　E. Room for recitation, for
retiring in case of sudden indisposition, for interview with parents, when necessary, &c.
It may also be used for the library, &c.　F F F F F. Doors into the boys' and girls'
entries—from the entries into the school-room, and from the school-room into the recita-
tion room.　G G G G. Windows.　The windows on the sides are not lettered.

図 2-1　ホーレス・マン推奨の教室

出典：Henry Barnard, *School Architecture* (1848) figure 1

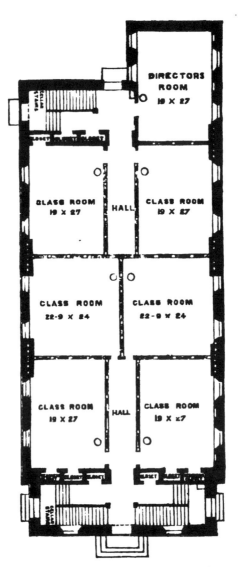

図 2-2　ジョージ・M・ウォートン校（ホールは通路）

出典：Robson, op.cit. p.39

第2章 学校建築における講堂の出現と変貌　51

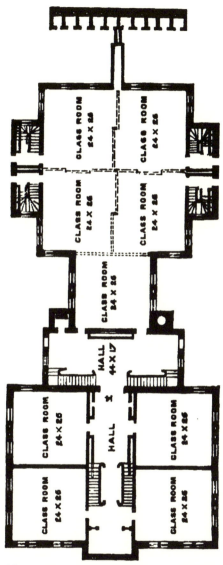

図2-3　ホリングワース校（ホールは通路）

出典：Robson, op.cit. p.33

52　第一部　アメリカにおける学校空間の構成原理

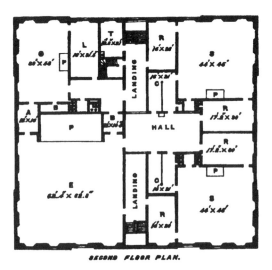

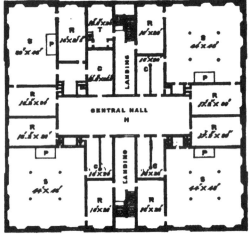

Reference.
C. Cloak Room.
E. Assembly Hall.
G. Drawing Class Room.
H. Central Hall.
L. Apparatus Room.
R. Recitation Rooms.
S. Class room.
T. Mistress' Dressing Room.

28, 29.—GIRLS' SCHOOL, BOSTON, MASSACHUSETTS.

図 2-4　ボストンの女子師範学校（ホールは中央）

出典：Robson, op. cit. p.41

フィアにあるジョージ・M・ウォートン校である。壁で区切られた六つの教室と校長室がある。どの教室に入るときも中央の小さなホールを通る。つまり、ホールは教室に入るための通り道を兼ねている[5]。**図 2-3** はフィラデルフィアにあるホリングワース校である。壁に囲まれた四つの教室と、可動式仕切りのある五つの教室がある。可動式仕切りをとり去れば大講堂になる。図の中のホールは通路として重要な機能をもっている[6]。**図 2-4** は、ボストンの女子師範ハイスクールである。1870 年に建設され、「最大で、最も高価で、立派な校舎」[7] と評価されていたという。ホールは建物の中心にあり、教室と教室をつないでおり、同時に、廊下とともに、校舎の全体を分割する機能をもっている。いずれも中等学校の校舎だが、教室が複数ある校舎では、ホールが教室を物理的につなぐ機能をもたされていることがわかる。そのホールを校舎の中心部に置くことで、学校全体がひとつであることを生徒に印象づけたであろう。複数の教室をもつ校舎の出現とともに、生徒の移動の便宜のために廊下とホールが設置されたとみることができる。

　もうひとつ忘れてならないことは、ホールは試験の場所でもあったことである。ロブソンは、ドイツの学校にある講堂（Aula）がアメリカではホールと呼ばれたと指摘する[8]。ドイツやオーストリアでは講堂は試験を実施する場所であった。当時のアメリカでは、試験は口頭試問が中心であり、公開で実施（public examination）されており、試験（examination）と学習成果発表会（exhibition）は同義であった[9]。したがって、公開試験や学習成果発表会のためにもホールが必要とされていたのである[10]。ロブソンによると、公開試験のために講堂（Aula）を使用するというドイツの方法を、アメリカ人は大いに好んでいた[11]。校舎の中央にアウラ（講堂）を置くという様式はドイツには多数あり、その様式がドイツに留学したアメリカ人建築家などによって伝えられ、次第にアメリカでも普及したのである。のちに述べるイトナーもそのひとりであった。ただし、柱のない空間（講堂）を設置するのは、建物の構造上の問題から、通常は最上階であった（**図 2-5、図 2-6、図 2-7**）。

54 第一部 アメリカにおける学校空間の構成原理

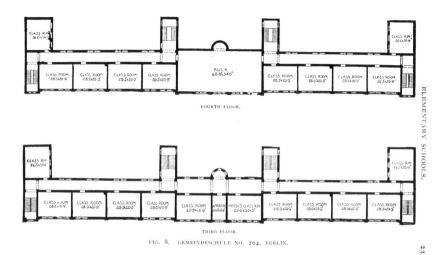

図 2-5 ドイツの校舎はアウラが最上階で中心（1）
出典：Wheelwright, op. cit. p.23

第 2 章　学校建築における講堂の出現と変貌　55

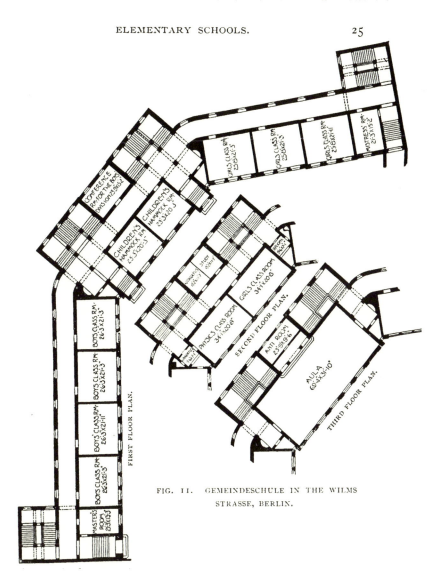

図 2-6　ドイツの校舎はアウラが最上階で中心 (2)
出典：Wheelwright, op. cit. p. 25

56 第一部 アメリカにおける学校空間の構成原理

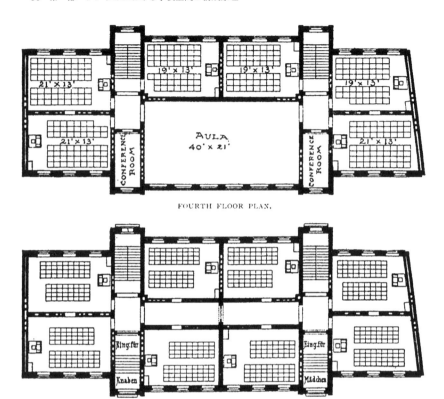

図 2-7 ドイツの校舎はアウラが最上階で中心（3）
出典：Wheelwright, op. cit. p.29

3 集会場の出現

19世紀の末になると、初等学校と中等学校の中間段階であるグラマー・スクールでホールをもつ校舎が出現し、次第に初等学校の校舎でもホールをもつものが現れた。その実態を確かめることは容易である。建築家としての専門的な知識・技術をもつアメリカ建築家協会（American Institute of Architects, A.I.A.）[12] の会員が学校建築に取り組むようになり、彼らが学校建築に関する多数の図書や図版を残しているからである。

たとえば、コネチカット州などで多くの校舎を設計したブリッグス（W.R.Briggs, 1850-1933, F.A.I.A.）[13] の著した『現代のアメリカの校舎』（1899）をみてみよう。教室の数の増加とともに、ホールが設置されていった事情が読み取れる。ブリッグスは、校舎をその大きさによって、四つに分類した。第一類が、師範学校またはハイスクールのような大規模校、第二類が、12以上の教室をもつ中等学校、第三類が、グラマー・スクール（初等学校を併設していることもある）、第四類が、教室数が3以下の初等学校、以上の四つである[14]。それをみると、第四類から第一類へと教室の数が増えるにしたがって、ホールの機能が違ってくることがわかる。ホールは教室数の少ない第四類の校舎では単なる通路の機能しかもっていないが、教室数の多い第四類の校舎では、集会場として独自の機能を付与されているのである。名称も、大規模校では集会場（Assembly Hall）となっている（**図 2-8、2-9、2-10、2-11**）。

ここで注意しておきたいのは、教室の多い校舎で、集会場（Assembly Hall）という用語が使用されていることである。ホールは廊下と同じように、通過のための場所の機能が強かったが、集会場はそこで集会をもつことが意図されている。一教室学校なら大教室で全校の生徒が一か所に集まることは日常的であった。だが、校舎が教室に分かれてしまったときには、学校の統一性を保つために、生徒が集まる場所を設定することが必要になったと考えられる。

このように、教室の少ない校舎ではホールだが、教室が多い大規模校では集会場であった。したがって、多数の教室をもつ中等学校では集会場が多かった。ただ、教室の少ない小学校では、19世紀末まで集会場は非常に珍しい

58　第一部　アメリカにおける学校空間の構成原理

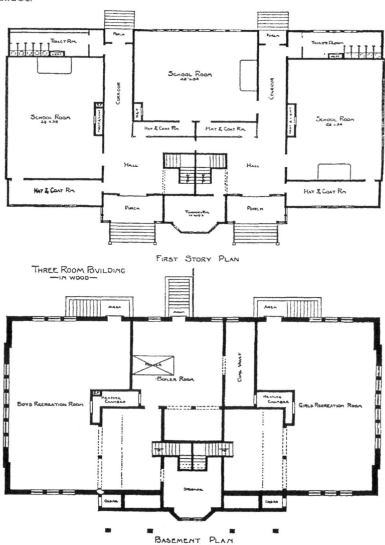

図 2-8　校舎中央にホールと廊下

出典：Briggs, op. cit. p.291

第 2 章　学校建築における講堂の出現と変貌　59

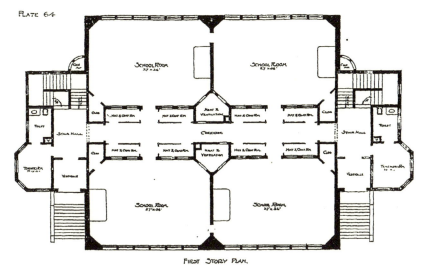

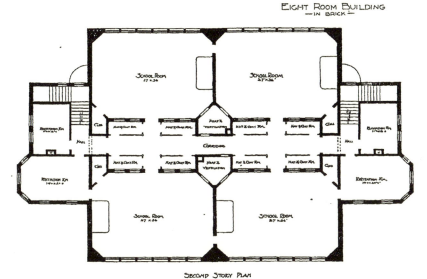

図 2-9　校舎中央に廊下、両端にホール

出典：Briggs, op. cit. p.315

60　第一部　アメリカにおける学校空間の構成原理

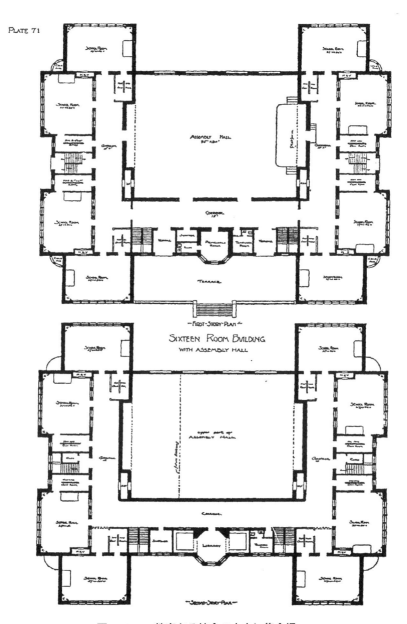

図 2-10　16 教室ある校舎の中央に集会場

出典：Briggs, op. cit. p.343

第 2 章　学校建築における講堂の出現と変貌　61

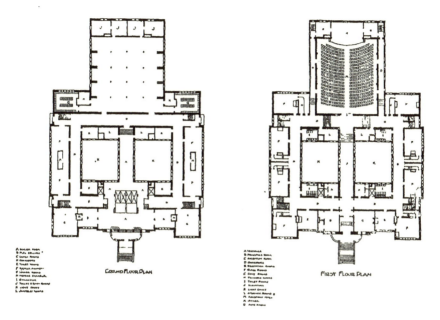

図 2-11　大規模ハイスクール校舎の中央に集会場

出典：Briggs, op. cit. p.371

ものであった[15]。

II　講堂の普及——工場モデルの校舎

1　学校建築の技術革新

1891 年に創刊された『アメリカ教育委員会雑誌（*The American School Board Journal*）』は教育関係者に向けてしばしば校舎に関する記事を掲載しており、20 世紀初頭における校舎の状況を知るにはもっとも参考になる情報を提供してくれる。その雑誌が 1940 年にこの 50 年を振り返る特集を組んでいる。その中でウィスコンシン州の学校建築監督官であったシュミットは、1880 年から 1900 年ころの状況を、次のように述べている。

> 教育行政官は建物についての取決めや建築の特徴などはほとんど知らなかった。デザイナーが示したものをそのまま受け取るだけであった。………建築家がすべての状況を支配していたのである。（教育関係者は）誰もこの分野について自信がなく、建築家の方がもっとよくわかっているという理由で、自分の考えを打ち出すことはなかった[16]。

この時期には、建築家の意向が校舎のデザインを決定づけていたのである。

その実例はいくらでも挙げることができる。ニューヨーク市では、シュナイダー（Charles B. J. Snyder, 1860-1945）が、1891 年から 1923 年まで市教育委員会の学校建築主任を務め、多くの学校の設計に携わった。彼は、採光、換気、子どもの遊び場確保などの点から、H型と呼ばれる校舎を設計した[17]（図 2-12）。オークランド（サン・フランシスコ）では、ドノヴァン（John Joseph Donovan, 1876-1949）が多くの学校をデザインした。彼の著書『学校建築：理論と実践』（1921）[18] は、当時、学校建築家の間ではバイブルといわれるほどであった[19]。シカゴでは、パーキンス（Dwight H. Perkins, 1867-1941）が活躍した。彼は、公立学校の建物だけでなくセツルメントや公園などの設計にもかかわり、進歩主義教育の影響を受けていたと評価されることもある[20]。

セント・ルイスではイトナー（William B. Ittner, 1864-1936）が市教育委員会で学校建築を担当し、市のすべての公立学校のデザインを統括した時期もある（口絵図 E）[21]。インディアナ州ゲーリーの公立学校をデザインしたのは彼である。「現代の校舎は、全国どこでも、イトナーの建てたものをモデルにしている」[22] とも言われていた。ドノヴァン、パーキンス、イトナーの 3 人は、のちに学校建築家ビッグ・スリーと呼ばれた[23]。このような当時を代表する著名な建築家が学校建築に取り組み始め、大規模な校舎の設計は事実上ほぼ全面的に建築家の仕事になったのである。

　しかし、先に挙げた『アメリカ教育委員会雑誌』の記事が 1900 年で時期を区切っていることが示唆しているように、20 世紀になると、この状況は変わりつつあった。第 1 章で紹介したイトナーの見解をもう一度確認しておこう。イトナーは 20 世紀初頭の四半期における学校建築の進歩を四点指摘していた。第一は、安全、暖房、採光、換気などの技術が向上したこと、第二は校舎の芸術性が追求されるようになったこと、第三は、学校施設・設備を拡充したこと、第四は、科学的研究と経済性が追求されるようになったことであった。

　以上の四点は、イトナーが進歩主義教育の動きを十分に認識していたことを示している。中でも、校舎の中心に講堂を置いたことに注目しておきたい。

2　講堂中心の校舎

　20 世紀初頭になると、小学校でも集会場を必置と主張する意見を出す建築家が増えてきた。そのひとりがホイールライト（Edmund March Wheelwright, 1854-1912）である。彼は、海外のものも含めて、多くの校舎を図示しながら、19 世紀の終りごろのアメリカにおける校舎の一般的傾向を、「大規模な小学校は集会場（assembly halls）を備えている。………集会場は、おもに全校集会や学習成果発表会をおこなうための大教室として使用された[24]（school room for collective exercises and for exhibition）」と説明している。集会場はただの通過のための場所ではない。生徒が集合することに明確な意味をもたせるようになった。彼は講堂という用語は使わずに、集会場という用語で説明してい

64　第一部　アメリカにおける学校空間の構成原理

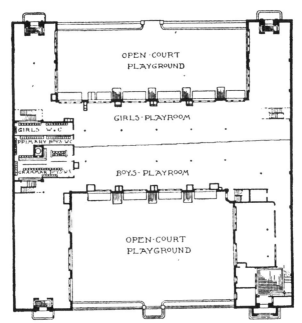

図 2-12　H 型校舎

出典：Wheelwright, op. cit. p. 119

第 2 章　学校建築における講堂の出現と変貌　65

Interior of Auditorium, St. Joseph, Mich., High School.　For general plans see pages 79 and 80,

Interior of Assembly Hall, Hubbard Woods School, Winnetka, Ill., showing kindergarten stage.　For general plan see page 25.

図 2-13　講堂と集会場

出典：Perkins, Fellows and Hamilton, *Educational Buildings* (Chicago: The Blakely Printing Company, 1925) p.219

るが、彼の紹介している校舎の図では、講堂としているものも多い。ドイツ語では講堂 (Aula) である。

　集会場と講堂の厳密な区別はできないが、中等学校にあって大規模なものが講堂で、初等学校によくみられる比較的小規模のものが集会場（または集会室）と呼ばれることが多い（**図2-13**）。どちらも、生徒が集まる場所であることに大きな機能上の違いはない。建築家のミルズ (Wilbur T. Mills, A. A. I.A.) によると、「集会場 assembly rooms または講堂 auditoriums」には、二つのシステムがあるという。ひとつは、集会場が生徒の学習のために使用されたり、生徒の朗読や祈りなどのために利用されたりする場合である。もうひとつは、集会場が公共の講堂として使用される場合である。ステージがあって800人ないし1000人分の座席が用意されている。小さな都市や町に多い。公立学校の講堂は公共のものであって、地域に開放されていることに意味を認めている[25]。前者が集会場で、後者が講堂にほぼ対応する。集会場も地域に開放されることが多いし、中にはステージがあることも少なくない。したがって両者の厳密な区別はあまり意味がない。

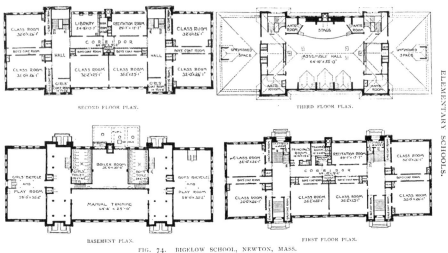

図2-14　最上階の集会場と各階のホール

出典：Wheelwright, *School Architecture*, p.93

しかし、ホール（hall）と集会場（assembly）の区別は無視することができない。すでに見たように、ホールは校舎内のいろいろな場所に設置が可能であった。もちろん校舎の中央部に置かれることも少なくなかったが、通路のこともあった。これに対して、集会場は校舎の中央部に置かれるのが通例であった。集会場には全校の生徒が集合すること、集会のための特別の部屋であることに意味がある。ホイールライトが挙げている**図 2-14** は、ホールが各階の両端にあり、最上階に大きな集会場がある。集会場に特別の意味を持たせているのである [26]。

では、イトナーがデザインして、全国の校舎のモデルともなったと言われる校舎をみておこう。第 1 章で紹介した図 1-6（26-27 頁）は、インディアナ州ゲーリーにあるフレーベル校である。イトナーが設計した校舎のほとんどは、講堂を校舎の中心部におき、その周囲に教室を配置している。1 階には講堂と大きな体育館が二つ（女子用と男子用）と、多くの通常教室がある。地階には、幼稚園、保育所、音楽室、裁縫室、理科室などの特別教室と、図書館、プールなどがあり、2 階には手工室、生物室などの特別教室と、通常教室もある。講堂や体育館が玄関から入ってすぐの 1 階にあるのは、住民が広く利用できるようにするためである。また、災害時にすぐに脱出できるように、安全性も考慮されている。コリンウッドの惨事以後は、講堂を地階におくことは、学校建築のうえではほぼ常識となっていた。20 世紀初頭ではこのような校舎モデルが一般的であった。

19 世紀末から 20 世紀初頭にかけての校舎の変貌をよく示しているもうひとつの事例として、オハイオ州クリーブランドの学校調査報告書がある。エヤーズを代表とする調査団は、1850 年代から 1910 年代にかけて、それぞれの時期に建てられた特徴的な校舎を七つの図で示している。第 1 章の図 1-3（21 頁）である。これらの図を並べてみると、19 世紀末から 20 世紀初頭までの校舎の変貌がよくわかる。1860 年代に教室の数が増えると、中央に廊下が出現した。1880 年代に、中央に大きなホールができ、それが 1900 年ころに講堂になった。その後、H 型の校舎配置になると、講堂は校舎の中央部にあって、特別な場所を占める建物になったのである。

68　第一部　アメリカにおける学校空間の構成原理

　ティーチャーズ・カレッジのストレイヤー（教育行政学）とエンゲルハー
トが協同で作成した『都市部の校舎採点簿』（1920 年版）によると、講堂は、
小学校では体育館や遊技場との兼用もあってよいが、中等学校では必置であ
り、玄関につながっているべきである、とされていた[27]。講堂があることは、
中等学校や大規模な小学校では、標準と考えられるようになったのである。

　実際に講堂をもつ校舎がどのくらいあったかは、アリス・バロウズによ
る調査がある。バロウズは、1920 年代の末に、33 州、90 都市について校舎
の実情を調査した。それによると、校舎を伝統型（1817 校）とプラツーン式
（410 校）に分類して統計をとったところ、伝統的校舎では 42％、プラツー
ン式校舎では 81％に講堂が設置されていた。最近 5 年間に建てられた校舎
に限定すると、84 校舎（伝統的校舎 58、プラツーン式校舎 26）が新築されて
いて、そのうち 69 校舎（伝統的校舎 45、プラツーン式校舎 24）に講堂があっ
た[28]。1920 年代には、初等学校でも講堂をもつ校舎が普及していたのである。

III　講堂の思想

　1920 年代には、中等学校だけでなく、規模の大きな初等学校でも、講堂
が普及した。なぜ講堂が設置されたのか。講堂の設置を主張した人々の根拠
を整理しておこう。

1　学校と地域の接点としての講堂

　アメリカでは地域と学校とのつながりの歴史は古い。学校が公開試験や学
習成果発表会を開いて、学校教育の成果を民衆に示すことは、19 世紀の後
半から行われており、集会場がそのための場所として使用されていた。20
世紀になって学校教育がさらに普及すると、集会場は、私立学校では学校へ
の支援を求めるための手段となり、公立学校では税金が有効に使用されて教
育成果が上がっていることを住民に示すための手段のひとつになった[29]。

　20 世紀初めには、講堂がとくに重要な役割をもち始めた。校舎は多額の
税金が投入される公共の建物であり、なかでも講堂はその中心部にあった。

建築家イトナーが言ったように、立派な講堂をもつ校舎は、地域のシンボル
であり、地域住民の誇りでもあった。そのことは同時に、校舎が税金の使用
に見合うように利用さなければならないということを意味した。そのとき、
講堂が地域と学校をつなぐ重要な接点としての機能をもつことになった。地
域の人々が学校に来やすいように、講堂が1階に置かれるのが通常となった
のは、そのような理由による[30]。シカゴで学校建築に携わっていた建築家
D.H. パーキンスも、同じように、校舎が地域の中心となり、子どもだけでな
く大人をも教育する機能を拡充すべきであると主張した[31]。サン・フラン
シスコのドノヴァンも、学校の講堂は地域住民が利用しやすい場所にあるこ
とが重要としている[32]。

　イトナー、パーキンス、ドノヴァンという学校建築家のビッグ・スリーが
校舎の地域開放を主張し始めるよりも前から、学校に地域センターとしての
機能を期待した人がいた。進歩主義の教育思想家デューイである。彼の「社
会センターとしての学校」(1902)[33] はすでに学校と社会とのつながりを議
論する際に常に参照される文献になっていた。この文献を引用しつつ、地域
と学校とのつながりの重要性を強調したのが、のちに近隣住区論を著して有
名になるクラレンス・A・ペリー (Clarence A. Perry, 1872-1944) である。彼は、
『校舎利用の拡張』[34] を著して、校舎の有効活用という視点から、地域への
学校開放を主張した。教育センター、あるいはリクリエーション・センター、
さらには社会的センターとして、学校がそのもっている施設を開放して、地
域に貢献すべきであるというのが、彼の主張であった。様々な学校の設備の
なかで、講堂がとりわけ重要なのは明らかであった[35]。

　1917年のNEAの大会では、『アメリカ教育委員会雑誌』の編集長であっ
たブルース (William C. Bruce) が、この30年間に起こった校舎の最も重要な
変化として、校舎が地域に開放されたことを挙げている。なかでも、講堂は、
住民が利用しやすいような造りになったという。たとえば、講堂の入り口が
1階になった。講堂をつかって大人向けの夜間学校が開催されるようになっ
た。リクリエーションの場所として利用されることも増えた。集会場が平な
らばダンスホールとして利用することもできた。このように、集会場や講堂

は、住民の利用に供されることが増えていた[36]。

学校建築と衛生に造詣の深かったドレスラー（Fletcher Dresslar, 1858-1940）は、地域の教育運動と生徒の学習とのつながりの視点から集会場の機能に着目した。「集会場は、適切に、利己的な目的にこだわっている人たちの影響からしっかりと防御されるなら、地域にひろがっている教育運動のための集合地点になりうる。校舎をそのように使うことは、校舎の神聖さを壊すことにはならない。賢明な指導があれば、地域の現実のなかにある緊要な問題と学校での学習を結びつけるのに、大いに貢献することになる」[37]という。ここには、現実の問題と学校教育とを結び付けて考える進歩主義教育の影響をみることができる。

校舎を地域に開放しようとする要望は、州の教育当局から出されることも少なくなかった。カリフォルニア州では、州教育長が任命した学校建築諮問委員会が、1913年6月17日に報告書を出している。ドノヴァンはその委員会の委員のひとりであった。その報告書は、集会場は地域貢献するので、学校が集会場をもつべきであるということで意見の一致をみた。さらに、「集会場が、講演、政治的討論、自由娯楽のような公共の目的のために使用される」[38]ことを強調した。

テキサス州教育長も、地域住民が利用する場所として集会場の価値を強調した。「集会場または講堂がない校舎は不完全」である。校舎は学期中に生徒が使用するだけでなく、地域の人々が集まって会議をする場所でもあるから、集会場が必置なのである。「集会場または講堂は民衆のための教室または講義室である。…（それは）地域の発展にたいして強力ではっきりした影響を与える」ことが期待されていた[39]。

このように、学校と地域のつながりを作ろうとする動きが進むなかで、講堂はまさにその接点としての意義を付与されていたのである。

2　社会性または学校精神の形成

集会場や講堂での活動が、団結心、学校精神、民主主義精神などを含む子どもの社会性の形成を促すという意見も少なくなかった。たとえば、ニュー

ヨーク市公立学校の校長フェリックス・アーノルドは、講堂で行われる朝礼（opening exercise）に注目する。「朝礼の目的は本質的に倫理的なものである」と彼はいう。子どもは大教室または講堂に集合し、校長先生の話を聞いたり、歌を歌ったり、朗誦したりしてから、列をつくって退出する。こうすることで、「子どもの中に社会的団結の感覚が育つ」のであり、「学校が学級の集合ではなくて、全体として意味をもっていること」[40] を子どもが感ずるようになることが、彼のねらいであった。

先に紹介したドレスラーも、集会場がアメリカ民主主義を育てるための場所として緊急に必要であると強調した。彼は、とくにハイスクールにおける講堂の役割に期待をかけた。「（アメリカでは）教育と政治の理論は、個人の自由と主体性を尊重する民主主義社会の原理に基づいている。… 生徒自治は、まだ生まれたばかりだが、適切に理解され、合理的に導くならば、将来はハイスクールのもっとも本質的な特徴のひとつとなるだろう」という。そして、集会場が住民のアクセスに便利な地階にあること、広いステージがあること、快適な椅子があり、明るいことなどの条件を満たすのが望ましいと述べている[41]。

建築家ビッグ・スリーのひとりドノヴァンは、集会場が道徳教育の場所としてとくに重要な効果があることを強調した。「（集会場）ほど、生徒みんなに大きな道徳的な影響を与える施設はない。それは、考え方の交流の場である。また、学習した理論が現実になっていくような活動の場所でもある」という。ドノヴァンは、集会場のもつこの重要性はこれからさらに増していくと予想した。そして、「地域の合唱会で民主主義の精神が次第に発達してくると、学校の講堂では、映画の上映室と同じように、そのうちにオルガンが必須のものになるだろう。これが達成されたときに、集会場は、教育に役立つだけでなく、継続教育や夜間学校、さらに地域活動という点でその価値を十分に発揮したことになる」[42] と考えた。建築家もまた講堂のもつ教育機能に関心をむけていたのである。

1920 年代から 40 年代にかけて中等教育の課外活動などの研究を進めていたマッコウン（Harry Charles McKown）は、『集会と講堂活動』（1930）のなかで、

学校集会の目的を 12 にわたって詳述しているが、その筆頭にあげているのが、学校精神（school spirit）の育成であった。彼は次のように講堂の意義を述べている。

　　講堂が生徒に提供するものは、定義が難しいが、学校精神と呼ばれる非常に重要なものが発達する機会である。…この集団精神あるいは意識は、生徒相互の関係、生徒と集団との関係、これを生徒が認識しているときに築かれる。忠誠心、献身、尊敬および誇りは、社会の統合を導くという性質をもっている。また、逆に、それらは、学校らしいもの、つまり、エール、歌、賞、学校課題、活動、演説についての知識や興味を基礎にしている。講堂は、これらのものが提示される場所であり、それによって、知的な世論が形成されるのである[43]。

このようなマッコウンの議論は、社会性や態度の形成を重視した 1930 年代のアメリカ進歩主義教育の思想と合致している。

3　プラツーン学校の講堂

　講堂の教育的意義をだれよりも強く主張し、実際にその普及に尽力したのは、アリス・バロウズであった。バロウズは、コロンビア大学大学院でデューイの授業を受けて、デューイの教育理念の実現を自らの生涯の課題に設定した。その後、連邦内務省教育局で学校建築専門家の立場から、ゲーリー・プラン（プラツーン案）を採用した学校、すなわち、プラツーン学校の普及に取り組んだ。

　バロウズは、19 世紀末から都市化が進んだせいで、子どもが自然の中で学んだり、遊んだりする経験が減少し、生活経験が貧しくなったことを嘆いた。そこで、学校のなかで様々な労働・学習・遊びの経験を保障しようとしたのである。そのための方法として、プラツーン案の採用、そしてそれを実施するためのプラツーン学校の普及を目指した。プラツーン案の講堂は、子どもの経験を豊かにすることを目的にした点で、明確に進歩主義教育の理念

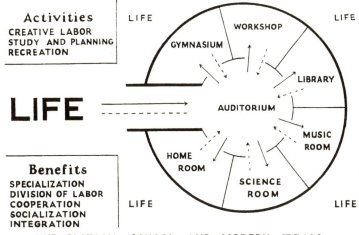

図 2-15 プラツーン学校の理念
出典：William A. Wirt, *The Great Lockout in America's Citizenship Plants* (1937) p.44

に基づいていた。1939 年にバロウズの著した『劇場としての学校講堂』は、バロウズの思想の集大成であった。**図 2-15** は、プラツーン学校の理念を図示したものである。バロウズが作成したものではないが、ゲーリー市の教育長であったワートの著書に収録されている。学校と社会生活とをつなぐ位置に講堂がある。講堂は学校のなかでも様々な活動を結びつける中心にあり、進歩主義学校のなかで講堂が占める重要性を明確に示している。バロウズの思想については、次章で詳述する。

1920 年代までに建てられた校舎の多くは、講堂を中心として教室の配置を決めていた。プラツーン学校運動の影響もあり、講堂は小学校でも重要な施設として認められつつあった。講堂が地域と学校との接点となったこと、学校精神や社会性を形成する場所であったこと、これらの点で、進歩主義教育の影響を受けて講堂が普及したということはできる。

IV　講堂から多目的室へ

1930年代になると、講堂をもつ校舎は減少をはじめ、その規模は縮小の方向に向かった。初等学校校舎の大規模化は進んでいたにもかかわらず、**表2-1**にあるように、1939年と1950年を比較すれば、講堂をもつ校舎、楽屋つき講堂、講堂と遊戯室（兼用）の校舎も、遊戯室のある校舎も減少している[44]。進歩主義教育思想が最も広まった1930年代に講堂が減少したのはなぜだろうか。本節では講堂が減少した背景を探ってみる。

1　自己表現の場所としての講堂

自己表現の重視は進歩主義教育の主要な理念のひとつであった。自己表現を実現するために、大規模な講堂が必要であろうか。このような問いかけが進歩主義教育者から発せられるようになった。

その最も早い例は、シカゴにあり、デューイ・スクールと並んで進歩主義教育の実践校として有名なフランシス・W・パーカー・スクールの教師からであった。同校の講堂での実践例として、朝会（morning exercise）がよく知られている。パーカー大佐（Colonel Francis W. Parker）が校長をしてい

表2-1　講堂の減少

集団活動のための特別スペースをもつ小学校の実数と割合：1932年、1939年、1950年における合衆国内の都市の比較

調査数	講堂	舞台	楽屋	集会場遊戯室	体育館	体育館シャワー室更衣室	遊戯室	カフェテリア	遊戯室カフェテリア	集会場カフェテリア	キッチン
1932年(21校)	16	14	7	3	13	9	7	6	4	0	12
％	76	67	33	15	62	43	33	29	19	0	57
1939年(22校)	11	18	5	8	3	8	8	7	0	0	11
％	50	82	24	36	14	36	36	32	0	0	50
1950年20校	10	14	4	4	9	6	2	10	1	2	16
％	50	70	20	20	45	30	10	50	5	10	80

出典：Engelhardt, Engelhardt, Jr. & Leggett, *Planning Elementary School Buildings*, p. 255

た 1880 年代のクック郡師範学校では、学校のホールに生徒全員が集合して、共同体の仲間としての自覚を育てる場所があった。その時間をパーカー大佐が朝会と名付けた。フランシス・W・パーカー・スクールはこれを受け継ぎながらも、朝会の形式性を排除した。同校の校長のクック（Flora J. Cooke）によれば、教師が子どもにやらせるのではなく、教師であれ生徒であれ、希望者が主体的に活動でき、自己表現の場として活用できるようにしたのである[45]。

　1930 年代には、シカゴの小学校教師であったキーナー（Edward E. Keener）が、講堂の活用法について論じている。学校が多額の費用をかけて大きな講堂を設置するようになったものの、それがあまり有効に活用されていないと彼は言う。講堂は生徒が座るための座席があればよいのではなく、そこで人間相互の交流や意見の交換ができることが重要であった。キーナーは、子どもの読み、話し、書く能力を伸ばすことを重視し、とくに、自分自身の考え方を表現することに自信をもつこと、よき文学を明確に理解し鑑賞できること、クラスのたくさんの活動に参加しようとする動機をもたせることを講堂の活動のねらいと考えた[46]。

　講堂を自己表現の場所にしようとする主張は、20 世紀に半ばにはかなりの広がりをもつようになっていた。ティーチャーズ・カレッジで 1918 年から 1947 年まで学校建築の研究を続けていたエンゲルハートは『初等学校校舎計画』（1953）の中で、講堂の内容が近年に大きく変わったことを指摘している。講堂の地域住民への開放が進んだことのほかに、講堂の使用法が多様になったという。講堂は、もともとは集会場であって朝礼の時間に全校生徒が集合して、数分間、校長のお説教を聞くだけで、他に使われることは少なかった。ところが最近では、一日中使用されていて、その使用法も多様になった。講堂は、児童の社会性を涵養することを目的に含むが、それに加えて、集団の中での自己表現能力を高めること、芸術家などを学校に来てもらって学習機会を増やすことも目的になった。すなわち、音楽や合唱や管弦楽演奏などの場となること、また視聴覚教育の場となること、芸術作品の展示の場となることなども講堂の目的として認めた。言い換えると、生徒の芸術を

表現する場として、講堂の意義が強調されたのである[47]。

2 講堂の規模の縮小

　講堂での自己表現を重視するならば、講堂は大規模で形式的なものよりも、小さいほうが使いやすいし、効果があがる。20世紀半ばから近代建築の影響を受けた建築家で、学校教育への関心を強めていた人々は、このように主張して、大きな講堂が必要でないことを強調し始めた。たとえば、建築家のマクエイドは、講堂のような大規模な建物は不要であると強調した。彼によると、校舎が大きいと、家庭から出てきたばかりの子どもは落ち着きをなくす。子どもは講堂よりは教室にいたほうが安心するものだという[48]。全米校舎建設委員会も、「比較的大きな小学校の校長や教師でも、多くはすべての児童を同時に集めることに特別の利点があるとは考えていない」ので、大きな講堂は小学校では不要と記述している[49]。

　進歩主義教育の思想を建築で体現したと言われているのがクロウ・アイランド小学校である。その校舎の設計に携わったL. B. パーキンスも、大きな講堂ではなく小さな講堂を提案した。「もしも講堂の目的が次のようなものであったらどうだろうか。もっとも能率よく、演説者が話したことをただ伝えること、音楽グループの音声を流すこと、情報を伝えること、もしそうなら、公共演説の制度、またはラジオのほうがうまくいくだろう。テレビジョンなら感情を掻き立てることもできるだろう。………（だが）、多くの生徒については、異なった前提に立ってみよう。プログラムが、学校に来てくれた人の人間的な価値を伝えることを意図していると想像してみよう。………地方のソリスト、弦楽器楽団、あるいはハイスクールのオーケストラだったら、どうだろうか。………講堂をつくるねらいがこのような前提であるときには、講堂の大きさは自動的に制限される」[50]と、講堂が大きすぎないことを求めた。パーキンスが提示したよい講堂の条件は以下の六つである。

　①狭いこと。光や映画がよく見える。

　②窓がないこと。窓があると光の調整が難しいし、費用がかかる。

　③ステージと観客席の間は、取り外し可能な座席にする

④舞台装置を操作する場所、ステージ後ろの通り道をつくること。ステージや舞台開口部は生徒の扱える大きさにすること。
⑤床に傾きがあること。
⑥壁と天井は、音響と照明に配慮すること[51]。

このような条件を満たす講堂として彼が挙げているのが**図 2-16** である。ステージが大きいのは、多くの児童にステージで活動する機会を与えることがねらいだからである。また、ステージの横には、リハーサル室や舞台準備のための部屋なども十分に用意されている。これらの条件を満たすことで、子どもの積極的な参加が可能になる。

1940 年代からモダニズム建築の影響を受けて、学校建築に取り組み始めたコーディルも、大講堂が不要であることを主張したひとりである。彼の視点は子どもに向いている。彼は講堂が自己表現の場所であることを前提とする。そのうえで、現在のあちこちにある講堂の欠点として、子どもにとってはあまりに大きすぎて、過度の緊張を強いていること、また、子どもの声が

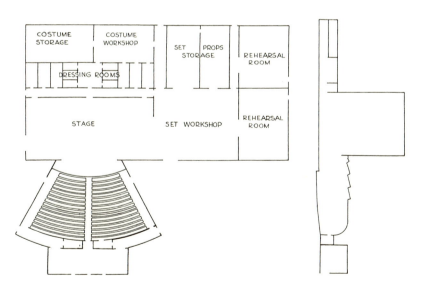

図 2-16　講堂の小規模化

出典：Lawrence B. Perkins & Walter D. Cocking, op. cit. p.92

78　第一部　アメリカにおける学校空間の構成原理

よく聞こえなかったり、姿が見えにくかったりすることを指摘する。小さな講堂がよい理由としては、第一に、子どもの声がよくとおり、姿が見えること、第二に、小さな講堂のほうが、子どもが参加しやすいこと、第三に、技術的なことだが、大講堂は照明や空調に多額の費用がかかること、などを挙げている。ハイスクールの講堂についていえば、ステージの柔軟性が重要であることを強調している。ステージでパーフォーマンスする児童が多くても少なくても対応できるような構造であることを求めている[52]。コーディルの視点が子どもに向いていたことを確認することができるであろう。

　このように、20世紀半ばから増えてきた小さな講堂は、子どもの自己表現と自由参加を保障するところに意図があったとみることができる。大きな講堂の中で子どもが緊張を強いられるのではなくて、小さな講堂でも積極的に参加することに主眼がおかれたのである。

　以上の点を確認すると、講堂の規模が縮小したことの理由が理解できる。子どもたちが自由に参加し、自己表現する機会を多くするには、大規模な講堂よりも小規模な講堂、あるいは多目的室のほうが理に適っているのである。エンゲルハートは『初等学校校舎計画』（1953）のなかで、講堂の多様な利用法を述べているが、「講堂のデザインは、講堂に期待されているいろいろな使い方、およびそれを利用する人々の観点から、新しく作られるべきである」[53]とまとめている。この言葉が、20世紀の半ばに、講堂に代わって多目的室が増えた理由を説明しているように思われる。講堂に代わって多目的室が配置された校舎プランを挙げておこう。これまでは講堂があったと思われる場所が、多目的室になっている（**図2-17**）。舞台（stage）の代わりに、教壇（platform）がある（巻末資料4-4、4-5参照）。

　最後に、講堂をひとつのユニットとして配置するユニット・プランが20世紀後半から増えてきたことを指摘しておきたい（**図2-18**）。教室ユニット、遊びユニット、食事ユニット、リクリエーションユニットなどと並べると、集会ユニット（assembly unit）の機能は曖昧である。だが、小さいながら、公衆と教室をつなぐ独自の位置を占めている。これこそ、多目的室の思想の表現といえるのではないだろうか。

第 2 章　学校建築における講堂の出現と変貌　79

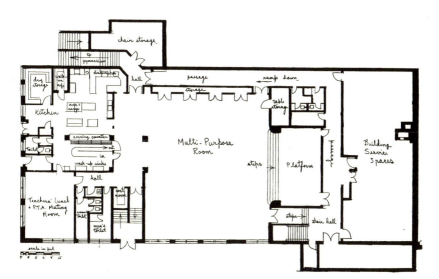

図 2-17　多目的室のある校舎
出典：Engelhardt, Engelhardt, Jr. & Leggett, op. cit. p. 122

おわりに

　本章では、19 世紀後半から 20 世紀前半にかけて、講堂の前史から、大講堂の普及、そして変化までを概観した。その流れを、もういちど要約しておこう。

　19 世紀の半ばまでは、ほとんどの学校は、教会と同じように、大教室がひとつだけであった。この大教室（school room）が分割されたとき、教室と教室をつなぐ場所として廊下およびホールが出現した。ホールは、児童・生徒が通過するための場所であるとともに、試験をしたり、学習成果を公開したりするための場所であった。ホールは、教室の数が多い中等学校でまず出現し、かなり遅れて、19 世紀の末ごろから都市部の初等学校にも増えてきた。

　19 世紀末に、ホールは集会場としての機能を強めた。都市部を中心に多くの教室をもつ学校が増えたが、そのことは同時に、子どもたちに学校への帰属意識を持たせることが必要になったことを意味する。そのために、たと

80　第一部　アメリカにおける学校空間の構成原理

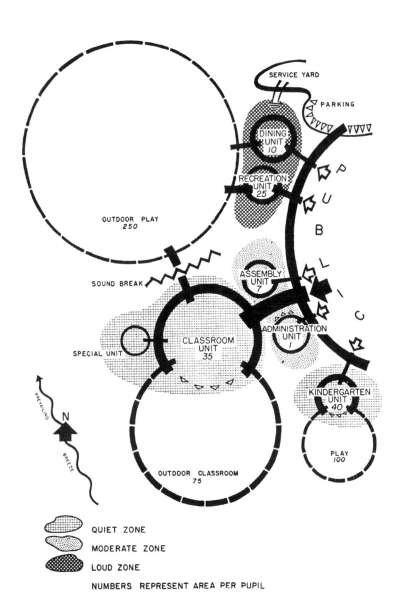

図 2-18　空間関係ダイヤグラム

出典：William W. Caudill, *Space for Teaching, Bulletin of the Agricultural and Mechanical College of Texas*, Fourth Series, Vol. 12, No.9（August 1, 1941）p.59

えば、朝礼のように、同じ学校の生徒が集合する機会とそのための場所が必要になった。

20世紀初頭に盛り上がった進歩主義教育運動は、子どもに様々な経験をさせることを主要なねらいとしていた。講義のための教室だけでなく、子どもが学び、作業し、遊ぶための場所も必要であった。そこで、進歩主義教育の影響を受けた大規模な小学校では、教科別の特別教室や体育館、図書館などとともに、講堂が設置された。講堂は、生徒に社会性や民主主義の精神を教えるとともに、生徒の自己表現の場所としても有効であることが強調された。

20世紀の半ばになると、大規模な講堂は小学校では少なくなった。大規模な講堂は、子どもたちが自由に活動し、自己表現をすることを阻害すると考えられた。小規模で簡素な講堂のなかでこそ、子どもの自由で主体的な活動が可能になる。また、講堂でなくても、子どもが主体的に柔軟に利用できる教室、すなわち多目的室であれば、子どもの自己表現や主体的活動が可能になる。校舎についてのそのような考え方が20世紀後半には普及していたのである。クロウ・アイランド小学校はまさにその実例であった。

最後に言及しておかなければならないことは、進歩主義教育の思想と講堂の普及との関係である。20世紀初頭に普及した講堂中心の校舎が、進歩主義教育思想の表れであったといえるであろうか。大講堂を中心においた校舎は、進歩主義教育思想の表現とみることはできないであろう。たしかに、建築家は、校舎の安全や衛生や芸術性を考慮して大規模な講堂をつくった。だが、それは教育実践そのものではない。たとえば、エンゲルハートは1910年代末に、「完全な校舎」の標準を明確にし、『校舎採点簿』を作成した。それを使って、校舎の良し悪しを採点していた。具体的な教育実践から独立して、校舎が存在していたのである。

進歩主義教育の影響が校舎に明確に現れてくるのは1940年ころからである。実際に、学校建築の図書にも子どもが活動している姿を掲載したものが圧倒的に増えてくる。そのとき、講堂は、もはや大講堂ではなくなっていた。講堂に代わって多目的室が増えたのは、子どもの多様な活動や学習を可能に

82　第一部　アメリカにおける学校空間の構成原理

しようとした進歩主義教育の影響によるものとみることができる[54]。

註

1　Oxford English Dictionary（Oxford University Press, 2013）. の auditorium の項（http://oed.com/view/Entry...）.

2　筆者が参照したのは、Jean and Robert McClintock ed. *Henry Barnard's School Architecture* (2nd ed. 1848), (New York: Teachers College, 1970), James Johonnot, *Country Schoolhouses: Containing Elevations, Plans and Specifications with Estimates, Directions to Builders* (New York: Ivison, Phinney, Blakeman & Co., 1866). である。

3　May Ayres, "A Century of Progress in Schoolhouse Construction," *The American School Board Journal*, Vol.55 (July, 1917), p.26.

4　James Pyle Wickersham, *School Economy* (Philadelphia: J. B. Lippincott & Co. 1864), p.37; Andrew J. Moulder, *Commentaries on the School Law* (Sacramento, California: John O'Meara, State Printer, 1858), pp.77-79.

5　Edward Robert Robson, *School Architecture* (London: John Murray, Albemarle Street, 1874), p.35, Woodcut No.25.

6　Edward Robert Robson, *School Architecture* , p.33. Woodcut No.18（Hollingworth School）.

7　Robson, *School Architecture*, p.37, Woodcuts No. 28-29 (Girls' School, Boston).

8　Robson, op.cit. p.45.

9　William J. Reese, *Testing Wars in the Public Schools: A Forgotten History* (Cambridge, Mass.: Harvard University Press), p.165.

10　宮本健市郎編『アメリカにおけるメディアとしてのペーパー・テストの普及に関する社会史的研究』（2008-10 年度科研報告書）第 1 章参照。

11　Robson, *School Architecture*, p.45.

12　American Institute of Architects は 1857 年にニューヨークで設立され、19 世紀の末には、その会員であることが建築家としての資格として認められるようになっていた。学校建築関係の図書を執筆するときは、肩書として、A.I.A.（会員）をつけることが一般的となっていた。F.A.I.A. はその中の上級会員（Fellow of A.I.A.）である。

13　"W. R. Briggs Dies; Architect Was 82," *The New York Times*, May 31, 1933.

14　Warren Richard Briggs, *Modern American School Buildings* (New York: John Wiley & Sons, 1899), p.265.

15　Edmund March Wheelwright, *School Architecture: A General Treatise for the Use of Architects and Others* (Boston: Rogers & Manson, 1901), p.83.

16　H. W. Schmidt, "Fifty Years in School-Building Design and Construction," *The American School Board Journal*, Vol.100, No.3 (March, 1940), p.31.

17　Anne Riesel Bach, "Building and Learning," *Teachers College Record*, Vol.92, No.2 (1990) pp.272-285; Frances Wilson, " A New Type of School Architecture," *The Outlook*, Vol.65, No.14 (August 4, 1900), pp.809-817.

第2章　学校建築における講堂の出現と変貌　83

18 John J. Donovan, *School Architecture: Principles and Practices* (New York: Mcmillan Co., 1921).

19 William W. Caudill, *Toward Better School Design* (New York: F. W. Dodge Corporation, 1954), p.16.

20 Donna Nelson, "School Architecture in Chicago during the Progressive Era: The Career of Dwight H. Perkins," Ph. D diss. Loyola University of Chicago, 1988.

21 Henry F. Withey, *Biographical Dictionary of American Architects (Deceased)* (Los Angeles: New Age Pub., 1956).

22 Wilbur Thoburn Mills, *American School Building Standards* (Columbus, Ohio: Franklin Educational Publishing Co., 1910), p.254.

23 Caudill, *Toward Better School Design*, p.16.

24 Wheelwright, *School Architecture*, p.123.

25 Mills, *American School Building Standards*, p.48.

26 Wheelwright, *School Architecture*, p. 93.

27 Strayer and Engelhardt, *Score Card for City School Buildings, Teachers College Bulletin*, Eleventh Series, No.10 (1920), p.40.

28 Alice Barrows, *Changing Conceptions of the School Building, U. S. Bureau of Education, Bulletin*, 1929, No.20, pp.5-6.

29 John F. Reigart, "School Exhibitions," *A Cyclopedia of Education*, Vol. II, ed. by Monroe (New York: Mcmillan Co., 1911), pp.545-546.

30 Donovan, *School Architecture* (1921), p.95.

31 Dwight H. Perkins, "The School Building as a Social Center," *The Brickbuilder*, Vol. 24, No. 12 (Dec., 1915) pp.293-294 and Vol.25, No.1 (Jan., 1916) pp.1-7.

32 Donovan, *School Architecture*, p.95; James O. Bettele, "Assembly Halls," *The American School Board Journal*, Vol.52 (April, 1916), pp.11-13, 78-80.

33 John Dewey, "The School as Social Center," *The Elementary School Teacher*, Vol.3 (Oct. 1902), pp.73-86.

34 Clarence Arthur Perry, *Wider Use of the School Plant* (New York: Charities Publication, 1911).

35 Clarence Arthur Perry, "School as a Social Center," *A Cyclopedia of Education*, Vol. V ed. by Monroe (1913), pp.260-267.

36 William C. Bruce, "Some Essentials in the Planning of School Buildings for Community Use," *Addresses and Proceedings of the National Education Association, 1917*, pp. 366-369.

37 Fletcher B. Dresslar, *American Schoolhouses, U. S. Bureau of Education, Bulletin*, 1910, No.5 (1911), p.36.

38 California Department of Public Instruction, *School Architecture in California*, issued by the Superintendent of Public Instruction, Sacramento, Cal. (1914), p.38.

39 W. F. Doughty, *School Grounds, School Buildings and Their Equipment, Department of Education, State of Texas, Bulletin*, 65 (Aug., 1917), pp.25-26.

84　第一部　アメリカにおける学校空間の構成原理

40　Felix Arnold, *Text-book of School and Class Management Vol. II Administration and Hygiene* (New York: Macmillan Co., 1910), p.43.

41　Dresslar, "School Architecture," in *Cyclopedia of Education*, Vol.I ed. By Monroe (1911), p.193.

42　Donovan, *School Architecture* (1921), p.320.

43　Harry C. McKown, *Assembly and Auditorium Activities* (New York: Mcmillan Co., 1933), p.6.

44　N. L. Engelhardt, N. L. Engelhardt, Jr. & Stanton Leggett, *Planning Elementary School Buildings* (New York: F. W. Dodge Corporation, 1953), p.255.

45　Flora J. Cooke, "The History of the Morning Exercise," *Francis W. Parker School Yearbook*, Vol. 2 (June 1, 1913), pp.1-3.

46　Edward E. Keener, "The Elementary-School Auditorium," *The Elementary School Journal*, Vol.41, No.4 (Dec., 1940), pp.269-276.

47　Engelhardt, Engelhardt, & Leggett, *Planning Elementary School Buildings*, p.92.

48　Walter McQuade ed., *Schoolhouse* (New York: Simon and Schuster, 1958), p.30.

49　National Council on Schoolhouse Construction, *Guide for Planning School Plants* (1958 edition), p.59.

50　Lawrence B. Perkins & Walter D. Cocking, *Schools* (New York: Reinhold Publishing Co., 1949), p.90.

51　Perkins & Cocking, op. cit. p.95.

52　Caudill, *Toward Better School Design*, pp.174-176.

53　Engelhardt, Engelhardt, Jr. & Leggett, op.cit. p.92.

54　その背景に、建築におけるモダニズムが教育に与えた影響があったことも見逃せない。建築と教育との関係は、第4章で言及する。

第3章　教育環境としての校舎の発見
──アリス・バロウズの学校建築思想──

はじめに

　アメリカの校舎は、20世紀の初頭までは一教室校舎が大半であったが、その後多層式の大規模校舎が都市部に次々に出現し、20世紀半ばころからは、平屋建ての開放的な校舎も増えてきた。第一部の冒頭で紹介した表A（本書12頁）からわかるとおり、この間の変貌は、1930年時点で6割であった一教師学校（一教室校舎と想定してよいであろう）の急激な減少に如実に現れている[1]。

　このように校舎が大きく変貌した時期に、進歩主義教育の思想が広く浸透しつつあった。本章の目的は、進歩主義教育の思想が校舎の構造にどのように具体的に反映したかを確かめることである。この課題に迫るために、20世紀の前半の校舎の変貌を詳細に調査し、その動きに大きな影響を与えていた人物としてアリス・バロウズ（Alice Barrows, 1877-1954）をとりあげ、その活動と思想の変遷を分析する。バロウズはコロンビア大学大学院でジョン・デューイの授業を聴いて強い感銘を受け、デューイの教育理論を現実に応用することを生涯の課題に設定した。1918年から1942年まで連邦内務省教育局の校舎問題担当専門官として、多くの都市の学校調査を実施し、調査結果の多くを連邦教育局報告書として刊行するとともに、プラツーン学校の推進者として活動した[2]。1929年に自らの主導で、内務省教育局主催の全国校舎問題諮問委員会（National Advisory Council on School Building Problems）を発足させて、その事実上の代表となった。1930年代に連邦政府がニューディール政策の一環として、公立学校の校舎の新築を大規模に援助していたこの時期に、バロウズはその立場から、多くの町に新しい校舎の提案を行なった。

それは進歩主義教育の思想を反映したものであり、20世紀後半に普及する新しい校舎のモデルにつながるものであった。本章では、バロウズの経歴と思想の変遷を手掛かりとして、進歩主義教育の思想が校舎に与えた影響をみていく。

I 社会の実態調査と職業指導の推進

1 デューイとの出会い

　バロウズは、1877年にマサチューセッツ州ロウエルで牧師の娘として生まれた。4歳から10歳までサン・フランシスコで育ち、1888年からメーン州にいた叔父（Thomas Brackett Reed[3]）の家族と生活した。父は1892年に死去した。ニューヨーク市にある名門女子大学のヴァッサー大学で英語と経済学を学んで、1900年に最優秀の成績で卒業した[4]。さらに、同大学院で英語、哲学、美学等を履修し、ニューヨーク市にある私立の小学校やハイスクールの教員を経て、ヴァッサー・カレッジで英語担当の教員となった。名門大学の教員としての地位は約束されていた。その一方で、バロウズは英語教員をしながら、教え込み中心の学校教育に疑問をもち、ティーチャーズ・カレッジの学外授業なども履修して、次第に教育への関心を高めていた。

　1907年にヴァッサー・カレッジの奨学金を得て、コロンビア大学大学院に入学したことが彼女の人生の転機となった。大学院フェロウとして、文学や英語を履修したものの、それらが自分の人生とあまり関係があるようには思えず、関心がわかなかった。バロウズの関心を惹きつけたのは、デューイの「論理学」と「道徳政治哲学」であった。バロウズの回想によれば、デューイの授業は「問いと答え」ではなかった。本当の意味の「討議」であった。彼の授業を受けて「独創的な知性が目の前で活動しているのを目撃する」という貴重な機会を得た。バロウズはデューイ家をしばしば訪問して、娘のエブリンや、デューイが養子にしたイタリア人の子どもなども交えた知的な会話を楽しんだ。デューイは、専門家の間だけで通用するような話を嫌い、つねに外部の世界とつながるような会話をしようとしていた。政治、経済、文

化のどのような話題であれ、この世界で起きているあらゆることがデューイの関心に含まれていた。

デューイ家族とのこのような親密な交際を経て、バロウズは「デューイの教育理論を、公立学校の多くの子ども達に、実際に応用することを急がねばならない」と確信した。「女子学生相手の授業をするのはもうやめよう。公立学校制度を変革するために、自分ができることをしよう。………デューイの哲学によれば、教育は子どもを実生活に準備させるだけであってはならず、教育は現在の生活そのものに基づいていなければならない」。これがバロウズの今後の活動を支える信念となったのである。

バロウズは、これから自分がすべき仕事について、デューイに相談した。「たしかに私は伝統的な学校で行われている拘束だらけの教育のやり方に激しい怒りをもっています。私は自分が育てられてきた無難で快適な世界、将来を保障されているこの世界から、飛び出してみたいのです」と宣言し、これから、社会の実態調査を綿密に行ないたいと話した。それにたいして、「それは価値ある研究だ」とデューイからの励ましを受けて、勇気づけられ、バロウズは直ちに大学院を退学し、仕事を探し始めた[5]。

2　職業指導についての社会学的調査

バロウズは、1908年にラッセル・セイジ財団の研究員としての仕事を得て、3年間、労働者の実態を調査した。ニューヨーク市の女性労働者の労働環境や就労の実態などについて社会学的な調査を実施して、賃金の低さ、不安定な雇用、労働組合がないことなど、労働条件の悪さを克明に調べた[6]。そのうえで、バロウズは、このような事態を引き起こしている原因として、公立学校での職業教育が不適切であることを指摘した。職業への準備とは、「天候へのそなえ」のようなものである。天気はどう変わるかはわからないから、「天候の状況を分析するための科学的な方法を開発する」試みをすべきである。これと同様に、女性労働者といえども、機械の使い方を知っていればよいのではなく、職業の置かれている社会状況の理解が必要であると主張した[7]。バロウズの考える職業教育は、仕事場への準備ではなく、仕事についての理

解であり、知識や技術の習得よりも、それらを応用する能力の形成がねらいであった。

　バロウズは、1911 年から 1913 年まで、ニューヨーク市の公立学校での職業教育の実態調査に取り組んだ。これは、ニューヨーク市の学校で多かった中途退学の原因を探ることが目的であった。その中間報告書や成果は、ニューヨーク市教育長報告書に掲載されただけでなく、各種の雑誌や新聞でも紹介されて、かなりの注目を集め、バロウズは新進気鋭の社会学者としての評判を確立した [8]（口絵図 G 参照）。

　この調査でバロウズが発見したことは、子どもが学校を去るのは貧困が理由ではなく、公立学校の職業教育が不適切であるということであった。雇用者は必ずしも 16 歳にも満たない子どもを雇用したがっているわけではなかった。子どもにとっては学校教育が自分の生活とつながりがなく、魅力のないものなので、親も子どもも学校で学ぶことに意義を見いだせなかったのである。

　なぜ子どもは学校教育に興味をもたないか。バロウズは学校と職業の乖離を問題にした。かつての子どもは、共同体のなかでいろいろな職業体験をすることができた。大人の職業生活を近くで観察する機会が豊富にあったから、たとえ学校で学ぶことが実際の生活と無関係でも、子どもは共同体のなかで自然に社会に入り、仕事をすることができた。学校で学ぶことと自分の仕事内容が直接に関連していなくても問題はなかったし、14 歳か 15 歳になって学校をやめるのは当たり前であった。ところが、都市化が進んだ現在では、学校と家庭と職場がばらばらになってしまってしまい、子どもは、職業生活について考えることができなくなっていた。学校が職業と関連をもたない限り、子どもも親も学校教育の意義を認めはしない。その結果、14 歳になって学校をやめて、細切れで、特定の作業が求められるような仕事を転々とする少年・少女が増大しているのが現実であった [9]。

　そこで、バロウズは学校と社会を結ぶ職業教育の必要性を訴えた。だが、それは、特定の職場に子どもを振り分けることではなかった。「職業指導は訓練のための指導であって、働き口のための指導」であってはならなかった。

「学校での正しい職業訓練とは、少年少女が職業を習得するために幅広く、基本的な準備をすることであり、そうすることで子どもにとって学校が興味深いところとなり、その後の人生が価値あるものになる」と考えたのである[10]。

バロウズは、これらの調査の内容をしばしばデューイに報告し、助言を受けていた。自伝によれば、子どもが学校を去る原因についてデューイと長時間の議論をした。子どもが学校を去るのは、経済的な理由でなく、子どもと親が学校に興味をもっていないからであろうということは、デューイの見解でもあった[11]。デューイの教育理論を公立学校の職業教育にどのように生かしていくかは、コロンビア大学を去ったのちも、バロウズにとっては変わらぬ課題であった。

II　プラツーン学校運動——校舎への着目

1　ニューヨーク市でのゲーリー・プラン推進運動——子どもの経験の豊富化

1913年に職業教育についての調査を終えたあと、バロウズにとっては、デューイの教育理論を現実の教育改革に生かす絶好の機会が訪れた。1914年にニューヨーク市長に就任したジョン・P・ミッチェルが、シカゴ近郊の町ゲーリーで開発されたゲーリー・プランを、ニューヨーク市に導入しようとしたのである。ゲーリー・プランは1912年10月にニューヨーク市で開催された全米職業指導協会の第2回大会で紹介されてから全米に知られるようになり[12]、各種の雑誌や新聞で頻繁にそのシステムが紹介され始めた。連邦教育局は1914年にゲーリー学校制度についての報告書を刊行し[13]、反戦思想家として有名なランドルフ・ボーンは「デューイの教育哲学を応用した最初の、首尾一貫した、誠実な試み」[14]としてゲーリーの教育実践を紹介した。ジョン・デューイ自身も著書『明日の学校』で、「ゲーリーの学校はその訓練において小社会であり、民主主義社会である」[15]と絶賛した。ニューヨーク市民の間にも、ゲーリー・プランへの関心が高まりつつあった。

ゲーリー・プランは、1906年からインディアナ州ゲーリーの町で実施されていたプランで、デューイの教えを受けたことのある教育長ウィリアム・

90　第一部　アメリカにおける学校空間の構成原理

A・ワート（Wiiliam A. Wirt）教育長の創案による。公立学校の校舎・設備として、通常の教室だけでなく、講堂、作業場、理科室、美術室、遊び場、運動場などを備え、子ども達が、時間割にしたがって、これらの教室やいろいろな場所を順々に動き回るという方法であった（表7-1、本書172頁参照）。いろいろな設備があることと、それらを子どもが常に利用していること、したがって、校内のいろいろな施設を空いたままにしておくことなく、能率的に使用していることが特徴であった[16]。

　ミッチェルが市長に就任したのは1914年1月であった。その時のニューヨーク市が抱える最大の教育問題は、増え続ける児童数を収容できるだけの校舎、教室、机などが不足しているということであった。そこで、ミッチェルは、多くの児童を収容でき、子どもに様々な経験を与えることができるとされているゲーリー・プランに目を付けた。就任間もなく、ミッチェルは教育委員会委員長らとともにゲーリー市などを訪問してその実情を確かめたのち、ゲーリー・プランをニューヨーク市のいくつかの学校に導入した。1914年10月には、1カ月のうち1週間はニューヨーク市で教育改革、とくに職業教育の充実のために働くという条件でワートをニューヨーク市に招いた[17]。その翌年には、すべての学校をゲーリー・プランにすることを決定した。ゲーリー・プランの導入はニューヨーク市民の大きな関心を呼び、1917年のニューヨーク市長選では、重要な争点のひとつとなった。ゲーリー・プランを推進しようとするミッチェル市長と、それに反対する側との間で激しい論戦が繰り広げられただけでなく、ゲーリー・プランを導入した学校の生徒や父母がゲーリー・プラン反対の暴動を起こすという事件もあった[18]。

　この激しい論争の最中で、バロウズはゲーリー・プランの教育的意義を主張して、その普及のための活動を続けた。バロウズは、1915年の初め、約6週間ゲーリーに滞在して、ワート教育長に会い、学校の校舎と授業を見学し、ワートがデューイの教育理論を現実に応用していることを確認した。そして、「新しい民主主義社会では、たんなる知識を重視するのではなく、知性と技術のどちらももった、頭と手を同時に働かせることが必要である。…ゲーリーの学校は新しいタイプの少年・少女、すなわち新しい民主主義社会

の子どもを育てるように計画が練られている」[19] と新聞記事を書いた。とくに、印象に残ったことは、子どもが学習だけでなく、遊びや仕事などいろいろな活動に従事する機会があり、そのための設備が整っていることであった。通常の教室だけでなく、プール、運動場、動物飼育場、農場などもあった。幼稚園からハイスクールまでが同じ場所にあることにも驚いた。学校がひとつの共同社会となっていて、そこでいろいろな活動に子どもが参加していたのである[20]。ワートがニューヨーク市に来てからは、バロウズが自らゲーリー学校連盟を組織して、ワートに協力すると同時に、講演会や映画会を頻繁に開催して、ゲーリー・プランの成果を市民に紹介した。

　バロウズは、ゲーリー・プランが都市の悪い環境から子どもを引き離し、学校のなかで、いろいろな経験をさせていることの意義を強調した。1915年10月から約半年にわたって、『ニューヨーク・トリビューン』に書き続けたゲーリー・プランを紹介する記事の一部をみてみよう。ゲーリー・プランがしていることを、以下のようにのべている。

　　・それ（ゲーリー・プラン）は子どもを（環境の悪い）街路から引き離して、
　　　1日に6時間または7時間、健全な仕事、学習、遊びに従事させている。
　　・それは子どもたちに、伝統的な学校と同じ量の学問的な学習を与えている。
　　　しかし、開校時間を延長することによって、実際的な労働、科学、絵画、
　　　音楽、講堂（での活動）、遊びのための時間をすべての子どもに与えてい
　　　る[21]。

バロウズは、学校における子どもの経験を拡充することを教育改革の眼目と考え、ゲーリー・プランが子どもの教育機会を拡充するものであると繰り返し主張した。ゲーリー・プランが「働き・学び・遊ぶプラン（work-study-play plan）」と呼ばれたことが示すとおり、子どもにいろいろな活動を保障することはゲーリー・プランのねらいそのものであった。職業教育が働き口への訓練であってはならないということは、これまでの社会調査から、またデューイの思想から、バロウズは十分に理解していた。ゲーリー・プランは工場労

働者になるための訓練ではなく、子どもの学習経験を豊かにするものである
とみていたのである。

　しかしながら、バロウズの意図とは違って、実際にゲーリー・プランが
ニューヨーク市に導入されたとき、それが経費節約の手段であったことは
否定できない。ワートが第89公立学校にゲーリー・プランを導入した時、
1800人の生徒が42の学級に分かれていたにもかかわらず、26の普通教室と、
幼稚園、調理室、作業室、体育館、講堂等しかなく、父母から校舎の増築が
強く要求されていた。この学校の改造を依頼されたとき、ワートはゲーリー・
プランを導入することで対応した。つまり、経費をほとんどかけずに既存の
設備を有効に利用し、ゲーリー・プランが経費節約に利用できることを実証
した[22]。校舎の建設に使われた費用は、市長のミッチェルが就任する前は、
毎年500万ドルないし700万ドルであった。それが、ミッチェル市長の在
任中は、毎年約100万ドルであった[23]。このように、ゲーリー・プランは
校舎新築を抑制するための手段としても利用されていたのである。

　バロウズは学校設備を拡充することの重要性についてはあまり主張しな
かった。ゲーリー・プランを実施するには、通常の教室だけでは不十分であ
り、ゲーリーにある公立学校の校舎がもっているような講堂、理科室、作業室、
農場、体育館などが不可欠であったが、それらの施設・設備をどのようにし
て確保するかは、バロウズの関知できるところではなかった。ミッチェル市
長の目的が経費節約であるとしても、バロウズにとっては、ゲーリー・プラ
ンが子どもに様々な経験を与えることの方が重要なことであった。

2　全米の学校調査とプラツーン学校推進運動

　1917年11月の市長選挙でミッチェル市長が落選し、ニューヨーク市の
ゲーリー・プラン導入の試みは頓挫したが[24]、ゲーリー・プランがデュー
イの教育理論を実践したものであるというバロウズの確信は揺らがなかった。
1918年に連邦内務省教育局の都市教育部門専門官としての職を得ると同時
に、今度はその立場から多くの都市の学校調査を行うなかで、ゲーリー・プ
ランの導入をその都市に提案した。ただ、ゲーリー・プランという名称は使

用せず、プラツーン案と呼び、プラツーン案を採用した学校をプラツーン学校と呼んだ[25]。

表 3-1 にあるとおり、バロウズが実施した学校調査の多くは連邦内務省教育局報告書として刊行されている。これらの報告書には都市の学校調査だけでなく、『働き・学び・遊ぶプラン、すなわちプラツーン案第 1 回全国会議』（1922, No.35）や、『働き・学び・遊ぶプラン、すなわちプラツーン案文献目録』（1923, *City School Leaflet* No.10）なども含まれている。共著もあるが、校舎関連の部分はすべてバロウズが執筆している[26]。教育局報告書としてではなく刊行されたものとして、ニューヨーク州マウント・ヴァーノンについての詳細な学校調査報告書もある[27]。これらの学校調査は、各町の産業構造の変化、人口動態、地区の現状を詳細に分析したうえで、これからの校舎のありかたを提言するものであった。

1920 年代に刊行されたすべての報告書に共通しているのは次の 2 点である。第一に、その都市の依頼にもとづいて連邦教育局が専門家を派遣して調査を実施し、その町の学校計画への提言をしていたこと、第二に、プラツーン学校を新しい校舎モデルとして提案している点である。コネチカット州メリデンを例に具体的にみておこう[28]。

この調査は、メリデン市教育委員会の要請に基づいて、バロウズがメリデン市の校舎の状況を調査して、改善の方向を提案したものである。バロウズはまず、町の現状を分析する。50 年前の子どもは、地域のなかで、遊んだり、仕事をしたり、学んだり、いろいろな経験をすることができていた。しかし、工業化した社会で生きる子どもたちの経験は貧弱である。子どもが実際的な仕事にかかわる機会が少なくなっている。学校は子どもに健全な遊びや仕事の経験を与えるはずだが、校舎が不足しているために子どもを収容することができていない。もちろん、子どもを学校の外で遊ばせておくのは危険である。ところが、メリデンでは、この 25 年間、校舎が新築されておらず、建物自体も旧式で、講堂、作業場、実験室などの現代的な校舎に不可欠の設備がない。

そこで、バロウズはふたつの選択肢を示した。ひとつは、すべての生徒に

94 第一部 アメリカにおける学校空間の構成原理

表 3-1 アリス・バロウズが執筆した連邦教育局報告書

1919, No.50	"Industrial and Social Study of Memphis," in *The Public School System of Memphis, Tennessee*
1919, No.68	*Financial and Building Needs of the Schools of Lexington, Kentucky.*
1920, No.4	*The Problem of Adult Education in Passaic, N. J.*
1920, No.22	*A School Building Program for Meriden, Connecticut*
1920, No.27	*Survey of the Schools of Brunswick and of Glynn County, Georgia*
1920, No.43	"A School Building Program for Winchester," in *Survey of the Schools of Winchester, Massachusetts*
1921, No.2	"A Building Program for Wilmington," in *Survey of the Schools of Wilmington, Delaware*
1921, No.25	*A School Building Program for Athens, Georgia*
1921, No.26	"A Building Program for Elizabeth City, North Carolina," in *Educational Survey of Elizabeth City, North Carolina*
1921, No.28	"The Building Program" in *Educational Survey of Wheeling, West Va.*
1921, No.28	"School Buildings and Grounds," in *Educational Survey of Wheeling, West Va.*
1922, No.35	*First National Conference on the Work-Study-Play or Platoon Plan*
1923, No.2	*A School Building Program for Washington, North Carolina*
1923, *City School Leaflet*, No.10	*Bibliography of the Work-Study-Play, or Platoon Plan*
1923, No.56	*Survey of the Schools of Alexandria, Virginia.*
1929, No.20	*Changing Conceptions of the School-building Problem*
1930, *Pamphlet*, no.7	*National Advisory Council on School Building Problems: Its Organization, Purposes, and Methods*
1930, No.33	*School Building Survey and Program for Warwick, Rhode Island: A Study of a Town in the Path of an Expanding Metropolitan Area*
1932, *Circular*, no.61	*The Social-economic Survey as a Basis for an Educational Survey*
1936, No. 19	*Functional Planning of Elementary School Buildings*
1937, No.35	*The School Building Situation and Needs*
1939, No.4	*The School Auditorium as a Theater*
1938-40, *Biennial Survey*	"The School Plant: Trends Present Situation and Needs," in *Biennial Survey of Education in the United States, 1938-40*, Volume I, Chapter IX
1940, No.6	*Assistance on School Plant Problems as a Function of State Departments of Education*
1941 *Circular*, no. 197	*Planning Rooms for Some Activities of the Community High School*
1941 *Circular*, no.201	*Modern Demountable Construction for School Buildings*

教室と椅子を用意したうえで、作業室、講堂、調理室等を新たに設置する案である。もうひとつは、働き・遊び・学ぶプラン（プラツーン案）である。プラツーン案について詳細に解説をして、それが子どもにいろいろな経験を与えることと、生徒一人あたりの経費は少額ですむことを強調した。報告書の提案はもちろんプラツーン案の採用である。

　そのうえで、プラツーン案を実現するには、学校の統合が必要であることを述べる。小規模の学校を統合することで、ひとつの学校に、教室だけでなく、講堂、作業場、運動場その他の様々な施設を置くことが可能になる。統合すべき学校を提示して、新しく校舎を建てた場合の経費を算出した。従来型の学校に諸設備を附設した場合と比較して安上がりであることを示した。

　これはメリデンへの提案であるが、1920年代にバロウズが作成した報告書は、例外なく、プラツーン案の採用を勧めるものであった。プラツーン案を採用することは、同時に、一教室校舎が多い小さな学区を統合して、大きな学区とすること、そして、いろいろな設備をもつ大規模な校舎を建設すること、あるいは設備を増築することを含んでいた。その具体的な統合の方法や費用も計算して、案を提示した。都市部の子どもの経験の貧弱さを指摘して、校舎を拡充することで、様々な経験を与えようとしたのである。

3　プラツーン学校普及の実態

　プラツーン学校は必然的に施設や設備の大幅な拡充を伴うが、多くの子どもを学校に収容できるので、生徒ひとりあたりの経費は少なくて済む。学校建築としてのプラツーン学校は、1920年代に全米に大きな影響をあたえ、「その影響を受けなかった地域はない」とまで言われるようになっていた[29]。

　普及の実態についても、バロウズは詳細な調査を発表している。『変貌しつつある校舎プログラムについての考え方』（1929）は、33の州、90の都市の調査をもとに、小学校校舎の現状を紹介している。それによると、伝統的校舎が1817校、プラツーン学校が410校あった。全体の18%がプラツーン学校である。伝統的な校舎とプラツーン学校を比較すると、プラツーン学校の方が多くの施設・設備や教室をもっていることがわかった。たとえば、講

堂がある割合は、伝統的学校では42%、プラツーン学校では81%、体育館がある割合は伝統的学校では24%、プラツーン学校では87%、特別教室（図書館、理科室、美術室、音楽室、作業室、調理室裁縫室など）がある割合は、伝統的学校では49%、プラツーン学校では100%であった[30]。

　また、最近5年間に新築された校舎に限定したところ、84校の小学校のうち、58校が伝統的学校であり、26校がプラツーン学校であった。プラツーン学校は全体の約31%である。講堂がある校舎は、伝統的学校の78%、プラツーン学校の92%、体育館がある校舎は、伝統的学校の48%、プラツーン学校の88%であった。さらに、特別教室をもつ校舎は、伝統的学校の66%、プラツーン学校の100%であった[31]。伝統的学校の校舎にも、講堂や体育館、各種の教室が増えつつあったことが確認できる。プラツーン学校は、時代の変化を先取りしていたということができよう。この動きを強力に推し進めていたひとりが、アリス・バロウズであった。

　1930年代にニューディール政策の一環として多くの校舎が建設されたとき、体育館、講堂、特別教室等を備えた校舎が増えた。学区を統合して一教室学校をなくして、大規模な校舎を新築しようとする動きは、進歩主義教育の推進者に共通する課題であった[32]。それは、校舎を能率的に活用しようとするプラツーン学校の理念の普及とも軌を一にするものであった。

Ⅲ　教育環境としての校舎

1　都市における子どもの生活経験の貧困化

　バロウズは1920年代に連邦教育局の専門官として多くの都市の学校調査を実施し、調査をした都市に対して、プラツーン案を実施するための校舎建設を提案し続けた。また、1925年にバロウズは全国プラツーン学校組織研究協会を設立し（事務局長）、機関誌『プラツーン学校』（編集長）を1927年1月に発刊して、プラツーン案を普及させる運動を推進していた。これらの多くの調査や、機関誌の編集を続けるなかで、バロウズは進歩主義教育の思想にもとづく校舎の理念を次第に明確にしていった。1929年に連邦教育局

報告書として発表した『変貌しつつある校舎プログラムの概念』はその時期のバロウズの校舎に関する思想の集約点であった。この著書、および『プラツーン学校』に掲載された記事等を参照しながら、1920年代のバロウズの校舎についての思想をみておこう。

バロウズはアメリカにおける校舎の発展段階を、子どもの経験の変貌という観点から三つの段階に分けている。第一段階は19世紀前半以前である。この時期はほとんどが一教室校舎であった。子どもは校舎の外で、穀物栽培、動物飼育、調理や裁縫などの機会を多く持っていた。父や母と協力して仕事の責任を分かち合いながら、社会に入って行った。学校は読み・書き・算数を教えるだけでよかったので、一教室校舎で十分であった。

第二段階は19世紀後半である。多くの教室をもつ多層式の大規模校舎が出現した。しかし、読み・書き・計算のための教室しかなく、子どもの経験は貧困であり、採光、換気、防火などの面でも不適切なものが多く、健康上の問題もかえって深刻化していた。

バロウズはこの時期に出現した問題点を、都会における子どもの生活環境の悪化という観点からとらえ、四つの事実を挙げている。第一に、都会には子どもの遊び場がなくなった。そのため、多くの子どもが街路で遊ぶようになり、安全や健康、あるいは道徳教育の面でも危険にさらされるようになった。第二に、子どもが自然に触れる機会を失った。子どもはもともと科学者であり、自然のなかでいろいろなものに興味を抱く。ところが、都会の学校は自然から孤立しており、子どもの興味を発展させることができない。第三に、都会の生活では、子どもの創作活動がなくなっていた。かつて子どもは家族や共同体のなかでいろいろな作業に参加していたが、都会の生活のなかでは、仕事と学校と地域がばらばらになってしまったのである。第四に、都会の生活の中では健全なリクリエーションの時間が子どもに保障されていなかった [33]。

このように20世紀初頭の子どもの現状をとらえたうえで、バロウズは第三段階、つまり、新しい時代の校舎がこの20年の間に出現しつつあると述べた。

98　第一部　アメリカにおける学校空間の構成原理

現代の都市の校舎は教室だけをもっていればよいのではない。作業場、理
科室、絵画室、音楽室、調理室、裁縫室、講堂、そして体育館が必要である。
………このような設備をもった現代的な校舎であれば、すべての生徒が最
善の環境で学習したり、作業場や特別室で創造的作業をしたり、余暇を利
用して価値ある趣味を開発したりすることもできる[34]。

この条件を満たしている環境がプラツーン学校であり、「校舎の標準」にな
るべきものであった。それは、「子ども全体を教育する」という「デューイ
哲学の結果」[35] であった。バロウズにとって、プラツーン学校は、子ども
にいろいろな経験をさせることに意味があるのであって、校舎を能率的に使
用することにねらいがあるのではなかった。

2　校舎の機能的計画

　バロウズは 1930 年代になると、プラツーン学校を推進するだけでなく、
もっと多様な観点から校舎の改造を主張するようになった。校舎を拡充して
多様な経験を与えるだけでなく、バロウズの関心は、どのような設備のもと
で、どのような活動や学習が可能になるかということに向けられていった。
　バロウズは 1929 年に連邦教育局の管轄のもとに全国校舎問題諮問委員会
を設立し、1930 年代にはその活動を指揮し、各地の校舎建設に助言を与え
ていた。その立場から、『小学校校舎の機能的計画』（1936）のなかで、校舎
建設の基本方針を次のように説明した。

現代の校舎は、学校が採用している教育プログラムを実行するために、校
舎がどの程度効果があげているか、ということを基準に評価されなければ
ならない。異なった教育プログラムでは異なった建物が必要になる[36]。

したがって、ある特定のタイプの校舎がよいと決めつけることはできない。

校舎のなかで実行される活動の種類だけでなく、どのような方法で教育を
うけているかということが、教室の設計に影響を与える[37]。

バロウズは、このような観点から当時の校舎を、伝統的校舎、変形型伝統的
校舎、プラツーン式校舎、活動プログラム型校舎の四つに分類した。とくに
注目したいのは、活動プログラム型校舎である。活動プログラム型校舎とは、
ひとつの教室のなかでいろいろな活動ができるようになっている校舎をさ
す。理科室や工作室のように特定の機能だけをもつ教室ではない。様々な種
類の教室を用意しようとしたプラツーン学校の考え方とは対極に立つもので
あった。プラツーン案では、その教室のなかでの子どもの活動は教室に入っ
たとたんに、自動的に決定される。工作室に入れば工作することしか想定さ
れていない。これに対して、活動プログラム型教室では、ひとりひとりの子
どもの活動の連続性が保障され、また、いろいろな子どもの多様な活動も可
能になる。「機能的」とは、子どもの自由を認めようとする考え方を含んで
いた。これを具体化したのがL字型教室であった。巻末資料 3-4 にあるよう
に、共同学習のための教室、仕事場、可動式机のある教室が連結していたの
である。

　1939 年に発表した『劇場としての講堂』には子どもの自由な活動や自己
表現を重視しようとするバロウズの思想展開がさらに明確に現れている。講
堂はプラツーン学校のなかでも重要な位置を占めていた。第一に、そこで何
をどのように学ぶか、どのような活動をするか、どのような発表をするか、
子どもに大きな自由が与えられていることである。この点で、教科を教える
ための教室とは大きく違う。第二に、講堂での活動は、演劇の上演、映画の
上映、学習発表会などが多く、これまではレジャーとして見なされてきたも
のが多い。そのような、レジャーや遊びも、学校で行うべき重要な活動であ
ることを、講堂は示していた。第三に、講堂は子どもの自己表現の場であり、
また、学校が一つの共同体であることを生徒に感じさせる点で、通常の教室
とは違う重要性をもっていた。さらに、バロウズは、この講堂を効果的に運
営するための具体的な方法までを提案していた[38]。

100　第一部　アメリカにおける学校空間の構成原理

　それにしても、講堂は校舎の中央に位置する必要はなかった。校舎の隅に、やや大きめの空間として存在していればよかった（巻末資料 3-2）。講堂は活動プログラムに組みこまれたのである。

　以上からわかるように、1930 年代のバロウズの関心は、プラツーン学校の普及に限定されてはいなかった。子どもの自由な活動や表現を保障するための校舎のありかたを追求していたといえるのである。

おわりに

　バロウズはデューイの教育理論、すなわち進歩主義の教育理論を具体化し、学校改革に取り組むことを生涯の課題としていた。校舎の改造そのものが彼女のねらいだったわけではない。しかしながら、子どもの経験を豊かにするための学校環境を求めて行くうちに、校舎の改造に直接に取り組むことになった。その活動の経歴と思想の変化をもういちど確認しておこう。

　進歩主義教育を具体化するには、まず社会の実態を明らかにすること、そして、学校と社会の連携をすることが必要であった。そこでバロウズは、青少年の労働の実態調査を実施するとともに、学校における職業指導の推進に取り組んだ。バロウズは、生徒を職場にうまく振り分けようとする職業指導を厳しく批判して、子どもの知性を開発するための職業指導を求めた。

　そのような職業指導を可能にしているものとして、プラツーン学校に大きな可能性を見出した。それは、働き、学び、遊ぶという豊かな経験を子どもたちに保障するものであったからである。バロウズは、連邦教育局の校舎問題専門官として全米の多くの都市で、校舎の実態を調査したうえで、プラツーン学校の有効性を強調し、その普及に努力した。

　だが、いろいろな設備をもつ校舎があればよいというのではない。そこでどのような教育が可能となるのか、あるいは、子どもの自由な活動や主体的な活動、創造的な活動が保障できるのか、設備のもつ教育的な効果そのものをあらためて問う必要があった。1930 年代のバロウズはその問いかけをしたのである。

註

1 Thomas D. Snyder ed., *120 Years of American Education: A Statistical Portrait,* U. S. Department of Education, Office of Educational Research and Improvement, Jan. 1993, p.56.

2 Raymond Mohl, "Alice Barrows: "Crusader for the Platoon School, 1920-40," *The Elementary School Journal,* Vol.77, No.5（May, 1977）, pp.351-357.

3 共和党の大物政治家で、メーン州選出の国会議員を 20 年間務め、下院議長になったこともある。1900 年には共和党の大統領候補の予備選に出ている。

4 "Class Day at Vassar," *The New York Times,* June 13, 1900.

5 Alice Barrows, *Autobiography,* p.99, p.218 未完の草稿である。Alice Prentice Barrows Papers, in Raymond H. Fogler Library, University of Maine, Orono. 所蔵。1954 年の死の直前に書かれたものと思われる。頁は確定しておらず、筆者が便宜的につけたものである。

6 Mary Van Kleeck & Alice Barrows, "How Girls Learn the Millinery Trade," *The Survey,* April 16, 1910, pp.105-113.

7 Barrows, "The Training of Millinery Workers," *Proceedings of the Academy of Political Science in the City of New York,* Vol. I, No.1（Oct. 1910）, pp.40-51.

8 Barrows, "Report of the Vocational Guidance Survey," *Fourteenth Annual Report of the City Superintendent of Schools for the Year Ending July 31, 1912,* pp.365-397; Barrows, "An Interpretation of Vocational Guidance," *Proceedings of the Academy of Political Science in the City of New York,* Vol. 2, No.4（July, 1912）, pp.92-113; Anon. "No Jobs for Children That They Ought to Take; Such Is the Conclusion Reached Through the Vocational Education Survey -- Economic Pressure the Least Potent Reason for Children Leaving School to Go to Work," *The New York Times,* March 2, 1913.（口絵図 G）

9 Barrows, "An Interpretation of Vocational Guidance," pp.98-102.

10 [Barrows], "Fit Job to Child? You Can't Do It: Miss Alice P. Barrows Declared School Placement Bureaus Dangerous and No Job Fit for Children," *New York Tribune,* March 19, 1913.

11 *Autobiography,* p.99.

12 バロウズの調査の成果はこの会議で報告され、働き口にむけての指導ではなく、職業についての訓練こそが重要であるというバロウズの主張も広く知られるようになっていた。W. Richard Stephens, "Birth of the National Vocational Guidance Association," *The Career Development Quarterly,* Vol. 36（June, 1988）, pp.293-306.

13 William Paxton Burris, *The Public School System of Gary, Ind. United States Bureau of Education, Bulletin,* 1914, No.18.

14 Randolph S. Bourne, *The Gary Schools*（Boston: Houghton Mifflin Co.1916）, p.199.

15 John Dewey & Evelyn Dewey, *Schools of To-morrow*（1915）in *The Middle Works of John Dewey,* Vol.8, p. 320.

16 詳細は宮本健市郎「アメリカ進歩主義教育運動におけるコミュニティと学校――1910 年代のゲーリースクールの研究」『東京大学教育学部紀要』第 23 巻（1982）,

pp.275-285.

17 "Vocational School Head Goes to Work, Director Wirt Arrives from Gary, Ind., and Inspects Buildings," *The New York Times,* Nov. 1, 1914.

18 Diane Ravitch, T*he Great School Wars: New York City, 1805-1973*（New York: Basic Books, Inc., 1974）, pp.189-230; Ronald Cohen & Raymond Mohl, *Paradox of Progressive Education: The Gary Plan and Urban Schooling*（Port Washington, N.Y.: Kennikat Press, 1979）, chap.2.

19 "Lessons for New York Schools in Gary Plan," *New York Tribune*, April 25, 1915.

20 *Autobiography,* pp.131-155.

21 "What is the Gary Plan," *New York Tribune*, Oct.21, 1915. （　）内は筆者の補足。

22 "Vocational Schools' $10.000 Experts," *The New York Times*, Jan.31, 1915.

23 Ravitch, op.cit. p.209.

24 Angelo Patri の学校だけは、ゲーリー・プランが存続した。James M. Wallace, "A Gary School Survives: Angelo Patri and Urban Education," *History of Education Quarterly*, Vol.45, No.1（Spring, 2005）, pp.96-111.

25 Platoon Plan の名称は、筆者の確認できる範囲では、Shattuck O.Hartwell , *Overcrowded Schools and the Platoon Plan,*（Cleveland, 1916）が最初である。この書では、ゲーリー・プランの諸特徴のうち、多くの施設・設備をもつこと、それらを効率的に使用するための学校運営の方法であること、この2点を取り出して、Platoon plan としている。同書、18頁。その書名が示しているように、多くの生徒を収容する方法としてもプラツーン案が利用されていたことに注意しておきたい。

26 なお、パサイクの調査のみは成人教育を扱ったもので、校舎とは直接の関連はない。

27 Alice Barrows, *School Building Survey and Program for Mount Vernon, New York*（Mount Vernon, N.Y.: Department of Education, Inc., 1929）.

28 Alice Barrows Fernandez, *A School Building Program for Meriden, Connecticut, Department of the Interior, Bureau of Education, Bulletin*, 1920, No.22.

29 Roscoe David Case, *The Platoon School in America*（Stanford University Press, 1931）, pp.29-30. 1920 年代初期にアメリカを訪問した阿部重孝も学校建築の観点から、プラツーン学校に注目していた。阿部重孝「校舎利用の側面より見たるプラトーン学校」（1930 年）『阿部重孝著作集・第3巻学校教育論』（日本図書センター、1983 年）所収。

30 Alice Barrows, *Changing Conceptions of the School-building Problem U.S. Bureau of Education Bulletin*, 1929, No. 20, p.5.

31 Ibid., p.6.

32 Jonathan Zimmerman, *Small Wonder: The Little Red Schoolhouse in History and Memory*（New Haven: Yale University Press, 2008）, pp.80-88.

33 Barrows, "Modern Cities and Children," *The Platoon School*, Vol. 3（June/August, 1929）, pp.79-81.

34 Alice Barrows, *School Building Survey and Program for Mount Vernon, New York*（Mount Vernon, N.Y.: Board of Education, 1929）, p.4, p.11.

35 Alice Barrows, "Some Results of Dewey's Philosophy," *The Platoon School*, Vol. III（Dec.,

第 3 章 教育環境としての校舎の発見 103

1929), pp.150-151.

36 Barrows, *Functional Planning of Elementary School Buildings, U. S. Department of the Interior, Office of Education, Bulletin*, 1936, No.19, p.2.

37 Barrows, *Functional Planning*, p.5.

38 Barrows, *School Auditorium as a Theatre, Department of the Interior, Office of Education, Bulletin*, 1939, No.4.

第4章 工場モデルから家庭モデルへ
──エンゲルハートの学校建築思想──

　本章では、1920年代から30年代にかけて、コロンビア大学ティーチャーズ・カレッジで学校建築の調査と研究を指揮していたN.L. エンゲルハート（Nickolaus L. Engelhardt, 1882-1960）に着目する。彼は1920年代から40年代を通して、大学の実地調査部門を指揮して、多くの学校調査を実施し、アメリカの学校建築の実情をもっともよく知る研究者のひとりであった。彼が1920年前後に作成した校舎採点簿は、校舎の立地条件、建物の構造、衛生・防火などの設備、教室の種類・場所・構造、特別教室などの観点から構成されており、1920年代から50年代まで、様々な学校調査で利用された。エンゲルハートはこの校舎採点簿によって、学校建築研究の専門家としての地位を確立した。彼が作成した校舎採点簿は数種類あり、本章では1920年代のものと1950年代のものを比較して、彼の思想の展開を具体的に確かめる[1]。結論を先に述べれば、エンゲルハートは、1920年代に工場モデルの校舎を推進したが、1950年代には家庭モデルの校舎の設計に携わっていた。では、彼の思想の展開を確認していこう。

I　工場モデル校舎の推進

1　学校調査と工場モデルによる能率化

　エンゲルハートは1882年にコネチカット州で生まれ、1903年にエール大学を卒業した。その後、主としてニューヨーク州でハイスクールの教師や校長を務め、1912年から16年まで同州ダンカークの教育長も務めた。1916年にコロンビア大学ティーチャーズ・カレッジの教員になり、1918年に教

育行政学教授の G.D. ストレイヤーの指導を受けて学位を取得し、1947 年まで同校に在職した[2]。

エンゲルハートはティーチャーズ・カレッジ在職中に、ストレイヤーとともに学校調査部門（Division of Field Studies）を指揮して多くの学校調査を実施した[3]。革新主義時代のアメリカでは、様々な社会改革が進められたが、改革の前提としてまず実態の把握が必要であった。そこで、教育改革の方向を見出すための学校調査（school survey）が 1910 年代から各地で実施されていた。学校調査は、統計学や教育心理学の発達を基礎として、学校教育の実態と成果を客観的な数値で示した。たとえば、子どもの在籍率や中退率の統計調査をして各都市の教育能率を評価したり[4]、標準学力テストを用いて各地の児童・生徒の学力を調査したりした[5]。ティーチャーズ・カレッジは教育学を学問として確立すると同時に、教育学研究者の養成と、教育長や校長などの教育行政職専門家の養成が主たる機能になっていたから、大学院で学ぶ学生を巻き込んで大規模な調査が可能であった。その調査の内容は、各都市の教育行政・財政、学校経営、生徒の在籍状況や学力など多岐に亘っているが、校舎に関する調査を担当した中心人物がエンゲルハートであった。

エンゲルハートは、1918 年に博士論文『都市部の校舎プログラム』を書き上げた。それは、「教育長の専門性向上のために、標準化と科学的手続きを推し進めるための方途」（下線は筆者）を探ろうとしたものであり、具体的には「学校建設計画を開発する際に、教育長が利用できる完全な測定の方法と手段を提示する」[6]ことをねらいとしていた。参考にしたのは、都市計画である。彼によると、「都市は今や、能率的な方法で民衆の幸福に奉仕する会社とみなされている。このことは、商業や工業で成功している会社で採用されている方法を、都市開発のために応用することを意味している」[7]（下線は筆者）。都市計画で成功した会社は、将来の人々のニーズと人口増加の実態を把握し、長期的な視野で計画を立てている。これと同様に、学校は会社であって、経営者である教育長は、人口や学齢人口の変化を調べ、人々のニーズを知り、校舎の実態調査から始めるべきであるとエンゲルハートは考えたのである。

106 第一部 アメリカにおける学校空間の構成原理

校舎の能率を上げるには、工場の方式を採用することが最も効果的であった。能率的な方法で成功している会社と同様に、教育長が科学的な方法で、校舎の実態を測定し、稼働率を数値で示すことが何よりも重要であった。そこで、学校の設備をつねに 100％利用し続けることを理想として、実際にどの程度利用されているかを測定した。工場はつねにその設備を効率的に利用することを目指している。「工場に当てはまることは、同様に校舎にも当てはまる」[8]と考えたのである。こうして、工場をモデルとした校舎が追求されることになった。

2　校舎採点簿の作成と基準の設定

エンゲルハートがめざした校舎の実態を測定するための「標準化と科学的手続き」は、校舎採点簿に集約されている。校舎採点簿は 1916 年にストレイヤーが単独で発表しているが[9]、その後、1920 年代にストレイヤー＝エンゲルハート版校舎採点簿となり、1930 年代にエンゲルハート版、1950 年代にはエンゲルハート＝レゲット版になった。彼は、この校舎採点簿を 1920 年代から 1950 年代に至るまで、学校調査を実施した多くの都市で、校舎の適切さを評価するために利用した。

まず、校舎採点簿の内容をみておこう。**第一表**（126 頁参照）は、ストレイヤー＝エンゲルハート初等学校校舎採点簿(1923)[10]である。校舎採点簿は、完全な校舎を構成する要素を網羅して、その要素ひとつひとつを採点するためのものである。すべての要素を五つの大項目（立地 125 点、建物 165 点、機械設備 280 点、教室 290 点、特別教室 140 点）に分類し、合計点が 1000 点（満点）になるように配点を決める。ひとつの大項目の中をいくつかの中項目に分類し、さらに、ひとつの中項目をいくかの小項目に分類する。重要度に応じて、それぞれの小項目に 5 点ないし 45 点が配点されている。たとえば、小項目のなかで最も配点が高いのは、教室内のガラス張りの広さ(IV -C-1, 45 点)、次に高いのは、階段(II -C-1, 35 点)、教室の椅子と机(IV -E-1, 35 点)である。学校調査の際には、この配点表にもとづいて、ひとつひとつの項目を詳細に調べて得点を決める。ガラス面積は採光のため、階段は火災の際の避難経路と

して、重要である。これらの得点を合計して、校舎の適切性が客観的に比較される。合計点が 500 点に満たない校舎は改修すべきではなく、即刻に廃棄されるのが「一般に受け入れられている判断」[11] とされた。

校舎採点簿を作成したことは、校舎を評価する基準を明確にしたことを意味する。実際、第一表の校舎採点簿には、基準についての詳細な説明が添えられている。たとえば、学校は学区の中心部にあるのが望ましい（I-A-1）、庭や高木や低木が学校の近所や敷地にあるのが望ましい（I-A-2）、校舎の方向は、主な教室では南東と東から光が差し込むようにするのが望ましい（II-A-1）、教室は長方形で、窓は辺の長い方にあるべきだ（IV-B-2）、黒板は教室の前方と右側にあるべきで、窓の間にあるのは望ましくない（IV-B-7）、遊戯室はすべての小学校にあるべきで、男女別が望ましい。また、トイレや運動場と連結しているのがよい（V-A-1）。それぞれの教室に時計を置くべきである（IV-E-1）。講堂は 1 階にあるべきである。その大きさは小学校では 6 割の生徒、ハイスクールでは全部の生徒が収容できるのがよい（V-A-2）などである[12]。ストレイヤーとエンゲルハートは、このような形で、完全な校舎の基準を細部にわたって明確に示した。

では、これらの基準はどこから導かれたのであろうか。ストレイヤーの説明によれば、完全なる校舎を構成しているあらゆる要素を考慮することが重要であった。そこで、経験を積んだ教育長や校長に質問し、彼らの判断を参考にした。この調査には、大学院で統計学の手法などを学んで熟知している 200 人以上の学生が協力した。さらに、そのような有能な人々が出した判断の中から中間的な判断（median judgment）を導いた。このような手順を踏んで五つの大項目とその下の中項目が決まった[13]。1916 年にストレイヤーが作成した項目は、1923 年版のストレイヤー＝エンゲルハート校舎採点簿にほぼそのまま継承されている。諸要素についての中間的な判断が、校舎の基準になったのである。

この基準は、新しい建築技術に支えられていたので、新築の学校建築にとくに強い影響を与えた。20 世紀初頭の学校は、都市化と人口増加に伴う児童・生徒数の増加や混雑に悩まされていた。その一方で、建築技術の向上と

108　第一部　アメリカにおける学校空間の構成原理

ともに、学校建築の専門家が出現し、照明、換気、暖房、排水等の新しい技術を採用した学校の建設が急がれていた。学校採点簿はこのような新しい技術をどこまで適切に採用できているかをみることが主眼であった。ストレイヤーが1916年に初めて校舎採点簿を発表したとき、学校建築関係の27冊の図書を紹介しているが、そのうち17冊は学校の防火や衛生を論じたものであった[14]。それらを参考にして、校舎採点簿の項目に新しい技術が記入され、採点の基準になっていた。したがって、多くの都市ではこれらの新しい技術を導入することが校舎の新築や改修の際に目標になったのである。

　さらに、基準の設定は、学校の統合と大規模化を促進した。校舎採点簿はあらゆる項目を含んでいるから、小規模な校舎がそれらをすべて満たすことはほとんど不可能である。だが、大規模な校舎であれば可能性は高まる。したがって、ストレイヤーもエンゲルハートも学校調査をすれば、ほとんど例外なく、学校の大規模化、すなわち学校統合を提案した[15]。エンゲルハートはすでに博士論文のなかで、小規模の学校は特別教室の種類が少なく設備が貧弱であること、大規模校に比べて管理的経費がかかること、また、子どもの社会的な交流が少ないので教育の効果が薄いこと、などを指摘していた[16]。エンゲルハートは、一教室学校を、環境も能率も最も悪い学校とみなし、統合して大規模校にすることに尽力した。一教室学校を減らそうとする動きは、彼が主張したとおり、このころ全米で急速に進みつつあった。1930年ころは全米で6割あった一教室学校は、1960年ころには2割、70年代後半に2%未満になっていた（表A参照）[17]。

　このように、ストレイヤーとエンゲルハートが開発した校舎採点簿は、1920年代に流行した学校調査のなかで、校舎を客観的に評価するための最もよく利用される指標となった。1910年代から1920年代にかけての学校調査報告書を詳細にしらべたキャズウェルは、学校調査報告書の結果がその後の校舎改築に大きな影響を与えたことを指摘している。彼の調査によると、この時期に総合的な学校調査を実施した50の町のうち、32の町がその調査報告書に基づいて校舎計画を立てていた。また、校舎に限定した調査を実施した20の町では、そのうちの15の町が、学校調査報告書に基づく校舎計

画を立てていた。それらの調査のなかで、もっともよく使用されたのがスト
レイヤー＝エンゲルハートの校舎採点簿であった[18]。校舎採点簿は、1920
年代において、校舎の評価とその改善の方向を示す主要な道具であったとい
える[19]。

3 校舎採点簿の特徴

　1920年代に広く使用された校舎採点簿の特徴として、2点を確認するこ
とができる。第一は、校舎採点簿は、教育実践と校舎との関連をあえて問わ
なかったことである。エンゲルハートによると、「採点簿を使用することの
決定的な長所は、… 完全な校舎を構成している詳細な項目がすべて、それ
ぞれ別々に、考慮されるところにある」[20]という。つまり、校舎がそれを
構成する諸要素に分解され、そのひとつひとつが別々に採点された。それら
の点数の合計点が校舎の評価であった。したがって、要素の相互関係や、建
物の要素と教育実践との関連は問うのが難しい。たとえば椅子の方向を決め
ることは、生徒が座っていることが前提である。机や黒板の位置を決めるこ
とは、子どもの移動を配慮していないからである。教科別の教室を設定する
ことは、その教室では当該教科以外の授業は実施されないことを前提にして
いる。つまり建物は、既定のカリキュラムを能率的に実行するための手段に
他ならなかった。エンゲルハートは、はっきりと「校舎は目的に対する手段」
であり、「校舎計画は、教育政策を受け入れた結果にすぎないもの」であり、
その課題は「経済性、適合性、能率」と宣言していたのである[21]。

　第二に、校舎採点簿は、校舎の標準化を進める機能をもっていたことであ
る。どのような校舎がよい校舎であるかは、基準を設定した時点ですでに明
らかになっていた。校舎採点簿は、都市版、田舎版、初等学校版、中等学校
版などの間で若干の差異はあるものの、大きな違いはなかった。点数を上げ
ることが教育改革の目標になった。その時、標準的な校舎と教育実践との関
連は問題とはならなかった。

　20世紀初頭に大都市に出現した大規模校舎は、このような傾向の集約で
あった。口絵図Bに示したのはゲーリー・プランで有名なゲーリー公立学

校の校舎である。この校舎は、「現代の学校建築の最もすぐれた例」であり、能率を徹底して追求した工場モデル校舎の理想を集約したものであった[22]。

II　家庭モデル校舎の提唱

1　『初等学校校舎計画』(1953) の刊行

　エンゲルハートは、1942年にティーチャーズ・カレッジを休職し、1947年までニューヨーク市教育委員会の学校建築担当主事 (associate superintendent) を務めた。1947年にティーチャーズ・カレッジ教授の職を正式に辞めたのちは、教育コンサルタントとして学校建築関係の会社の設立に係わり、1960年に亡くなるまで、その仕事に携わった。

図 4-1　現代学校のようす
出典：Engelhardt et.al. op.cit. p.18

　エンゲルハートが残した著作のなかで、もっとも興味深いのは、1953年に出版した『初等学校校舎計画』である。息子 N.L. エンゲルハート・ジュニア (N. L. Engelhardt, Jr.)、スタントン・レゲット (Stanton Leggett) との共著である[23]。エンゲルハートは類似のタイトルをもつ図書を1918年以来、1920年代、1930年代に数冊公刊しているが、1953年版はこれまでのものと内容が大きく異なっていた。これまでの図書では、人口動態調査の重要性、生徒を収容するための校舎の規模、学校の防火・衛生の設備等の基準を満たすことに最大の関心が向けられていた。これに対して、本書は、多くの写真を掲載して、新しい校舎の実際を生き生きと紹介している。彼が著した多くの図書の中では異色であるが、この図書のなかに、エンゲルハートの晩年の思想、そして進歩主義教育の哲学を読み取ることができる。とくに次の五点に注目したい。

第一に、この書物には、子どもの活動の様子や子どもが描いた絵などの写真が非常に多いことである。同書の第一部は、「現代学校のようす」と題されていて、大判の写真がすべての頁に掲載されている。子どもが絵を描いている場面、子どもが共同で工作をしている場面、地球儀のまわりで教師と子どもが議論している場面、教師がピアノの周りにいる生徒ひとりひとりを指導している場面など、子どもの活動そのものを紹介している。**図4-1**はその例である。子どもがお互いに協力しているようすを示している。人口統計やグラフが満載され、子どもの姿がほとんど掲載されていなかった1920年代の書物とは大きな様変わりであった。校舎を考える際の視点が、建物ではなく、子どもの活動に向けられたことを如実に示している。

第二に、同書は、進歩主義教育の理念、すなわち子どもの発達に焦点をあてていることである。教室での活動という章では、「教室のデザインの中心的要素は、教室でのプログラムと活動の分析であり、子どもの発達との関連のもとで検討されたもの」[24]であると述べ、教室のデザインに直接に影響を与えている考え方を次の6点に要約している。(1) 興味が学習への強力な動機づけである、(2) 個人差への配慮がなされなければならない、(3) 抽象

図4-2　多様な活動ができる教室

出典：Engelhardt, et.al. op. cit. p.30

112 第一部 アメリカにおける学校空間の構成原理

的な概念と具体的な経験とが密接に関連づけられていると、能率的な授業が可能になる、（4）ひとりひとりの子どもに成功の体験をさせないと教育は失敗する、（5）情緒が安定しているとき子どもは良く学ぶ、（6）健康的な環境のなかで子どもが健康であるときに、学習はよく進む[25]。いずれも、当時の進歩主義教育の哲学として読めばとくに新鮮なものではないが、それが校舎をデザインするための出発点として確認されたことは重要な意味を持っている。建物の標準を定め、それを能率的に実現することが、教育行政学の専門家としてのかつてのエンゲルハートの立場であった。しかし、ティーチャーズ・カレッジ教授の地位を去った彼は、教育コンサルタントとして、従来とは全く異なる観点から校舎をとらえようとしていたのである。

　第三に、ひとつの空間のなかに、多様な活動エリアを設けていることである。たとえば、通常の教室であっても、その中には、一般的学習のためのエリア、図書エリア、ドラマのためのエリア、工芸のための設備、音楽設備、手作業エリアなど、諸要素を含むものとしてデザインされている。教室を特定のひとつの活動だけに使用するのではなく、多様な活動ができることを重視したのである。図 4-2 がその例である[26]。ひとつの教室の中に、学習の場、絵を描く場、音楽のための場、作業場も設定されている。子どもは同じ教室のなかで、自由に、いろいろな活動をしている。このような活動エリアの設置は、子どもの活動の連続性や自発性も保障することになる。

　第四に、校舎の内部と屋外の活動スペースの連続性を強調したことである。図 4-3 のように、屋内と屋外を自由に行き来するスペースが重視されている[27]。屋外の教育エリアは、遊びのためのエリアとして利用されることもあれば、地域住民に開放されることもある。植物を栽培したり、動物を飼ったりすれば、理科の学習のためにも利用される[28]。これらを彼は屋外教育エリア（out-of-door educational area）とよんでいた。このように屋内と屋外の連続性を持たせて、校舎を自然のなかにおこうとした。

　第五に、学校と地域社会との連絡を重視したこと、すなわち学校の地域開放を推進しようとしたことも確認しておかなければならない[29]。校内の講堂、遊戯室、食堂などを、地域住民が様々な機会に利用できるようにしてい

るのである。校舎・設備の地域開放について同書では簡単にしか触れていないが、それについて詳細に論じた図書を別に刊行している[30]。

エンゲルハートは1940年代にニューヨーク市の学校建築担当主任を経験したあと、息子らと学校建築相談会社を設立して、実際の学校建築への関与を深めていた。そのような実務経験を積みながら、彼は子どもの活動を詳細に調査したうえで、それにふさわしい校舎、設備のあり方を検討していた。『初等学校校舎計画』は、彼の関心が教育行政から学校建築へ大きく移動していったことを示している。

要約すれば、晩年のエンゲルハートの思想の特徴は、子どもの活動に焦点を当てたこと、進歩主義教育の哲学を明示したこと、進歩主義教育の活動に直接につながるデザインと設備を提示したこと、多様な活動を保障する空間を構想したこと、屋内教育空間と屋外の空間との連続性を追求したこと、学校と地域の連絡を重視したこと、以上の点に見出すことができる。

図4-3　教室と屋外の連続

出典：Engelhardt, et al. op. cit. p.132

2 校舎採点簿の改訂

エンゲルハートの思想の転換は、『初等学校校舎計画』に収録されている校舎採点簿のなかに明確に表れていた。彼は 1920 年代から 1930 年代にかけて校舎採点簿を使った学校調査を続けたが、その内容は徐々に改訂されていた。**第二表**（1953 年版、127 頁参照）は、同書に掲載されている校舎採点簿のなかから、大項目と中項目のみを抜き出して一覧表にしたものである。これを第一表（1923 年版）と比較して、その変化を確認しよう。暖房・換気・防火・清掃等の機械設備に関するもの（1923 年版のⅢ、1953 年版のⅪ）は、配点が 280 点から 225 点に下がっているが、内容はほぼ同じである。だが、同じなのはこの部分のみであり、他の部分は根本的に変更されている。

最も注意を引くのは、大項目の立て方が、子どもの活動を基準にしたことである。先にみたように、1923 年版では、立地、建物、機械設備、教室、特別教室の五つの大項目があった。さらに「建物」についてみると、その中に、方向、利用のしやすさ、形式、素材、高さ、屋根、基礎、壁などがあって、ひとつひとつの項目が別々に採点されていた。それぞれの項目の採点に際しては子どもの移動や活動の内容等を参照する必要がなかった。客観的に存在している建物についての採点であった。これに対して 1953 年版では、「小集団活動のための設備」、「特別な教育サービスのための機会」（図書館、創造的活動、音楽など）、「大集団活動が必要とする設備」などが大項目になっており、いろいろな種類の子どもの活動を想定していた。子どもの活動の種類にふさわしい建物設備であることを求めていた。

第二に、子どもの活動の連続性に配慮したことである。大項目「施設設備（校舎の衛生安全など）」についで高い配点になっている大項目「小集団活動のための設備」をみてみよう。五つの中項目があるがそのどれも高い配点になっている。その中には「他のユニットに移動したり、別の授業を受けたりするための移動が容易であること」という中項目がある。ユニットはひとつのまとまりをもった建物・設備を意味する。子どもの移動のしやすさを重視していることは、活動の自由と連続性を意識していると解釈してよいであろう。また、「いろいろな集団を適切につくることが可能」という中項目は、子ど

もの多様な活動や集団編成を認めていることを意味している。

　第三に、学校と地域のつながり、学校の地域への貢献を明記したことである。アメリカの公立学校は、20世紀の初めから地域社会とのつながりを重視していたが、1923年版校舎採点簿では評価の項目に入っていなかった。大項目に立地があるだけで、しかもその内容は、校舎の位置、排水、大きさ・形である。教育のプログラムとはほとんど無関係であった。1953年版をみると、大項目に「総合的な校舎計画からみた立地」があり、その中で、他校との関係や他の町の都市計画との関係が取り上げられている。地域の建物や地域住民との関係づくりを重視している。また、大項目「コミュニティの要望への対応」の中には、中項目として「教育プログラムに配慮した設備」、「リクリエーション活動の計画に対応した設備」、「地域の問題を組みこんでいる」などがある。学校と地域をつなごうとする動きが明確に進んでいた。

　第四に、屋外での活動を評価の対象にしたことである。大項目では「屋外遊びのための設備の包括性」が提案されている。校舎採点簿には掲載されていないが、『初等学校校舎計画』では、屋外の教育的空間として、景観、舗装された遊び場、芝生のある地面、教室の外にある静かな場所、植物の生えている場所、屋外遊戯用の設備、屋外での理科学習のため場所、就学前児童も遊べる公園、駐車場などが、写真付きで紹介されている[31]。

　最後に確認しなければならないことは、校舎採点簿の利用のしかたが1920年代とは大きく異なっていたことである。1920年代には、校舎を採点することのねらいは、校舎の廃棄や改築・新築の方向を具体的に示すことであり、採点の結果を一覧表で掲載するのが常であった。ところが、1953年版では、校舎採点簿の実例は掲載されているものの、調査した学校（ニューヨーク州オルバニーのチェスナット校）の採点は掲載されていない。それぞれの項目について、記述式の説明があるだけである。合計点が記載されていないだけでなく、校舎採点簿の合計点は1000点にならない。それが単なる誤記なのか、意図的なものかは判断がつかないが、点数へのこだわりがなくなったことを示唆している。校舎採点簿が、校舎を点検する際に、あまり重視されなくなっていたとはいえるであろう。

116　第一部　アメリカにおける学校空間の構成原理

　このような校舎採点簿の変化は、エンゲルハートの思想の展開と一致している。子どもの活動を基準として校舎を構想したこと、子どもの活動の多様性と連続性を保障しようとしたこと、子どもの屋内での活動と屋外での活動の連続性を重視するようになったこと、学校での活動と地域社会とのつながりを保障する校舎を構想したこと、これらの点に、エンゲルハートの学校建築思想の変化を認めることができる。

Ⅲ　モダニズム建築と家庭モデル校舎の出現

　エンゲルハートの思想の展開をたどると、建築におけるモダニズムの影響を認めることができる。時期をさかのぼることになるが、1930年代のモダニズム建築が校舎建設に与えた影響をみていこう。

1　工場モデルへの批判：モダニズム建築への着目

　1932年の2月から3月にかけて、ニューヨーク近代美術館でモダニズム建築の展覧会が開催された。この展覧会が、建築におけるインターナショナル・スタイルを広く紹介し、アメリカにおける近代建築の普及に大きく貢献したことはよく知られている[32]。展覧会には、フランク・ロイド・ライト、ウォルター・グロピウス、ル・コルビュジェ、ミース・ファン・デル・ローエなど、当時を代表するモダニズム建築家が出展していた。エンゲルハートがモダニズム建築と校舎との関係を明確に意識したのは、この展覧会以後のことと思われる。

　展覧会のあった1932年の夏に、エンゲルハートは、コロンビア大学のサマー・セッションで、ドイツの学校建築におけるモダニズム建築の影響について講義した[33]。その中で、モダニズム建築の影響を受けて近年に建てられたドイツの校舎は、教育の機能と建築とを関連付けており、ドイツにおける教育の新しい精神を象徴していると解説した。

　エンゲルハートがまず注目したのは、校舎が自然とつながっていることであった。ドイツでは、アメリカほどは空間の能率的利用が重視されておらず、

屋外でもいろいろな教育活動がなされていて、教室と屋外とのつながりが重視されていた。1階の教室の外に花や灌木を植えたり、2階の教室の外にテラスを設けたりして、自然とのつながりを維持しようとしていた。庭の一部も授業用に利用されていた。ドイツの新しい校舎では「自然との接触」が校舎の基本方針になっていることを確認したのである。

　もうひとつ注目したのは、諸設備の柔軟性であった。ドイツの校舎では、教育上の必要性に対応できるように、配置を柔軟に変更できるようになっていた。ひとつひとつの机や椅子の扱いも教師や生徒の自由であった。家庭科教室ではしばしば都会の住居そのものを再現したものがあり、廊下にはいろいろな地図や表などが掛けられている校舎もあった。広い遊び場や体育館や校庭なども、生徒や教師が自由に使いやすい空間であった。エンゲルハートはこのようにドイツの新しい校舎を称揚した。

　この後、エンゲルハートはアメリカに多い工場モデルの校舎に対する厳しい批判を繰り返すようになった。1937年の新聞記事によると、エンゲルハートはアメリカには「旧式の工場のような学校がまだ残っている」ことを批判して、そのような校舎をできるだけ早急にもっと温かみのある建物に建て替えるように学校関係者に勧めていた[34]。エンゲルハートがモダニズム建築から受けた示唆は小さくなかったと思われる。

2　モダニズムの校舎

　では、エンゲルハートが着目したモダニズム建築に基づく校舎とはどのようなものだったのか。1932年のニューヨーク市での展覧会に出展した建築家のなかで学校建築に深く関与していた二人の建築家、ウィリアム・レスケイズ（William Lescaze, 1896-1969）とリチャード・ノイトラ（Richard Neutra, 1892-1970）を取り上げてみよう[35]（巻末資料4-1、4-2を参照）。

　レスケイズは、モダニズム建築が追求しているものは、（1）建築が目的を適切に表現していること、（2）その機能が十分に果たされていること、（3）有効にその場所を利用していること、（4）周囲の環境とよく関係を保っていること、この4点であるとした。建物の機能を重視する姿勢はモダニズム建

築の中心的な理念であった。そしてその機能は、「人間の活動がもっともう
まく実行できるように、人間の活動を保護すること」であったから、近代建
築は明確に「人間の内側から起こってくる理論に基づいている」と述べてい
る[36]。「（近代建築は）もっとも単純な形では避難所を与えてくれるものだが、
それにとどまらない。それは魂の避難所である。それは、身体的にも精神的
にも生命の肯定」[37] であった。人間の内側から出てくる発達や感情への配
慮を重視していたモダニズム建築が求めた「魂の避難所」（アジール）[38] であっ
た。

　ノイトラが得意とした建物は住宅であった。彼によると、家は「子どもを
育てる場所であり、母親が私たちに食べさせてくれる食事に次いで、精神的
習性に最も強烈に痕跡を残す建築環境」[39] であった。「建築を抽象的な空間
というよりは、感情的な環境の産物として再考することで、………新たな連
続性のかたちを築くことが可能」[40] になる。モダニズムを象徴するスロー
ガンとして「形態は機能に従う」が一般に普及していたときに、彼は逆に、「機
能は形態に従う」[41] と述べたことがある。これは機能を重視するモダニズ
ムを否定することではない。物理的条件が心理的な反応を引き起こすことを
言おうとしたものである。そして、「外部景観を、親密な有機的出来事から
なる私たちの内部景観」[42] へとつなげる環境、すなわち、感情の状態と空
間の状態との連続性を理論化しようとした。彼のこの発想が、学校建築のな
かで具体化したのが**図 4-4** である。これはノイトラがデザインしたエマソン・
ジュニア・ハイスクールの教室（1938 年竣工）である[43]。教室の内部と屋外
が連続しており、教室が広く、その中でいろいろな作業ができるようになっ
ている[44]。自然を教室の中に引きこもうとしたのである。

　レスケイズやノイトラが構想したモダニズムの学校建築が、校舎の形態よ
りも教育の機能を重視していたことは明らかであろう。だが、さらに重要な
のは、子どもの感情や心理に着目したことである。子どもの活動の多様性や
主体性を保障するような空間構成は、子どもの感情と心理への配慮に他なら
ない。機能の追求と感情への配慮はしばしば背反する。この両者を理論的に
つなぐことがモダニズムの学校建築の課題になったのである。

彼らの取り組んだ新しい校舎はその後の新しい校舎の始まりに過ぎなかった。彼らの思想を受け継いで、多くの学校をデザインし、学校建築のモデルを大きく変えたのはパーキンス（Lawrence B. Perkins, 1907-1997）とコーディル（William Wayne Caudill, 1914-1983）であった。パーキンスは、ウィネトカにあるクロウ・アイランド小学校の設計者のひとりである。1940年に完成したその校舎は「アメリカの建築史上で記念碑的な作品」[45]といわれている。第一章で紹介した図1-9は、有名なL字型の教室である[46]。ユニット式の教室の中で、学習、作業、遊びなどができる。屋外教室があって、教室からすぐに外に出られるようになっている。L字なので、二つの方向から光が入り、明るい。したがって、特定の方向に机を向ける必要はない。「ひとつひとつの教室が総合的なユニットとしての家庭である。したがって、作業場、トイレ、プロジェクトをする場、お話を聞く場、屋外教室がある。………教室の家庭的

図4-4　エマソン・ジュニア・ハイスクールの教室（ノイトラ設計）
出典：W. Boesiger, ed. *Richard Neutra 1923-50*（Zürich: Verlag für Architektur, 1964), p.157

120　第一部　アメリカにおける学校空間の構成原理

図 4-5　子どもの身体的・心理的ニーズ
出典：Caudill, *Toward Better School Design*, p.2

な雰囲気は、装飾のために原色を自由に使うことで強められている」[47]。ウィネトカの教室のドアは、赤や黄色などに色分けされており、ときどき自分の教室(ホーム)がわからなくなる低学年の子どもでも、ドアの色をみて自分のホームであることを確認することができる。子どもにとって教室は帰るべき家庭であった。クロウアイランド小学校の玄関横に、高い塔があり時計が設置されている(口絵図 C)。ところが、時計は塔の中央ではなく右側にはみ出している。この時計を描いた子どもの絵が本書のブックカバーである(巻末資料 5-6)。規格に収まらない子どもの自由な感情を表現しているように見える。

　ノイトラの発想を学校建築に直接に反映させたのはコーディルである。彼は「形態は機能に従う」というモダニズムの理念を受け入れたうえで、校舎の機能とはなにかを問うた。彼によると、校舎の機能は子どもに奉仕することである。そのために最初に考えるべきことは、カリキュラムではなく、子どものニーズである。カリキュラムはつねに変化しているが子どものニーズは安定している。そのニーズを建築の言葉で解釈することを、校舎をデザイ

ンするための出発点とした。彼は、子どものニーズを**図 4-5** のように、身体的なものと情緒的なものにわけた[48]。そのうえで、進歩主義教育の思想を、建築の言葉に翻訳したものが、**第三表**（128頁参照）である。進歩主義教育の思想を建築と結びつけようとした彼の意図を確認することができる。

　コーディルは、子どもよりも建物に注意を向けてきたこれまでの方法を批判して、子どもに心理的な満足を与えることを考えた。そして家庭をつくるときの人間的な方法を、学校建築にも応用することを提案した。

　　私たちの家庭を考えてみよう。私たちは、自分の住む居間のカーテンの色や触感、寝室の形、床表面の輝き具合、マントルピースの上にある絵が醸し出す効果、植物の柔らかい緑色とテラコッタ製の植木鉢に、とても敏感である。このような心理的な効果は私たちにとって非常に現実的なものである[49]。

校舎の情緒的または心理的作用を重視したのはノイトラと共通している。さらに彼は言う。

　　良い学校は、ある量の空間と設備を含んで、法律に則って建設されたものであるだけではない。それはまた、学校の生徒にとっては第二の家庭であり、子どもの生活のなかで相当の時間を占めているのである。たしかに教師によって管理され、囲い込まれた小さな世界ではあるが、子どものためにデザインされ、建てられ、運営されているのである[50]。

　このように、モダニズムの建築家は子どもの身体的および心理的な発達を保障することを学校の機能と考え、学校が家庭のように、心理的・情緒的な安定を保障することを期待していたのである。

3　エンゲルハートの学校建築思想の展開
　モダニズム建築の影響を受けたエンゲルハートの思想は、彼がティー

チャーズ・カレッジから離れる直前に発表された論文から読み取ることができる。彼はまず、校舎の標準化が進んだことを批判した。たとえば、「住民や近隣の人々の性格も考慮しないで、小学校の校舎に含まれるすべての設備や空間を、実際にすべて同じようにしようとした都市がある。………（また）、州の教育省でも、地域の教育上の必要性とは無関係に画一的な校舎計画を立法化したところもある」[51]という。校舎の基準を定め、学校調査として校舎の評価を続けてきた自分自身への反省の言葉であった。

　そして彼が強調したのは、子どもの身体的、情緒的、知的発達が相互に関連しているということであった。

　　小学校の校舎計画を立てるときの基礎となる考え方は、子どもの身体的、社会的、情緒的、知的発達を結び付けてみることである。たとえば、身体の発達は体育館や遊戯室があれば適切というものではない。身体の発達は、それが遊びやリクリエーションと結びついているのと同様に、静かな環境、学習、休息、労働とも結びついているのである[52]。

彼がモダニズム建築の理念から強い影響を受けていたことは明らかであろう。
　さらに、彼は自ら収集した全国の小学校のフロア・プランを分析し、その新しい傾向をつぎのように指摘した。

　　全国の教室を並べて証明できることは、規格化された空間を無くしていくこと、そして、暖かく気持ちの良い居間を設置することを真剣に考え始めているということである。教室がそのような居間なら、子どもはくつろぐことができる、と同時に自分が属している社会集団のなかで自分の位置を感じ取ることができる[53]。

エンゲルハートが提示した実際の教室が**図** 4-6 である[54]。教室には、暖炉やテラスや各種の棚がある。居間のようであり、家庭的な雰囲気を醸し出している。すでに明らかになったように、モダニズム理念に基づく校舎は家庭

第4章 工場モデルから家庭モデルへ 123

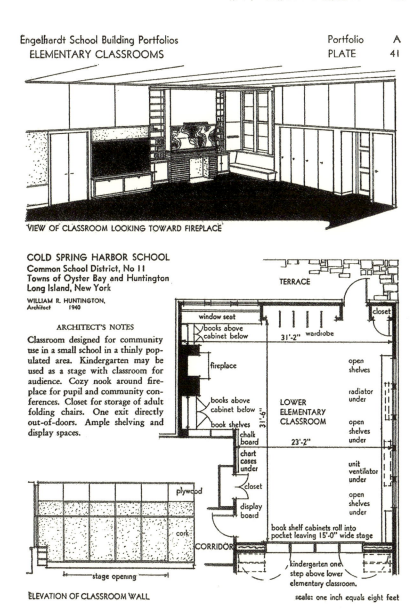

図 4-6 エンゲルハートが紹介した小学校の教室
出典：Engelhardt," The EvolgvingElementary School Plant," p.642

をモデルとしていた。家庭モデルの教室が普及したことを彼自身が確認したのである。口絵で紹介した図Dはエンゲルハートの書に紹介されている家庭的雰囲気の教室だが、同じ写真がコーディルの書にも掲載されている[55]。実は、二人は協力して家庭モデルの校舎を構想していたのである。

IV　家庭モデル校舎は子どものアジールか

　本章は、アメリカにおける校舎の変貌に焦点をあてて、20世紀前半に工場モデル校舎が普及したこと、20世紀の半ばに、家庭モデルの校舎が出現したことを示し、それぞれのモデルの思想的背景を探った。学校を家庭的にしようとする思想は、進歩主義教育の基本的な理念として19世紀末に提唱されていたものの、それはすぐには校舎の構造に反映されなかった。20世紀前半に普及した校舎の多くは、家庭ではなく工場をモデルとしており、家庭モデルの校舎が現れたのは、20世紀半ばだったのである。エンゲルハートは、工場モデル校舎の普及と家庭モデル校舎の出現のいずれにも深く関与していた。彼の学校建築思想をたどると、アメリカにおける学校建築思想が大きく転換した背景がみえてくる。本章で確認できたことは三点に要約できる。

　第一に、エンゲルハートは、1920年代に校舎採点簿を作成し、それを利用した学校調査を精力的に実施することによって、工場モデルの校舎の普及を推進した。校舎採点簿は、あらかじめ設定しておいた校舎の基準に照らして、ひとつひとつの校舎の良し悪しを採点した。よい校舎の基準とは、「経済性、適合性、能率」であり、校舎はたくさんの要素に分解されて、そのひとつひとつの要素について採点された。その結果、校舎採点簿は、校舎改善や新築校舎の計画を方向づけ、工場モデル校舎を全国の校舎の標準にした。だが、校舎採点簿は校舎の構造そのものを評価するものであり、教育実践は対象にはなっていなかった。

　第二に、晩年のエンゲルハートは、子どもの実態に着目した。子どもの活動の多様性や連続性を保障するような校舎と教室の普及を推進した。子ども

が多様な活動ができる教室や、屋内教育空間と屋外空間との連続性を追求した。この変化は、1953年版の校舎採点簿に現れていた。

　第三に、エンゲルハートの思想の転換をもたらしたものは、1930年代のアメリカに強い影響を与えたモダニズム建築であった。校舎と自然がつながっていること、設備の柔軟な利用ができること、子どもや教師の自由などの考え方を、モダニズムの建築家から学んだのである。とりわけ、子どもの情緒・心理の安定を求めたモダニズムの思想は、家庭的な雰囲気の教室、すなわち家庭モデルの校舎の思想的根拠になった。20世紀の半ばに、進歩主義教育の思想がモダニズム建築と結びついたとき、家庭モデルの校舎が出現したのである。エンゲルハートにとっては、1930年代からのおよそ20年間はモダニズム建築への理解を深めていく過程であった。

　モダニズム建築の反映である家庭モデルの校舎が、子どものアジールとしての機能をもっていたことは、これまでの考察から明らかであろう。家庭モデルの校舎は、徹底した能率と子どもの管理を追究した工場モデルを否定したうえで、子どもの保護と、生命の肯定という二つの契機を持っていた。レスケイズの言葉をもういちど借りるなら、家庭モデルの校舎は「単純な形では避難所」であり、「人間の活動を保護する」という機能をもつと同時に、「人間の内側から起こってくる理論」に基づいた「生命の肯定」を機能としており、子どもの情緒・心理の安定を保障しようとしたものでもあった。この意味で、家庭モデルの校舎は、子どもにアジールを保障するための技術であり、進歩主義教育の遺産であるということができる。

第一表　初等学校校舎採点簿（1923）

I 立地			125
A. 位置		55	
1 通学の容易さ	25		
2 環境	30		
B. 水捌け		30	
1 傾き	20		
2 土壌の性質	10		
C. 大きさと形		40	
II 建物			165
A. 配置		25	
1 方向	15		
2 利用のしやすさ	10		
B. 全体の構造		60	
1 形式	5		
2 素材	10		
3 高さ	5		
4 屋根	5		
5 基礎	5		
6 壁	5		
7 入口	10		
8 芸術性	5		
9 状態	10		
C. 内部構造		80	
1 階段	35		
2 廊下	20		
3 地下室	15		
4 屋根裏部屋	5		
III 機械設備			280
A. 暖気と換気		70	
1 教室数への対応	10		
2 暖房設備など	10		
3 空気の補充	15		
4 扇風機とモーター	10		
5 空気の偏り	10		
6 気温の管理	10		
7 特別な設備	5		
B. 防火設備		65	
1 用具	10		
2 耐火性	15		
3 脱出口	20		
4 電気設備	5		
5 耐火扉と仕切り	10		
6 脱出誘導灯	5		
C. 清掃設備		20	
1 真空方式	5		
2 掃除機の備え付け	5		
3 掃除機ホースの直径	10		
D. 照明設備		20	
1 空気や電気	5		
2 照明の位置や明るさ	5		
3 部屋に応じた灯り	5		
4 照明の方式	5		
E. 電気設備		15	
1 時計	5		
2 ベル	5		
3 電話	5		
F. 水道設備		30	
1 飲料水	10		
2 洗濯用	10		
3 水浴び用	5		
4 温水と冷水	5		
G. 便所		50	
1 配置場所	10		
2 設置状況	10		
3 人数に応じた個数	10		
4 男女別に各階設置	5		
5 衛生	15		
H. 機械設備		10	
1 エレベーター	5		
2 図書運搬昇降機	2		
3 ごみ捨て口	3		
IV 教室			290
A. 位置		35	
B. 構造と仕上がり		95	
1 大きさ	25		
2 形	15		
3 床	10		
4 壁	10		
5 ドア	5		
6 物置	5		
7 黒板	10		
8 掲示板	5		
9 色	10		
C. 照明		85	
1 ガラス張りの広さ	45		
2 窓	30		
3 日陰のできる範囲	10		
D. 物置部屋と衣装部屋		25	
E. 備品		50	
1 椅子と机	35		
2 教卓	10		
3 その他の備品	5		
V 特別教室			140
A. 共同利用の大教室		65	
1 遊戯室	10		
2 講堂	10		
3 自習室	5		
4 図書館	10		
5 体育館	10		
6 プール	5		
7 ランチルーム	10		
B. 管理者用特別室		35	
1 管理者部屋	10		
2 教師室	10		
3 看護師室	10		
4 用務員室	5		
C. その他の特別室		40	
1 家庭科室	20		
2 工業科教室	10		
3 一般科学と製図室	5		
4 物置	5		
合計	1000	1000	1000

出典：Strayer & Engelhardt, *Standards for Elementary School Buildings*（1923）p.8

第4章 工場モデルから家庭モデルへ　127

第二表　エンゲルハート＝レゲット初等学校校舎採点簿（1953）

I 総合的な校舎計画からみた立地		50
A. 他の学校との関係	25	
B. 他の市の発展状況との関連	25	
II 場所の適切性と有効性		50
A. 環境	25	
B. 十分な活用	15	
C. 形と大きさの無難さ	10	
III 建物の構造		160
A. 建物の統一性	20	
B. 建物の性格と質	90	
C. 計画の一般的な能率	50	
IV 小集団活動のための設備		190
A. 他の場所や施設に移動することの容易さ	40	
B. いろいろな集団を適切に作ることが可能	40	
C. 教育上の要求への合致	40	
D. 必要な備品が十分にある	35	
E. 集団が満足するようなデザイン	35	
V 特別な教育サービスのための機会		70
A. 図書館設備の広がり	20	
B. 創造的な作業のための設備	15	
C. 集団でする音楽のための設備	10	
D. 工芸や家政学への貢献	15	
E. 理科学習のための設備の適切さ	10	
VI 大集団が必要とする設備		105
A. 全体集会を開催するのに必要な設備	40	
B. 屋内での遊びとリクリエーションのための設備	30	
C. 水泳の教授のための設備	5	
D. 食事をとるための設備の完全さ	30	
VII 戸外遊びための設備の包括性		20
A. すべての集団が幅広い計画を立てられる	10	
B. 悪天候や危険性からの保護	10	
VIII 健康維持への貢献		20
A. 健康調査のための設備	10	
B. 治療的作業のための設備	5	
C. 休息のための総合的な配慮	5	
IX 学校の全体的な管理のための設備		45
A. 学校管理の能率を挙げるための計画	15	
B. スタッフと一般のひとが参加することを奨励	15	
C. 教育スタッフの満足を保障	10	
D. 子どもを保護する必要性に対応	5	
X コミュニティの要望への対応		30
A. 教育プログラムに配慮した設備	10	
B. リクリエーション活動の計画に対応した設備	10	
C. 地域の問題を組みこんでいる	10	
XI 施設・設備		225
A. 暖房設備	25	
B. 換気設備	25	
C. 防火と危険防止	30	
D. 掃除設備の完全さ	15	
E. 照明器具の適切さ	20	
F. 電気設備の完全さ	20	
G. 水道設備	50	
H. 個人の持ち物の保全	15	
I. 倉庫	20	
J. その他の設備	5	

出典：N. L. Engelhardt, N. L. Engelhardt, Jr. & Stanton Leggett, *Planning Elementary School Buildings* (New York: F. W. Dodge Corporation, 1953), p.194

128　第一部　アメリカにおける学校空間の構成原理

第三表　進歩主義教育と建築の対応表

教育				建築
教育課程は完成したものとはみなされない。児童から生じつつあるニーズに沿うように、つねに改訂されている	1		1	教室は融通がきくようにデザインされている。構造は拡張が可能である。教室の仕切りは可動式になっている。
生徒は能力と興味が開発されるように援助を受ける	2		2	教室の隅が、個別指導のために使われる
大単元のなかで授業が進められる。多くの教科、たとえば、算数、綴り、読書、芸術などが、地域での生活に基づいており、相互に関連を持っている。	3		3	教室では、劇場（playhouse）を建てたり、モデル食品雑貨店を運営したり、列車を作ったり、モデル村を建設したりできる。教室には作業場があるのがよい。
子どもは協力して作業に取り組むことを教えられる。協力の精神を発達させるのである。	4		4	教室では子どもがグループで作業に取り組むことができる。可動式の備品が使用される。
創造的芸術を強調する活動や経験。教育課程は芸術、音楽、作業などを含む。	5		5	教室には、歌ったり、ダンスをしたりするためのスペースがある。それぞれの教室の近くまたはすぐ隣に作業場がある。教材や教具を保管する場所がある。
学級での学習では、独自の教材が集められ利用される。	6		6	教室の中に、独自のプロジェクトを展覧するためのスペースがある。
学級課題の中で参考図書が使用される。	7		7	書棚や雑誌棚がどの教室にもある。
学級の課題と関連のある地域情報を蒐集する。	8		8	地域ニュースの切り抜きを展示する情報板がある。
地域の環境を素材にして自然と科学について学習する	9		9	教室または特別教室のなかに、博物展示場や水生生物の飼育槽がある。
家庭、教会、地域社会が、学校によって統合されている。学校は子どもだけでなく、大人も教育する。	10		10	父母のための会議室がある。PTAや近隣の文化プログラムのための会議室がある。夜間にも学校が開かれる。
子どもの経験や環境の中から、数学の課題を見つける。	11		11	生徒に算数を教えるために、花壇、菜庭、校庭の景観を、生徒が自らレイアウトする
歌唱、器楽、フォークダンス、リズムバンドなど、ほとんどの形態の音楽に参加することが奨励される。	12		12	教室から備品を取り除き、床の構造に注意を向ける。特別教室を利用する。
子どもの知的発達だけでなく、健康や身体の発達を重視する。	13		13	ほとんどの学校で小規模でも健康クリニックが不可欠である。（健康）記録や医療用品を保管しておくこと。景色を保持した教室（sight-saving classrooms）
課外活動、たとえば、スカウト活動、生徒自治、安全クラブ、自転車クラブなどが奨励される。	14		14	これらの組織が会合を開く場所として、特別教室、体育館、講堂、教室などがあること。
子どもは、クラスの前または全校生徒の前で開く何らかの形の劇に参加することを奨励される。生徒が講堂のプログラムを実行する。	15		15	教室はなんらかの形の劇が上演できるようになっている。椅子や座席は取り外しができ、可動式である。講堂のステージにある備品や施設は子どもの大きさに適している。

第4章　工場モデルから家庭モデルへ　129

必要性が生じたときには、スケジュールを適宜変更して活動プログラムが実施できる。学級には固定したプログラムはない。	16	16	教室は戸外の喧騒から隔離されている。ある教室ではリズムの訓練をしていて、隣の教室では静かな学習のための時間ということもある。
授業媒体として映像による教育が利用される。映画、スライド、大型地図、海図。	17	17	教室で映画が上映できる。講堂では音や映像が利用できる。特別教室が使用されることもある。海図、地図、プロジェクターを保管する部屋がある
ラジオによる教育プログラムが利用される。テキサス放送学校、アメリカ放送学校などのものがある。	18	18	各教室にスピーカーあるいはラジオがある。音声を教室で明瞭に聴くことができる。
音楽鑑賞、言語学習、芸術、リズム、技術などのためにレコードプレーヤーが使われる。	19	19	各教室でレコードプレーヤーの使用が可能。あるいは、持ち運び式の備品がある。レコードを保管する場所がある。

出典：Caudill（1941）, *Space for Teaching* pp.44-45

註

1　エンゲルハートを主題とする研究はほとんどないが、「建築と学習の間にある潜在的な関係を示唆する」研究をしたパイオニアのひとりという評価が注目される。C. Kenneth Tanner & Jeffery A. Lackney, *Educational Facilities Planning*（Boston: Peason Education, Inc., 2006）, p.10. エンゲルハートの校舎採点簿は校舎を採点する有効な方法として、我国にもしばしば紹介された。古茂田甲午郎「学校建築」『岩波講座教育科学』第八冊（1932）、阿部重孝「学校建築計画」『教育学辞典』（岩波書店、1936 年）。

2　"Nickolaus Engelhardt Dead; Educator Planned Many Schools," *The New York Times* Feb.25, 1960.

3　N. L. Engelhardt, *Planning School Building Programs*（New York City: Teachers College, 1930）, pp.532-541. 同書は 1920 年代に実施された学校建築調査の一覧表を掲載している。それによると、全国で実施された 164 の調査のうち、エンゲルハートは 28 件に参加していた。

4　L. P. Ayres, *Laggard in Our Schools*（New York: Charities Publication, 1909）; Ellen C. Lagemann, *An Elusive Science: The Troubling History of Educational Research*（Chicago: University of Chicago Press, 2000）, chapter 3.

5　Guy Montrose Whipple, ed. *The 15th Yearbook of the National Society for the Study of Education, Part I: Standards and Tests for the Measurement of the Efficiency of Schools and School Systems*（Chicago: University of Chicago Press, 1915）.

6　Engelhardt, *A School Building Program for Cities*, Teachers College, Columbia University, Contributions to Education, No.96（1918）, p.ix.

7　Ibid. p.vii.

8　Engelhardt, *Planning School Building Programs*（1930）, p.367.

9　Strayer, "Score Card for City School Buildings," *15th Yearbook of the NSSE*, Part I （1916）, pp.41-51.

10　G. D. Strayer & N. L. Engelhardt, *Standards for Elementary School Buildings*, Teachers

College, Columbia University, 1923, p.8. 第一表の他に、都市部用採点簿、田舎用採点簿などいくつかの版がある。それらの間で、配点と小項目に若干の差異があるが、大項目、中項目は 1920 年代ではほとんど変わっていない。

11 Strayer & Engelhardt, *The Classroom Teacher at Work in American Schools*（New York: American Book Company, 1920）, p.336.

12 Strayer & Engelhardt, *Score Card for City School Buildings, Teachers College Bulletin*, Eleventh Series, No.10, January 17, 1920, pp.11-45. 本稿では簡略化したが、実際にははるかに詳細な説明がある。

13 Strayer, "Score Card for City School Buildings,"（1916）, pp.41-42.

14 Ibid. pp.50-51.

15 たとえば、Strayer, Engelhardt, and F. W. Hart, *Possible Consolidation of Rural Schools in Delaware, Based on A Survey of the Public Schools of Delaware*（Wilmington, Del.: Service Citizens of Delaware, 1919）.

16 Engelhardt, *A School Building Program for Cities*（1918）, pp.52-54.

17 Jonathan Zimmerman, *Small Wonder,* pp.15-52.

18 Hollis L. Caswell, "School Surveys and Their Influence on Building Problems," *The Nation's Schools*, Vol.V, No.4（April, 1930）, p.68.

19 T. C. Holy, "Technics Used in School Building Surveys," *Review of Educational Research*, Vol.4, No.1（Feb., 1934）, p.52.

20 Engelhardt, *A School Building Program for Citie*s（1918）, p.56.

21 Engelhardt, "Important Factors in Developing a School Building Program," *Teachers College Record*, Vol. 23, No.5（1922）, p.405.

22 Strayer and Bachman, *The Gary Public Schools: Organization and Administration*（New York: General Education Board, 1918）, p.34; Randolph S. Bourne, *The Gary Schools*（1915）, chapter II.

23 N. L. Engelhardt, N. L. Engelhardt, Jr. Stanton Legett, *Planning Elementary School Buildings*（New York: F. W. Dodge Corporation, 1953）.

24 Ibid. p.20.

25 Ibid. pp.20-21.

26 Ibid. p.30.

27 Ibid. p.132.

28 Ibid. pp.124-133.

29 Ibid. pp.163-167.

30 N. L. Engelhardt & N. L. Engelhardt, Jr. *Planning the Community School*（New York: American Book Company, 1940）.

31 Engelhardt, Engelhardt, and Leggett, *op.cit.* pp.128-133.

32 H-R Hitchcock and Philip Johnson, *The International Style*（1966）武澤秀一訳『インターナショナル・スタイル』（鹿島出版 1978）、佐々木宏『「インターナショナル・スタイル」の研究』（南風社, 1995）など参照。

33 "Praises New Type of German Schools: Latest Buildings There Worthy of American

Study, Says Columbia Professor. Ample Outdoor Facilities," *The New York Times*, Aug. 7, 1932.

34　"Attractive Designs Urged for Schools: Factory-Type Buildings Called Detrimental to Pupils by Columbia Professor," *The New York Times*, Aug. 22, 1937.

35　The Museum of Modern Art, *Modern Architecture: International Exposition,* New York, Feb.10 to March 23, 1932, reprint edition 1969 by Arno Press. 本書は当時の展覧会のカタログである。レスケイズはジュネーブ生まれで 1920 年に渡米、ノイトラはウィーン生まれで 1923 年に渡米。どちらも米国で建築家として活躍した。

36　William Lescaze, "The Meaning of Modern Architecture," *The North American Review,* Vol.244, No.1（Autumn, 1937）, pp. 112-114.

37　Cit. in "Architect Defends Modernistic Type: William Lescaze Declares It Appeals to Wide Variety of Human Needs," *The New York Times*, July 23, 1939.

38　アジールについては、山名淳編『新教育運動における学校の「アジール」をめぐる教師の技法に関する比較史的研究』（平成 23-25 年度科研報告書、課題番号 23531005、京都大学、2014 年 3 月）に詳細な論述がある。

39　シルヴィア・レイヴィン（金出ミチル訳）『形態は欲望に従う――精神分析時代とリチャード・ノイトラ』（鹿島出版会、2010 年）p.93.

40　レイヴィン『形態は欲望に従う』p.181.

41　Neutra, *Survival Through Design*, p.116.

42　レイヴィン『形態は欲望に従う』p.149.

43　B. Lamprecht, *Richard Neutra*（Hon Kong: TASCHEN, 2006）, p.4.

44　Richard Neutra, "New Elementary Schools for America: The Redesign of the Basic Unit of Education — The Individual Classroom — as a Necessity," *Architectural Forum*, Vol.65, No.1（Jan. 1935）, pp.25-36.

45　柳澤要・鈴木賢一・上野淳『アメリカの学校建築』（東京：ボイックス, 2004）p.3.

46　同上　p.6.

47　Washburne & Perkins, "Crow Island School — in Winnetka," 1942, pp.66-67.

48　Caudill, *Toward Better School Design*（New York: F. W. Dodge Corporation, 1954）, p.2. この書物にはノイトラの序文が付されている。

49　Caudill, "Housing the Secondary School of Tomorrow," *Teachers College Record*, Vol. 56, No.7（1955）, pp.393-403.

50　Caudill, *Toward Better School Design*, p.3.

51　Engelhardt, "The Evolving Elementary School Plant," *Teachers College Record*, Vol. 43, No.8（1942）, pp.640-641.

52　Ibid. pp.643-44.

53　Ibid. p.643.

54　Ibid. p.642.

55　Caudill, *Toward Better School Design*, p.23.

第二部　アメリカにおける授業時間割の編成原理

　日米を問わず、一日の時間割を編成する主体は、形式的には教師（校長を含む）であった。教育内容や教科ごとの授業時間数は法令で決めることができても、1日の時間割（日課表）のなかで、どの順番で、どの教科を、どのくらいの長さの時間で授業するか、休憩や休息をいつ入れるか、また、1週間のどの曜日にどの教科を学習させるか等まで、詳細に法令で定めることは不可能である。もちろん、校舎や教室の様態、教師の数、州が示す教育内容の基準などが時間割を決定づける重要な要素であることは明らかである。それにもかかわらず、時間割編成に関しては、授業をする教師に大きな裁量権がある。

　教師が自らの裁量によって時間割を編成していたことは、時間割編成原理と教師の権威との間に密接な関連があったことを意味する。周知のとおり、新教育運動は、教師中心から子ども中心への重力の移動であった。時間割についてみれば、19世紀前半までは教師が権威をもって時間割を編成し、子どもに与えていたが、20世紀になると、子どもの生活やリズムや経験を考慮した時間割を教師が開発したり、子どもが時間割編成に参加したりすることを認める例が現れた。同時に、19世紀末からの教育行政の専門家（教育長など）の出現によって、教師は管理と評価の対象となっており、教師の権威は衰退しつつあった[1]。これらの変化は、時間割編成原理にどのような影響を与えたのであろうか。第二部では、19世紀末から20世紀前半までのアメリカ合衆国の小学校における時間割編成原理の変遷を、教師の権威の変質という観点からとらえ、その転換の過程を解明する[2]。

　アメリカの時間割に関する歴史的研究を直接のテーマとしたものは少ない。参考となるのはカリキュラム史研究と学校経営研究である。カリキュラム史研究は近年になって増えつつあるけれども、それらのほとんどは教科内容と教授理論の分析であり、授業時間割に焦点づけられていない[3]。むしろ参考

となるのは、学校経営に関する古い書物である。それらの中には、授業時間割の編成について論じたものがかなり存在する[4]。当時、学校経営と教授法が区別されていなかったからである。

　時間割の実態を示す資料としては、19世紀以後にアメリカで普及した教授法書が重要な手掛かりを与えてくれる。教授法書は、1770年に出版されたクリストファー・ドック（Christopher Dock, 1698-1771）の『学校規律』（*Schul-Ordnung*）を嚆矢として、19世紀以後、かなりの数が出版されている[5]。これらの教授法書の多くは教師が自分自身の実践経験に基づいて著したものであり、当時の授業の実際を反映していたと考えられる。その中には、明治初期に日本語に訳され、紹介されたものも少なからずある。日本の時間割編成原理の出現を知る上でも、アメリカでの時間割編成原理を見ておくことが必要である。19世紀末になると、新教育の影響を受けて、いろいろな学校で授業の改革が始まった。個別の学校の教育実践は、教育委員会記録、全米教育協会や進歩主義教育協会などの団体の機関誌などをとおしてかなり収集することができる。それらを時間割の観点から整理してみる。

註

1　宮澤康人は、教師の権威の衰退が多くの国で認められる現象であるとして、アメリカを中心に比較史的に検討している。そのうえで、「新教育の思想と行動の中には、教師の権威を成り立たなくさせる要因が、陰に陽に、はらまれていたのではないか。………ところが、これまでの新教育史の研究では、教師の権威がどうだったかということはあまり問題にされない」と指摘している。『教師の権威の類型への予備的試論──大人と子供の関係史の視点から』（科研報告書、代表者：宮澤康人、1992）、磯田一雄編『日本の教育課題　9　教師と子どもとのかかわり』（東京法令出版、1998年）所収、507頁。

2　校長は教師の立場を代弁すると同時に学校経営者でもある。その立場と権威は教育行政官としてのものか、教師としてのものか区別は難しい。校長と教師の立場の違いや専門性の分化は重要な検討課題であるが、教師も校長も時間割を編成する主体であった点では同じなので、本稿ではあえて区別はしない。Kate Rousemaniere, "Go to the Principal's Office: Toward a Social History of the School Principal in North America," *History of Education Quarterly*, Volume 47, Issue 1（Feb. 2007）, pp. 1-22.

3　たとえば、佐藤学『米国カリキュラム改造史研究──単元学習の創造──』（東京大学出版会、1999）は、20世紀初頭の進歩主義学校の時間割の実践を知るうえで参考にはなる。

4　William C. Bagley, *Classroom Management*（New York: Mcmillan, 1907）; Arthur Cecil Perry, *The Management of a City School* ,（New York: Mcmillan, 1908）; William Estabrook Chancellor, *Class Teaching and Management,*（New York: Harper & Brothers, 1910）など。

5　もっとも、19世紀以前では、教授法というジャンルはなかった。時間割については、学校経営（school keeping, school government, management）または学校組織（school organization）について述べたものの中で論じられていた。教授法と学校経営とは区別されていなかったのである。Cordray の調査によると、学校経営に関する書物は、1770年から1911年までに62冊あったという。本稿で分析したものの多くは、実は学校経営に関する書物である。Edward Burdette Cordray, "An Analysis of American School Management Textbooks from 1770 to 1911," Ph.D. diss. University of Pittsburgh, 1956.

第5章　コモン・スクール成立期の時間割
──神の代理としての教師──

はじめに

　本章では、19世紀半ばに、アメリカでコモン・スクールが普及し始めたころの授業時間割の実態を確認する。そして、時間割の背後に、時間割作成者であった教師の権威があったことを示し、時間割を作成する教師の権威の根拠はどこからきていたかを考察する。

I　神と自然の支配する時間

　機械時計が日常生活の中に普及する以前の社会では、人々は、時計よりは、自然のリズムに従って活動していた。中世以前にも日時計や砂時計は存在していたものの、ひとびとは時計に縛られた生活をしてはいなかった。現代人にとっては時計のない生活はほとんど考えられないが、19世紀前半までは、時計が貴重品であり、日常生活を縛るほど、普及していなかったのである。

　自然のリズムに基づく時間は、造物主である神の権威の象徴であった。自然は神の意志の反映であるから、自然の秩序に従うことは、神の意志に従うことでもあった。時間は自然の秩序そのものであり、人間は時間を浪費してはならなかった。とりわけ、プロテスタンティズムでは、勤勉と時間厳守の徳が強調された。典型的アメリカ人と言われているベンジャミン・フランクリンは「時間を無駄にしないこと」を強調し、その徳目を実行するために24時間をどのように使うか緻密な計画を立てた[1]。1820年代から40年代にかけて、子ども用の読本を書いていたライマン・コッブ（Lyman Cobb, 1800-1864）も、「時間は神が我々に託した信用と考えるべきで、人生の最後に貸し

借りを清算する」[2] と述べていた。時間を大切にすることは神に対する人間の義務であった。

　子どもは自然のリズムに従うように教えられた[3]。たとえば、18世紀末に出版され、19世紀を通して小学校の読本として最もよく使用されていた『アメリカン・スペリング・ブック』は、自然に従った行動をとるように次のように子どもに促していた。「時間は置時計や懐中時計、文字盤や砂時計で計測されます。………昼を作るのは、太陽の光であり、夜を作るのは地球の陰です。………昼は労働のため、夜は休息のためにあります。子どもは早く寝るべきです」[4]。また、19世紀半ばから小学校でよく使用された『マクガフィー読本』にも「太陽は東から昇り、西に沈みます。太陽が南のずっと遠くにあるときは寒く、北のほうにまで来るときは暖かいのです。………太陽が沈めば、鳥は眠ります。小さな子どもは寝床に入るべきです。太陽が昇れば、鳥は目を覚まし、歌います。鷲は高く空に舞い上がり、獲物を探します。フクロウは光の当たらないところに身を隠します」[5] と子どもに教えていた[6]。さらには、時間を大切にすべきことを教えるために、「くずぐずしないように。遅れると、やがて最後には災難や罪悪に巻き込まれてしまいます」[7] と、自然の時間の流れに従うことを勤勉の道徳と結びつけた。

II　学校の秩序維持のための時間割——教師の権威

　コモン・スクールの時間割は自然の秩序と神の権威のもとで作成された。それをよく示しているのが当時の教授法書である。19世紀の教授法は、ほとんど例外なく、学校の秩序を重視した。アメリカで最初の教授法書とされているのはクリストファー・ドックの『学校規律（Schul-ordnung）』（1770）である。ドイツ語で書かれたものだが、需要が大きく、初版が出版された同じ年に、第2版も出版された[8]。ドックはその序文で、自らが神の番人であることを宣言したうえで、日常の授業の様子を記述している。この書物から、毎日の授業の内容、開始時刻、継続時間、終了時刻等を知ることができる。授業の開始時刻は一定していなかった。子どもの通学距離が様々であるか

ら、一斉に授業を始めることができなかったのである。早く登校した生徒は男女別々にベンチに座って聖書を読みながら、遠くからの生徒の登校を待った。遠くから通ってくる生徒も、近くからくる生徒も、みな集まったところで、いっしょに賛美歌を歌いはじめた。教師が生徒に「勤勉で従順であるか」と問うてから、授業は開始された[9]。昼食の後、約1時間の自由時間があったが、読む能力の劣る生徒は旧約聖書の一部を読まなければならなかった。子どもは教師の許可を受ければ部屋を出ることができた[10]。まだ時計は使用されておらず、厳密に時間を守ることは想定されていなかった。このような状況をみると、実際には、神の番人である教師が時間割を決めており、融通の利く時間割であったということができる。時間の使い方についての教師の裁量は大きかったのである。

1823年にアメリカで最初の師範学校を設立し、「アメリカにおける教員養成機関の実際的開拓者」[11]として活躍したサミュエル・R・ホール（Samuel R. Hall, 1795-1877）の著した『学校管理法講義』（1829）を取り上げよう。彼は「秩序は天が定めた最初の法則である」[12]というアレクサンダー・ポープの格言を示し、生徒を秩序正しく統治する方法を具体的に述べている。彼は、「あらゆることを、適切な時期にすることによって、（教師は）混乱を避けることができる」[13]という。生徒の学習の順序も、「自然の秩序」に従って、子どもが容易に理解できるものから始めなければならないと説いた[14]。生徒を統治するためには、統治が公平であること、画一的であること、毅然としたものであることなどが重要であるとした。そして、「教師はどこにいても、どんな時でも、主人でなければならない」[15]と、生徒に対して教師が権威をもつべきであると主張した[16]。この書は、自然の秩序にしたがった学習と、それを生徒に理解させる教師の権威を強調していたのである。

1830年代に師範教育のテキストとしてしばしば広く使用されたのが、『教師、あるいは若者を教育し統治する際の道徳的影響力』（1833）であった。著者はジェイコブ・アボット（Jacob Abbott, 1803-1879）である。彼は会衆派の牧師でもあり、学校の教師でもあった。また、子ども向けの教訓的な読み物ロロ・シリーズ（28冊）を出版して、人気を博した児童作家でもあり、

その作品は「子どもの養育や教育法や道徳教育における進んだ考え方を示す入門書」[17] であった。『教師』のなかでアボットは、教師は神の代理であり、独裁者でなければならない、と教師の絶対的な権威を強調した[18]。彼は、「学校全体を通して、(教師には)説得ではなく、権威の雰囲気と態度がなければならない。教師は独裁者でなければならないのだ。…教師は自分に究極的な権威があるとの考えに基づいてすべての計画を立てているという事実が、すべての生徒に完全に明らかにされてよいのである」[19](アンダーライン部の原文はイタリック)と述べている。アボットが重視したのは、時間割の厳守よりも、時間割に生徒を従わせるという、教師の権威であった。

　1830年にボストンで設立され、アメリカのコモン・スクール運動を理論的に主導していたアメリカ教育会(American Institute of Instruction…以下 A.I.I.)でも同じような議論がされていた。A.I.I. の初代会長を努めたフランシス・ウェイランド(Francis Wayland ブラウン大学学長)は、A.I.I. 創立大会において、「造物主の法に従うことを教えるのが教育の目的」であると明言し、一刻も時間を無駄にせず、宇宙の法則を習得させるための方法を論じた[20]。このように、教室は神の創造した秩序を反映した神聖な場所と見なされていた[21]。19世紀の多くの教授法書が頻繁に引用した「秩序は天が定めた最初の法則である」という格言は、この文脈で理解することができる[22]。

　開発主義の教授法書として日本に紹介されたノルゼント(Charles Northend, 1814-1895)の『教師への助言、または学校の規律と教育についての指針と方法』(1859)も、教師の権威を強調した。ノルゼントは、コネチカット州、マサチューセッツ州などで師範学校長や教育長などを務め、1860年代のアメリカにおける教員養成に大きな影響を与えていた。彼は教師に向かって、「生徒が造物主の栄光を増すものとなるようにすること」[23] が教職の使命であり、「あなたは偉大なる教師(＝神)の代理人にすぎないのであり、その責務をきちんと果たしているか説明するように、神があなたに要求していることを一日も忘れてはならない」[24] と述べていた。さらに「もし地球上のどこかに、秩序(アンダーライン部の原文はイタリック体)が、徹頭徹尾、最も高貴な法として存在している場所があるとすれば、それは学校の教室(school-room)

140 第二部 アメリカにおける授業時間割の編成原理

である」[25]と考えた。ノルゼントによれば、父親が家族の主人であるように、教師は学校の主人であった[26]。学校は神聖な場所であり、教師が生徒に秩序を教え込むことが教師の役割であることを強調した。ノルゼントは教師の権威を、神の代理であるとともに、親代わり（in loco parentis）としてとらえていた[27]。

　このように、19世紀半ばまでに書かれた教授法書は、学校の秩序を維持することを教師の責務とみなし、その権威は自然と神と親に由来すると述べていた。この時期の教授法書は、学校が自然と神の定めたとおりの秩序ある状態であることを理想とし、この状態を実現するために、教師の権威を認めていたのである。教師の権威は神に与えられたものであり、絶大であった。時間割はその権威の象徴であった。

III　南北戦争前の時間割の実態

　19世紀半ば以前の師範学校で広く使用された教授法書によって、当時の時間割の実態をみてみよう。時間割についてかなり詳細に述べたのは、先にあげたアボットの『教師、あるいは、若者を教育し統治する際の道徳的影響力』（1833）である。この書物は題名のとおり、教師が若者に道徳的な影響力を与えること、つまり、若者を自ら秩序にしたがい、時間を守ろうとする意志をもつように教育するための方法を述べたものである。彼は「子どもは整然とした手順と規則を好むものである。………彼らを魅惑するのは、その中にある秩序である」[28]という。そして、教室のなかに秩序を作るための方策を考案した。

　アボットが実施した時間割が**図5-1**である。彼自身、かつては授業が時間どおりに進められず、一日の最後の授業が実施されないまま終わってしまうことがしばしばあったという。そこで、このような時間割を作成して、教室に掲げた。二重線は2分間の休息、Rは休憩recess、Gは全体授業（general exercise）である。それによると、9時から読み方、10時から書き方、11時から算数、午後2時から文法、3時から書き方、4時から地理となっている。

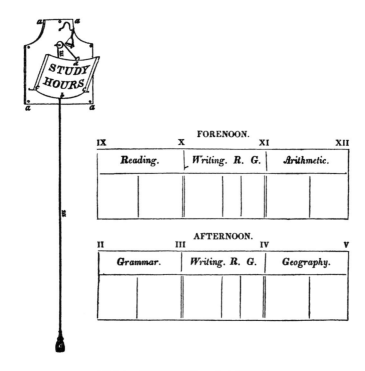

図 5-1　学習時間プレートと時間割

出典：Abbott（1834）, p.41, 52

1時間が30分ずつ2分割されており、25分たったところで時間番がベルを鳴らす。その後の5分間は、小声で話すことが許されている。このような時間区分を守るために、教師の机の一方の側に時計を掛け、もう一方に「学習時間」のプレート（図5-1の左）を掛けておく。「学習時間」プレートが高く揚がっているときは、生徒は静かに学習し、完全に下がっているときは自由に動き回ることができる。プレートがその中間にあるときは、生徒は席を離れて小声で仲間と話すことが許される[29]。とくに、生徒が小声でおしゃべりする時間を限定することはアボットの重要な狙いであった[30]。

　実際に生徒が時間割を厳守したとは考えにくい。プレートを中途半端なところに掛けて、小声で話す時間が設定されていたことや、休憩（R）と全体

授業（G）の時間が適宜入っていたからである。また、アボット自身、「私は時間を規則的に分割したプランを作成したが、コモン・スクールがそれを採用すべきであると主張しているのではなく、模倣してもよいということだ」[31]（アンダーライン部の原文はイタリック）と自分の経験にもとづく時間割案を提示しているに過ぎないとみずから認めていた。決まった時間割を厳守することを期待していたわけではない。授業を時間割どおりに進めようとするアボットの意図は読み取れるが、授業は厳密に時間割に縛られてはいなかった。厳密さよりも、教師が自主的に決めることができる点が重要な意味をもっていたのである。

A.I.I. 創立者のひとりで、1841 年から 1848 年まで会長を努めた G.B. エマーソンの『学校教師（Schoolmaster）』（1842）も、授業の時間割を具体的に示している。彼は教師の資質として、「教師は秩序を愛する人であるべきだ」[32]との信念を表明したが、彼の提示した時間割も実は、相当に柔軟なものであった。**表 5-1** をみると、一見、時間割を詳細に定めているようだが、実は厳密でないことはすぐわかる。8 時 10 分から 8 時 40 分までの時間は、重要性に応じてレッスンの時間が 10 分だったり、15 分だったり、30 分だったりする。8 時 10 分から 10 時までの間に、短い休息又は休憩が 2 回はいることになっているが、厳密にその時間を守ることは想定されていない。エマーソンは、「教師の見識と経験によって、利用してもよいし、修正してもよい」との前提のもとでこの時間割表を示し、そのあとで、さらにつぎのように続けていた。「この進め方に厳密にこだわるようにアドバイスはできない。どの領域の学習も、続けているうちに難易度や興味が異なってくる。ある領域の学習は 15 分で手早く終えても、つぎの領域の学習は 30 分かかるかもしれない。通常の時間なら終了すべき時なのに、そのときになって学習に熱中し始めるようなこともしばしばある。そんな場合は、次の学習を完全に省略する方が、授業を中途半端に短く切り上げるよりもよい。価値ある授業は、（時間を）与えられるべきものというより、重要性を認められるべきものなのである」[33] と述べている。つまり、この時間割もかなり柔軟に扱われており、教師が自分の経験にもとづいて自由に修正することができたのである。

このように、19 世紀前半の教授法書をみると、教師が自らの判断で時間割を作成していたことがわかる。時間割は厳密には守られておらず、教師の都合によって変更が可能で、融通が利くものであったと言える。

おわりに

19 世紀の前半、コモン・スクールが普及したころ、「秩序は天が定めた最初の法則」であったから、教師の主要な仕事は、自然と神が定めた秩序を学校の中に貫徹させることであった。ほとんどの学校には教場がひとつしかなく、様々な年齢の子どもが混在していたとき、子どもをきちんと座らせ、時間を守らせることは、教師にとっては厄介だが、重要な仕事であった。したがって、19 世紀半ばまでの教授理論書には、学校と教室の「秩序」を維持する方法が満載されていた。時間割は神の決めた法則を、子どもに教えて、教室の秩序を維持するための方策のひとつであったのである。

だが、確認しておくべきことは、時間割を厳密に守ることではなくて、教師が時間割を作成できたという事実である。教師は自然の秩序や神の権威を背景にもっていたのである。この意味で、時間割は教師の権威の象徴であっ

表 5-1　エマーソンの提示した時間割

8:00	福音書または聖書の一節を読む
8:10	前日の夜に用意したレッスン
	10 分間、15 分間、または 30 分間（クラスの人数とレッスンの重要性による）
8:40	質疑応答の時間。席を離れて話をしてもよい。
8:42	レッスン
9:10	休息（rest）
9:12	レッスン
9:40	休憩（recess）
9:50	義務と自然法について。10 分ないし 20 分
10:00 or 10:10	レッスン（30 分間）
10:30 or 10:40	休息（rest）
10:32 or 10:42	11 時までレッスン

出典：Emerson（1842）, p.404

144　第二部　アメリカにおける授業時間割の編成原理

たとみることができる。

註

1　『フランクリン自伝他』（世界の名著 33、中央公論社、1970 年）174-179 頁。

2　Lyman Cobb, *Cobb's Sequel to the Juvenile Readers; Comprising a Selection of Lessons in Prose and Poetry* (Havana, New York: Henry W. Ritter, 1832), p.16. なお、本節は、マイケル・オマリー（高島平吾訳）『時計と時間：アメリカの時間の歴史』（晶文社、1994 年）から示唆を受けたところが多い。

3　ゲルハルト・ドールン‐ファン・ロッスム（藤田幸一郎・篠原敏昭・岩波敦子訳）『時間の歴史：近代の時間秩序の誕生』（大月書店、1999 年）、角山栄『時計の社会史』（中公新書、1984 年）、等参照。

4　*Noah Webster's American Spelling Book*（1831）, reprinted in *Classics in Education Series*, No.17（Teachers College, 1962）, p.69.

5　William H. McGuffey, *McGuffey's Newly Revised Eclectic Second Reader*,（Cincinnati: Sargent, Wilson & Hinkle, 1853）, p.20.

6　マクガフィー読本については、藤本茂生『アメリカ史のなかの子ども』（彩流社、2002 年）第 6 章を参照。

7　William H. McGuffy, *McGuffey's Third Eclectic Readers*（Revised Edition）（Cincinnati and New York: Van Antwerp Bragg & Co., 1879）, p.57.

8　Frederick Ohles et al. eds. *Biographical Dictionary of American Educators*（Westport, Conn.: Greenwood Press）, Vol.1, p.383（J. Marc Jantzen）.

9　Christopher Dock, *Schul-ordnung*（1770）in *Life and Works of Christopher Dock, America's Pioneer Writer on Education, with a Translation of His Works into the English Language* by Martin G. Brumbaugh（Philadelphia: J. B. Lippincott co., 1908; rep. ed. Arno Press, 1969）, pp.104-109.

10　Dock, op. cit. pp.105-110.

11　小野次男『アメリカ教師養成史序説』（啓明出版、1976 年）103 頁。

12　Samuel Hall, *Lectures on School-keeping*（1829）, rep. Arno Press, 1969, p.56. なお、"Order is Heaven's first law." の出典は、Oxford English Dictionary（CD-ROM, Oxford University press, 2004 年）. によると Alexander Pope, *An Essay on Man*（1734）. である。

13　Hall, *Lectures on School-keeping*, p.73.

14　Hall, *Lectures on School-keeping*, p.75.

15　Hall, *Lectures on School-keeping*, p. 67. アンダーライン部は原文ではイタリック体

16　ホールについては、鈴木清稔の論文が参考になる。鈴木によると、権威者としての教師と信奉者としての生徒の間の情愛の関係が、生徒に自発的な服従を生み出した。「愛による習慣の形成── S・R・ホールのスクール統治論──」田中智志編著『ペダゴジーの誕生──アメリカにおける教育の言説とテクノロジー──』（多賀出版、1999 年）193-218 頁。

第 5 章　コモン・スクール成立期の時間割　145

17　ピーター・ハント編（さくまゆみこ他訳）『子どもの本の歴史』（柏書房、2001 年）139 頁。

18　Jacob Abbott, *The Teacher, or, Moral Influences Employed in the Instruction and Government of the Young,* (London: W. Darton and Son, 1834?), pp.55, 209.

19　Abbott, op. cit., pp.189-190.

20　Francis Wayland, "Introductory Discourse," *The First Annual Report of the AII* (1831), p.4, 16.

21　石附実編著『近代日本の学校文化誌』（思文閣、1992 年）、43-44 頁。

22　サミュエル・ホールの書物の他に、19 世紀半ばによく利用された D. ペイジの教授法書『教授の理論と実践』、ニュージャージー州トレントンの州立師範学校の校長を努めたフェルプスの教授法書なども、この文言を引用している。David Page, *Theory and Practice of Teaching or, the Motives and Methods of Good School-Keeping* (Syracuse, 1847; rep. New York: Arno Press, 1969), p.148 ; William F. Phelps, *The Teacher's Hand-book for the Institute and the Class Room* (New York: A.S. Barnes & Co., 1874), p.203.

23　Charles Northend, *The Teacher's Assistant or Hints and Methods in School Discipline and Instruction* (New York: A.S. Barnes & Co., 1859), p.11. ファンカステール訳『教師必読』文部省、1876 年。

24　Charles Northend, *The Teacher's Assistant*, p.26.

25　Charles Northend, *The Teacher and the Parent: A Treatise upon Common-school Education*, (First edition 1873, New Edition, Syracuse, N.Y.: C.W. Bardeen, 1895), p.106.

26　Charles Northend, *The Teacher and the Parent*, p.106.

27　ノルゼントについては、石附実編著『近代日本の学校文化誌』（思文閣, 1992 年）43-44 頁が参考になる。

28　Abbott, *The Teacher,* p.53.

29　Abbott, op. cit., pp.50-53,210-222.

30　Abbott, op. cit., p.40.

31　Abbott, op. cit., p.51.

32　George B. Emerson, *The Schoolmaster* (New York: Harper & Brothers, 1842), p.284.

33　Emerson, op. cit., p.404.

第6章　工業化時代の時間割
――管理の対象としての教師――

はじめに

19世紀後半になると、詳細な時間割を掲載した教授法書や学校管理法書が増えてくる。しかも、時間割の多くは教師が自由に変更することが困難なものであった。このような詳細で厳密な時間割が出現した背景と経緯、そして、それが教師の権威にどのような影響を与えたかをみていこう。

I　機械時間の普及と学校経営の能率化

19世紀後半は西洋において、自然のリズムにもとづく時間から機械の動きにあわせた時間への転換があった時期、いいかえると、日常生活の中でも不定時法に代わって定時法が主流になった時期であった。不定時法は、一日のうち明るい時間を分割して単位時間を決めるのに対して、定時法では、一昼夜を分割して単位時間を決める。したがって、不定時法では、昼間についていうと、同じ単位時間でも冬には短く、夏には長くなる。定時法では、1時間の長さは1年を通して同じである。不定時法のもとでは、自然のリズムにしたがって人間が生活を営んでいるのに対して、定時法のもとでは、時計が人間の生活リズムを統制している。日常生活に時計が浸透したこと、機械化された工場の生産性向上の目安として時間が注目されたこと、鉄道と時刻表が普及したこと、さらに標準時が導入されたこと（アメリカでは1883年）などを契機として、人間の生活がますます時間に縛られるようになった。その傾向は早くも中世末から現れてはいたが、とりわけ19世紀末に、急激にわれわれの生活を変えていった。「機械（すなわち時計――筆者）が人間の行

動パターンをつくった」[1]のである。

　西洋において近代的な時間秩序が出現した過程を描いたロッスムによると、学校で時間割が出現したのは、15世紀中葉以降とされている。学校で学習させるときに、章や節ごとに区切るのではなく、テーマごとに一定の時間を与える方法、さらに、砂時計を使って測定した時刻のリズムで授業を区分する方法が普及した[2]。資本主義が発展すると、公立学校にも一定時間内に最大の成果を上げようとする教育改革への動きが生じた。19世紀後半に、専ら能率を追求する学校経営の方法として、時間割編成の方法が論議され始めたのは自然な成り行きであった[3]。

　教室に時計を置くべきであるという主張は19世紀半ばから登場していた。学校に秩序を確立することと、子どもに時間厳守の習慣を教えることとが結びついたのである。そこで利用されたのが、19世紀になって一般に普及した時計と時間割であった。時計は、1826年当時では「まだ比較的珍しく」、1840年代になって、「職工や農夫、職人、人夫たちにもはじめて手のとどくもの」になっていた[4]。1830年代以後の教授法書から、時計の示す時間についての言及が見られ[5]、時計を学校経営上の必須の備品とするものも登場した[6]。19世紀の半ばを過ぎると、「クロックは学校の教室には不可欠のものといえるだろう。ただし、それが手に入らない場合は、教師のもっている携帯時計がすべての学習を規則正しくすべきである」[7]と提案する教授法書もでてきた。こうして、19世紀の半ばに時計が学校にあるのが普通になったとき、機械で測る時間（機械時間）を守ることが現実味を帯びてきた。時計は時間を守る習慣をつけるための備品となったのである。

II　授業のシステム化と時間割の厳密化

　学校経営と授業の能率をあげるために考案されたのがクラス（学級）とグレイド（等級）であった。クラスは児童・生徒が所属する集団であり、グレイドは教育課程を易しいものから難しいものへと段階づけたものであった。これらが、能率を追求する厳密な時間割を成立させる根拠になった。その経

148 第二部 アメリカにおける授業時間割の編成原理

緯をみてみよう。

1 クラスの出現

19世紀半ばの師範学校で最もよく利用された教授法書のひとつが、我が国にも広く紹介されたペイジ（David Perkins Page, 1810-1848）の『教授の理論と実際』である。『彼日氏教授論』として文部省訳があるほか、数種類の邦訳が刊行されている[8]。同書には、**表 6-1** のような授業時間割の具体例が掲

表 6-1　D. ペイジの示した時間割

時刻	割当時間	教師による口頭授業など	生徒の自習
9:00-9:15	15	聖書と祈祷	
9:15-9:40	25	D: 読書・綴字・石盤での練習	A: 読書 B: 算数 C: 地理
9:40-9:42	2	休息、学級の組替など	
9:42-10:00	18	A: 読書	B: 算数 C: 地理 D: 石盤
10:00-10:05	5	休息、歌唱、質問への回答	
10:05-10:25	20	B: 算数	A: 文法 C: 地理 D: 図書・カード
10:25-10:28	3	休息など	
10:28-10:48	20	B & C: 地理	A: 文法 D: 休息
10:48-11:00	12	休息	
11:00-11:15	15	D: 読書など	A: 文法 B: 暗算 C: 綴字
11:15-11:35	20	A: 文法	B & C: 綴字 D: 石盤
11:35-11:50	15	B & C: 綴字	A: 暗算 D: 図書・カード
11:50-12:00	10	全体授業	
		休憩	
2:00-2:15	15	D: 読書、綴字、石盤での練習	A: 算数 B: 読書 C: 読書
2:15-2:45	30	A, B, & C: 作文	D: 石盤
2:45-3:10	25	A & B: 暗算	C: 暗算 D: 休息
3:10-3:30	20	C: 読書	A & B: 算数 D: 図書など
3:30-3:40	10	休息	
3:40-4:00	20	B: 読書	A: 算数 C: 暗算 D: お絵描
4:00-4:05	5	休息、歌唱	
4:05-4:25	20	C: 暗算	A: 読書 B: 算数, 製図 D: 石盤
4:25-4:55	30	A: 算数	B: 算数, 製図 C: 製図 D: 下校
4:55-5:00	5	全体授業、および下校	

出典：David Page（1847, 1857 ed.）, *Theory and Practice of Teaching*, p.226

載されている[9]。この学校は、生徒が 30 人、教師がひとりである。30 人の生徒を A，B，C，D の 4 つのクラスに分け、時間を区切って、各クラスを教師による口頭教授（recitation）と生徒の自習（study）に振り分けている。A クラスが授業を受けるのは、9 時から 15 分間の聖書と祈祷を除けば、9 時 42 分から 18 分間の読書、11 時 15 分から 20 分間の文法、2 時 15 分から 30 分間の作文と 2 時 45 分から 25 分間の暗算、4 時 25 分から 30 分間の算数で、合計 123 分である。残りの時間は自習か休息または歌唱などで、その時間数は表から計算すると 170 分である。自習の時間に生徒が時間を厳守したとは考えにくいが、ペイジが四つのクラスにバランスよく時間を使おうとしていた意図を読み取ることができる。ひとりの教師が複数のクラスの授業をするからには、クラス毎の時間区分は不可避であり、いったん決めた時間割は容易に変更することはできないはずである[10]。

　19 世紀末の学年制のない学校の授業時間編成も、ひとりの教師が複数のクラス[11]に授業をする場合に、どのように時間を割り振るかという観点から作成された。ミズーリ州の州立師範学校校長であったボルドウィンが『学校管理の技術』（1884）のなかで挙げている時間割例が**表 6-2** である[12]。学年制のない学校における理想的なプログラムとして、これを示している。左端の欄が口頭教授（recitation）を受けるクラス（division）、その右の欄が時間、その右は 4 つのクラスが自習する時の内容である。点で埋めてあるところはそのクラスが口頭教授を受けていることを示している。口頭教授の時間が、年少の子ども（D と C）は短く、年長の子ども（B と A）は長い。ボルドウィンが紹介しているニューヨーク州やミシガン州で実施された時間割もほぼ同様である[13]。どの教師も複数のクラスを担当し、それにあわせて口頭教授の時間と回数を決めていたのである。ニューヨーク州立師範学校（オルバニー）の実験学校責任者であったケロッグは、ひとりの教師が担当できるクラスは最大で 4 つであり、1 日の口頭教授の回数は 16 回ないし 20 回までとしている。ケロッグが提示した時間割例が**表 6-3** である[14]。

　このように、それぞれのクラスに対して口頭教授の時間と自習の時間を確保するためには、時間の分割が不可欠であった。年齢によって授業時間の長

150　第二部　アメリカにおける授業時間割の編成原理

さを調節することが教師の裁量であるとはいえ、複数のクラスに口頭教授するためには、教師はいっそう時間に敏感にならざるを得ないだろう。クラス数が時間区分を決める重要な要素となり、教師の裁量を制約することになったのである。

表 6-2　学年制のない学校における理想的なプログラム

口頭教授	時刻表	自習			
		D クラス (1-2 年次)	C クラス (3-4 年次)	B クラス (5-6 年次)	A クラス (7-8 年次)
朝の会	8:50- 9:00	……………	……………	文法と作文	文法と作文
C & D 言語	9:00- 9:20	……………	……………		
A & B 文法と作文	9:20- 9:50	幼稚園と言語	言語		
	9:50-10:00	休息			
D 算数	10:00-10:10	……………	算数	算数	算数
C 算数	10:10-10:25	算数	……………	算数	算数
A & B 算数	10:25-10:55	活字・読み書き	算数		
	10:55-11:05	休息			
D 読書・綴字	11:05-11:15	……………	読書と綴字	読書・綴字	地理・歴史
C 読書・綴字	11:15-11:30	活字・読み書き	……………	読書・語源	地理・歴史
A&B 読書語源	11:30-12:00	幼稚園・下校	読書と綴字		
	12:00-1:00	昼休み			
D 地理	1:00-1:10	……………	地理・歴史	地理・歴史	地理・歴史
C 地理・歴史	1:10-1:25	地図作成	……………	地理・歴史	地理・歴史
A&B 地理・歴史	1:25-1:55	幼稚園作業	地理・歴史		
	1:55-2:05	休息			
D 読書と綴字	2:05-2:15	……………	絵画・作文	絵画・作文	絵画・作文
作文・絵画	2:15-2:40	……………			
歌唱	2:40-2:55	……………			
	2:55-3:05	休息			
D 口頭作業	3:05-3:15	……………	口頭作業	口頭作業と作文	口頭作業と作文
C 口頭作業	3:15-3:30	活字・作文	……………	口頭作業と作文	口頭作業と作文
A&B 口頭作業	3:30-4:00	幼稚園・下校	作文		
全体作業と下校	4:00-4:10	……………			

出典：Baldwin（1884）, *The Art of School Management*, pp.258-259

第 6 章　工業化時代の時間割　151

表 6-3　ケロッグの提示した時間割

時刻			学級	授業内容
開始	終業	時間		
9.00	9.05	5		朝の会
9.05	9.15	10	4	読書
9.15	9.30	15	3	読書
9.30	9.50	20	2	読書
9.50	10.10	20	1	読書
10.10	10.25	15		休息
10.25	10.30	5		歌唱
10.30	10.45	15	4	綴字
10.45	11.00	15	3	算数
11.00	11.20	20	2	算数
11.20	11.40	20	1	算数
11.40	12.35	55		休憩
12.35	12.40	5		歌唱
12.40	1.00	20		書き方
1.00	1.15	15	4	算数
1.15	1.30	15	3	地理
1.30	1.50	20	2	地理
1.50	2.10	20	1	地理
2.10	2.25	15		休息
2.25	2.40	15	4	口頭練習
2.40	2.55	15	3	綴字
2.55	3.15	20	2	文法
3.15	3.35	20	1	文法
3.35	3.50	15	1 & 2	綴字
3.50	4.00	10		その他
4.00	4.05			下校

出典：Kellogg (1884), *School Management*, p.87

152 第二部　アメリカにおける授業時間割の編成原理

2　グレイドへの時間配分

　19世紀末に時間割編成に大きな影響を与えたもうひとつの要因は、グレイドの出現であった。教科の内容を難易度によって段階づけることがグレイド（等級）づけである。1848年にボストンのクィンシー・グラマー・スクールが等級づけられたカリキュラムを導入したのが全米で最初というのが定説である [15]。これ以後、都市部ではグレイドをもった学校が急速に普及し、1860年代までには一般的になっていた [16]。たとえば、セント・ルイスでは、1870年には各学年で学習すべき内容と学習の段階を、テキストの頁として示した [17]（表6-4）。

　グレイドが出現すると、各教科の各グレイドに費やすべき時間数を割り当てたコース・オブ・スタディが作成された。C・H・マンの調査によれば、その最も早い例は、1855-56年のクリーブランド市であった [18]（表6-5）。この表によると、第一等級では、1週間の開校時間が1800分（30時間）であり、そのうち、3R's に1400分、内容教科に175分、特別教科に225分が割り当てられていた。3R's の中は、読み方と綴りに1325分、算数に75分、内容教科では、地理に75分、理科・実物（oral instruction）に100分、特別教科では、休息に150分、朝の会に50分、点呼に25分となっていた。マンは、1870年前後にこのような時間配分スケジュールがあった6つの都市を紹介し、「等級毎にそれぞれの教科に割り当てられる時間数を含むこのようなプログラムが、多くのニューイングランドの都市で使用されたことは間違いない」[19] と述べている。これ以後、教科内容のグレイドとともに、その内容を学習するために割り当てられた授業時間数とがセットになって、コース・オブ・スタディに記載されることが増えたのである。

　教科の内容とそれに割り当てるべき時間数が決まったのち、教師はそれを前提として、一日の授業時間割を作成する。1862年にシカゴ市の教育長ウェルズは『等級制学校:段階づけられた学習指導要領』[20] を公表し、ニューヨーク州立オスウェーゴー師範学校で実施されていた時間割を紹介している（表6-6）。この書はその後多くの師範学校でテキストとして広く使用され、ここで示された授業時間割は19世紀後半の都市の等級制学校の典型的なものの

表6-4　セント・ルイス市における教科内容の学年配当（1870年ころ）

学習用テキスト	第七等級 学期				第六等級 学期				第五等級 学期			
	I.	II.	III.	IV.	I.	II.	III.	IV.	I.	II.	III.	IV.
プリマー	カード	30	72									
第一読本				41	81	120						
第二読本							50	108	162	216	R*	
第三読本												60
中間読本												
第四読本												
第五読本												
綴字											24	44
算数の最初の学習				20	40	60	80	95				
初歩算数									26	52	78	104
中間算数												
商業算数												
知的算数												29
初級地理									20	49	R*	60
上級地理												
文法												
歴史と憲法												
本を書く												
歌唱												
徒手体操												

学習用テキスト	第四等級 学期				第三等級 学期				第二等級 学期				第一等級 学期			
	I.	II.	III.	IV.	I.	II.	III.	IV.	I.	II.	III.	IV.	I.	II.	III.	IV.
プリマー																
第一読本																
第二読本																
第三読本	120	180	216	R*												
中間読本					65	130	105	260	R*							
第四読本									56	112	168	224	280	336	R*	
第五読本	64	82	100	115	133	148	162	180								
綴字	130	156														
算数の最初の学習			52	104	156	208	260	312								
初歩算数									50	100	150	200	250	300	350	394
中間算数	42	56	65	78	R*	91	107	118	128	141	156	168				
商業算数	83	R*														
知的算数							19	38	51	64	76	R*	34	76	100	R*
初級地理									27	46	58	75	100	122	164	R*
上級地理															114	348
文法																
歴史と憲法																
本を書く																
歌唱																
徒手体操																

註）横線は、そのコースのなかで異なった学習とテキストを続けることを意味している。数字は、縦に示した
　　学期の終わるまでに、その生徒が進むべきテキストの頁を示している。
　　＊は復習
出典：*American Journal of Education*, Vol.19（1870）, p.534

154　第二部　アメリカにおける授業時間割の編成原理

表 6-5　1週間あたりの教科別時間配当（クリーブランド市、1855-56年）

教科	第一等級		第二等級		第三等級	
	分	%	分	%	分	%
読み・書き・計算						
読書と綴字	1325	73.6	1325	73.6	1100	61.1
算数	75	4.2	75	4.2	165	9.2
作文						
読み・書き・計算　合計	1400	77.8	1400	77.8	1265	70.3
内容教科						
地理	75	4.2	75	4.2	160	8.9
口頭教授	100	5.5	100	5.5	150	8.3
内容教科　　　合計	175	9.7	175	9.7	310	17.2
特別教科						
製図						
音楽						
休息	150	8.3	150	8.3	150	8.3
朝の会	50	2.8	50	2.8	150	2.8
点呼	25	1.4	25	1.4	25	1.4
特別教科　　　合計	225	12.4	225	12.5	225	12.5
全教科合計	1800	100	1800	100	1800	100

第四等級		第五等級		第六等級		全等級の合計時間	
分	%	分	%	分	%	Min.	%
1100	61.6	540	30	540	30.3	5930	54.9
165	9.2	520	28.9	520	28.9	1520	14.1
		60	3.3	60	3.3	120	1.1
1265	70.3	1120	62.2	1120	62.2	7570	70.1
160	8.9	265	14.7	265	14.7	1000	9.2
150	8.3	100	5.6	100	5.6	700	6.5
310	17.2	365	20.3	365	20.3	1700	15.7
		30	1.7	30	1.7	60	0.6
		60	3.3	60	3.3	120	1.1
150	8.3	150	8.3	150	8.3	900	8.3
50	2.8	50	2.8	50	2.8	300	2.8
25	1.4	25	1.4	25	1.4	150	1.4
225	12.5	315	17.5	315	17.5	1530	14.2
1800	100	1800	100	1800	100	10800	100

註）口頭教授については、1855-56年のクリーブランド年次学校報告書に、以下の説明がある。「口頭教授は、いろいろな科目についての一般的な練習であって、年齢の異なる生徒にむけて調整されている。低学年の生徒の練習は地球儀、立体についてである。鉱物の標本が展示されて、その特徴と使用法が説明される。毎日、時間の一部はなんらかの道徳の教訓を教え込むことに充てられる。社会的な責任が取り上げられ、人間の行為における善と悪が身近なこととして議論される。そのような授業が価値がある。」

出典：C.H.Mann（1928），*How Schools Use Their Time*, p.17

第 6 章　工業化時代の時間割　155

表 6-6　シカゴ市教育長が示した時間割

§13　口頭教授の回数
以下の配列は一般的なガイドとして役に立つが、実際にはこのやり方から離れることが必要なことも起こるだろう。第一等級の読書授業は、週に2回または3回、第二等級と第三等級では3回または4回、第五等級と第六等級では5回ないし8回、第七等級と第八等級では8回ないし10回となっている。 　　石盤を使った算数は、週に3回または4回すべきである。暗算は、第四等級と第五等級で週に4回または5回、第三等級では3回または4回、第二等級では2回か3回すべきである。数え方は、下級の五つの等級では週に5回すべきである。（以下略）

月曜日	
8:30 to 8:45	朝の会
8:45 to 8:55	道徳
8:55 to 9:15	読書　B -1 クラス
9:15 to 9:20	体操
9:20 to 9:35	計算練習　B-2 クラス
9:35 to 9:45	休息
9:45 to 10:00	場所についての学習　A クラス
10:00 to 10:25	読書　B-2 クラス
10:25 to 10:30	体操
10:30 to 10:50	計算練習　B-1 クラス
10:50 to 11:00	休息
11:00 to 11:20	読書　A クラス
11:20 to 11:40	石盤で書き方練習　B-1 クラス
11:40 to 12:00	計算練習　A クラス
12:00 to 2.00	休憩
2:00 to 2:20	計算練習　A クラス
2:20 to 2:30	動物についての学習　A & B クラス
2:30 to 2:35	体操
2:35 to 2:55	読書　B-2 クラス
2:55 to 3:10	計算練習　B-1 クラス
3:10 to 3:15	点呼
3:15 to 3:30	休息
3:30 to 3:45	綴字　A クラス
3:45 to 4:10	読書　B-1 クラス
4:10 to 4:30	読書　A クラス
4:30	下校

出典：William H. Wells, *The Graded School* (1862) p.34

例であった[21]。

　この時間割表では、短時間の口頭教授が繰り返されている。一週間あたりの口頭教授の回数は、最下級の第8グレイドから最上級の第1グレイドまで、グレイド別の目安を示している。たとえば、読み方については、第8グレイドと第7グレイドでは週に8回ないし10回、第6グレイドと第5グレイ

156　第二部　アメリカにおける授業時間割の編成原理

ドとでは 5 回ないし 8 回、第 4 グレイドでは 4 回ないし 5 回、第 3 グレイ
ドと第 2 グレイドでは 3 回または 4 回、第 1 グレイドでは 2 回または 3 回
である。つまり、グレイドが上がるにつれて、1 回あたりの時間は長くなり、
口頭教授の回数は減少する。19 世紀末には、このような詳細な時間割表が
作成され始めたのである。時間割作成が学校経営上の能率追求のための手段
であり、教師が子どもを管理するための手段であったことは疑う余地がない。

　やや時代が下るが、もうひとつの例として、ホワイト（E. E. White）[22] の
『学校経営』（1894）をみてみよう。彼はグレイドのない学校では、教師が生
徒の学習を監督することが難しいという。ひとりの教師が、年齢も進度も異
なる多数の生徒を複数のクラスに分割して、そのひとつひとつのクラスごと
に一斉授業をしなければならないからである。クラスの数が多ければ、ひと
つのクラスの授業時間は短くなる。教師は、一回あたり 5 分ないし 20 分の
授業を、一日に 20 ないし 30 コマ担当することになる[23]。ひとりの教師が
ひとつのクラスを担当するならば時間割編成は容易であるが、「そのような
例はアメリカにはほとんどない」[24]。このようなプログラムの最大の欠点は、
教師が授業をしていないクラスの生徒には自習をさせなければならないので、
教師が生徒を管理できないことであるという[25]。

　そこでホワイトが提案したのが、スリー・グレイド・プログラム（**表 6-7**）
である。初級は第 1-2 学年、中級は第 3-4 学年、上級は第 5 学年以上である。
各グレイドには複数のクラスがあるので、クラスごとに授業をしようとすれ
ば、10 分や 20 分をさらに細かく区切ることになる。だが、同一グレイドな
らば進度は同程度であるから、同時に授業をすることができる。表の中で太
字になっている部分は、教師による授業が行われる時間である。その他は自
習の時間である。この時間割ならば、学校にひとりの教師しかいなくても効
果的に子どもを管理できるという。教師は生徒につねに課題を与え、生徒は
忙しく学習を続けることになるからである。つまり、時間割編成の目的は、「子
どもに明確な仕事を与える」ことであり、子どもを「忙しくさせておく」[26]
ことであった。学校の能率的な経営にはこのようなシステムが不可欠であっ
た。「システムの欠如は、時間と努力の無駄遣いであり、無秩序の源である。

だが、システムがあれば、秩序があり、能率があがっていることを意味している」[27] とホワイトは述べている。表 6-7 にみるような詳細な時間割は、秩序維持と能率向上を目指して、子どもを管理する手段であった。しかも、時間割がシステムの一部である以上、教師がプログラムを変更することは容易ではなかった。

表 6-7　ホワイトが提案したスリー・グレイド・プログラム

終了時刻	時間	初級（1-2 学年）	中級（3-4 学年）	上級（5-6 学年）
9:10	10	朝の会		
9:35	25	座学＊	算数	**算数**
10:00	25	計算（石盤又は物）	**算数**	地理
10:25	25	**計算**	地理	地理
10:45	20	造形（紙折、棒積等）	地理	**地理**
10:55	10	休息		
11:15	20	黙読	**地理**	文法
11:35	20	**読書と綴字**	造形（地図・砂工作）	文法
12:00	25	下校	読書	**文法**
		昼休み		
1:10	10	＊	＊	＊
1:30	20	造形（粘土、切紙等）	**読書**	読書
1:50	20	黙読	座学＊	**読書**
2:10	20	**読書と綴字**	動物又は植物の学習	米国史又は生理学
2:40	30	**作文[2] 又は言語[3]**	**作文[2] 又は言語[3]**	**作文[2] 又は言語[3]**
2:50	10	休息		
3:10	20	計算（石盤又は物で）	綴字	**米国史又は生理学**
3:35	25	**描画[2]・歌唱[2]・道徳[1]**	**描画[2]・歌唱[2]・道徳[1]**	**描画[2]・歌唱[2]・道徳[1]**
3:50	15	下校	**綴字**	綴字
4:00	10		算数	**綴字**

＊教師が指示する
註）科目の右側の数字は、1 週間あたりの授業の回数。
　　米国史は授業の前半で、生理学は後半に実施する。あるいはそれぞれ週に 2 回実施してもよい。
　　金曜日の最後の 25 分は、衛生学、節制、物理学、博物学などに充てる。
出典：White（1894）*School Management*, p.90

クラスとグレイドができることで、学校経営と授業がシステム化され、詳

細で厳密な時間割が成立したのである。

3　時計による管理の徹底

　19世紀末になると、いよいよ機械時計に基づいた学校運営が徹底された。ウィッカーシャムは、「時計なしでは、学校の運営に必要な規則性（regularity）と組織性（system）はほとんど維持できない。時計は物言わぬ監督者であって、生徒にも教師にも時間が過ぎつつあることをいつも思い出させる。時計がつねに与えてくれる教訓は、『準備万端にしておけ』ということだ」[28] と述べて、時計に従って学校を運営する必要性を強調した。

　時計の動きに合わせることは、時間の節約を意味していた。ラウプ（元デラウェア大学の学長）は、よい時間割の要件として、1　明確な区切りがあること、2　口頭教授の長さが適切であること（学校規模、クラス人数、年齢による）、3　口頭教授の回数は低学年では少なく、高学年では多くすること、4　全教科に適切な時間が与えられていること、などを列挙し、よい時間割の効果は次の6点であると述べている。

　1　生徒が時間割にしたがって学習するようになる

　2　教師が自分の仕事を規則的に組織的（systematic）にこなすようになる

　3　時間の節約になる

　4　生徒は学校外での学習や生活でも規則と組織（system）に従うようになる

　5　新任の教師も前任者と同様に組織的（systematic）な仕事ができる

　6　生徒は授業の予定がわかるので、学習の準備が効果的にできる[29]。

生徒が時間割に従うとは、実際には時計の動きに従うことにほかならず、それが時間の節約、言い換えれば学校経営の能率化につながるという主張である。学校経営の能率化は19世紀末から教育改革の課題となっており、時間割はその課題に答えるものであった[30]。

　同様の主張はジョセフ・ボルドウィン（ミズーリ州立師範学校長）の『学校管理の技術』（1884）にも見られる。ボルドウィンは、時間割の価値として、生徒の学習が規則的になること、正しい習慣が身につくこと、生徒が辛抱強

第 6 章 工業化時代の時間割　159

くなること、組織が安定すること、組織に柔順な教師ができること、管理が
容易になることとともに、時間の無駄をなくすことを指摘した[31]。そして、
このような「システムから秩序が生まれる」と言明した[32]。

　時間を節約するための最も徹底した方法が、シグナルによって「軍隊式の
正確さで」[33]、生徒をたちどころに動かすことであった。その例が**表6-8**で
ある。時間割にしたがって号令をかけ、生徒が一斉に行動を取るのである。
先にあげたラウプもボルドウィンも、シグナルによって生徒の行動を時間ど
おりに統制することを重視していた。いわゆる教場指令法[34]が生徒統制の
手段として、この時期に普及したのである。ラウプは、「教場指令法のシス
テムはよき秩序を生みだし、生徒を規律正しくし」[35]、時間の節約になると
いう。ケロッグ（ニューヨーク州立オルバニー師範学校）は、火事から逃げる

表6-8　ボルドウィンの教場指令法

```
序論
  1　定義　　2　基礎　　3　価値
原則
  1　教場指令法は画一的であるべきだ。
  2　それぞれの動きは学習にとって必要なものでなければならない。
  3　号令は少なく、かつ、意味のあるものであるべきである。
  4　それぞれの動きは、それ自身が号令によるものであるべきだ。
  5　号令は下降調で、低く、しっかりした調子であるべきである。
  6　動きは、静かに、速やかに、正確に、遂行されるべきである。
  7　動きは号令に従うべきである。
登校
  1　鐘鳴　　2　集合　　3　注意（声、ベル、時計による指示）
下校
  1　注意または鐘　　2　全体作業　　3　机の整理　　4　準備
  5　起立　　6　行進、1,2,3,4, -- 1,2,3,4, 続ける。音楽に合わせて行進
始業
  1　準備　　2　起立　　3　進め
終業
  1　準備　　2　起立または回転　　3　進め、または着席
黒板の指示
  1　黒板　　2　消せ　　3　書け、など　　4　注意
手への指示
  I　手を挙げる　　1　回答　　2　批判　　3　質問　　4　同意または反対
  II　手を降ろす　　1　認識されたとき　　2　呼ばれたとき
一斉指令
  1　学級または学校　　2　第一分団など　　3　男子または女子　　4　学級案
```

出典：Baldwin, *The Art of School Management* (1884), p.99

ときに教師の単純な号令のお陰で生徒が助かったという実例を出して、教師が生徒に言葉で説明して次の行動を指示するよりは、単純なシグナルを出した方がはるかに効果的で時間の節約になることを証明しようとしていた[36]。

　20世紀になって多くの教室がある大規模な校舎が都会には増えてきた。そのような大規模な学校では、正確な時計がなければ能率的な運営は難しい。時間割にしたがって生徒が移動するためには、すべての教室の時計が同じ時刻をさしていなければならない。その要望に応えようとしたのが、連動時計である。**図6-1**は、1908年の自動巻時計会社のカタログに掲載されたものである。この図が工場か、学校か、役所か、何かはわからない。そのどれであっても構わない。中央にある大きな時計にしたがって、すべての部屋の時計が連動して動いていることが重要である。これこそ、能率的に機能している建物ということになる。これは宣伝カタログであるが、現代ではわざわざ

図6-1　連動時計

出典：オマリー『時計と人間』170頁

連動させなくても、すべての教室の時計はほぼ同じ時刻をさしている。

時間の節約は教師の労働時間の有効利用に直結している。労働時間の有効利用が経費の節約をも意味していたことはいうまでもない。

III　教師の権威の衰退

1　時間割編成における教師の権限の制約

19世紀後半でも、時間割を作成する権限と責任は教師にあった。1日の授業時間割の詳細をコース・オブ・スタディ等で決定した例はないはずである。したがって、1870年頃の多くの都市では、時間割を作成する教師の責任が規則に明記された。たとえば、「教室を管理する教師はだれも、クラスの授業と自習のプログラムを作成して、教育長に提出しなければならない」（インディアナポリス）、「教師は学期始めに各学習に割り当てる時間を示す授業順序表を用意して、教室内の目立つところに掲げておかなければならない」（ロウェル、マサチューセッツ州）、「教師は1週間の各時間に行う学習を示す時間割表をもっていなければならない」（ニューヘイヴン）、「教師は毎日・毎週学習する順序と時間を示すカードを、教室内の目立つ所においておくべきである」（オスウェーゴー）、「どの学校の教師も、何曜日に何を学習するかを示すプログラム（各授業に費やす時間の長さを明記したもの）を作成し、教育委員会が容易に検査できるところに保管しておかなければならない」（ワシントンD.C.）などである[37]。

しかし、上にあげた諸規則は、教師に時間割編成の権限を与えたというより、教師を厳しく監視するものであった。クラスとグレイドが出現したとき、教師はそれを前提にして時間割を編成しなければならなくなり、教師の時間割編成の自由は制約されたとみるべきである。しかも、19世紀後半には各州や各都市で作成されたコース・オブ・スタディに合致することが、時間割編成の前提条件となっていた。たとえば、シカゴ市のように、コース・オブ・スタディがグレイドづけられ、教科内容ごとに授業回数までが提示されてしまえば、教科内容と割り当て時間の二つの条件を満たす時間割を教師が個別

162　第二部　アメリカにおける授業時間割の編成原理

に編成することは容易ではない。だからこそ、シカゴ市が例示したような時間割表が多くの学校で参考とされたのである。シカゴ市はガイドとして時間割を提示したにすぎないが、教師が自由に時間割を編成したとは考えられない。実際、シカゴ市の『等級制学校』は、教師の勝手な時間配分に対しては警告することを忘れていないのである[38]。

　1902 年のセント・ルイス市でも、1 週間あたりの授業の回数を指定するプログラムが示されていた（**表6-9**）。このプログラムと表 6-4 に示したような学習すべき教材（テキスト）の該当頁を示したコース・オブ・スタディとによって、教科内容と授業の回数が決定されたのである。これらが教師の作成する時間割を制約することは避けられないだろう。

表 6-9　セント・ルイス市の教科別授業時間数（1902 年）

	1 学年	2 学年	3 学年	4 学年	5 学年	6 学年	7 学年	8 学年
読書	20	10	5	5	4	4	3	3
綴字		10(15m)	5(15m)	5(15m)	4(15m)	4(15m)	2(15m)	2(15m)
作文（註 1）	5	5	5	4	4	4	2	2
算数	5	5	6	5	5	5	5	5
地理				4	4	4	4	3
言語練習と文法	2	2	Gr.3	2	2	2	3	4
歴史							3	5
自然科（註 2） 倫理（註 2）	2	2	2	2	2	2	2	2
描画	5(20m)	5(20m)	4	3	3	3	3	3
手工と家政（註 3）							1	1
音楽	(15m)	1	1	1	1	1	1	1
徒手体操（註 4）	(10m)	(10m)	(10m)	(10m)	(10m)	(10m)	(10m)	(10m)
授業最長時間 （綴字を除く）	20	25	25	25	30	30	30	30

註 1) 全員で学習する。毎日、授業の始まりと終わりに、通常の音楽の授業のほかに、少なくとも 10 分間歌う。
　　　各学年の授業時間はすべての授業に当てはまる。ただし、2 年次の描画と、全学年にわたって綴字は除く）
註 2) 教育課程表にあるとおり、全員に対して口頭で実施する授業である。
註 3) 1 回の授業で、ひとつの作業室と 1 時間半の時間が必要となる。クラスが合併していないときには、それ
　　　ぞれのクラスがそれぞれの作業室を必要とすることになる。この作業のために、通常のクラスを合併さ
　　　せなさい。たとえば、読書のクラスを合併させて、教室全体で学習をさせなさい。
註 4) 徒手体操は毎日 10 分とする。
出典：Willis (1993), *The American Curriculum*, p.115

2 子どもの管理

　19世紀末の教授理論や学校経営論[39]では、時計と時間割にしたがって進行する学校経営が理想とされた。その究極が自己統治（self-government）もしくは自己制御（self-regulation）する学校システムであった。そして、そのシステムを支えるのが厳密な時間割であった。ネジを巻いているか、電気を流していれば、自動的に動く時計と、時間割どおりに進行する学校が類似のものとしてとらえられたのである。このような観点からの教授法書・学校管理書が、19世紀末に続々と出現した。

　たとえば、ボルドウィンは電動時計の効用を強調した。電動時計とは、電気で動き、設定された時間に学校内のすべての生徒と教師に分かるように合図を出す時計である。彼によると、「われわれは、電気プログラム時計によって、完全な規則性を確保し、同時に教育活動にかけるわれわれの時間とエネルギーを節約することができる。それはすべてのプログラムに合図を出すので、多くの部門に分かれている学校の全体を統制することができる。電気プログラム時計は教育環境を向上させるために必須である。………（それがあれば）生徒はすぐに秩序を守り、自己統制心（self-control）を発達させる」[40]。プログラムされた時計と時間割は自己統制の手段とみなされていたのである。

　また、生徒に自己統治を浸透させるために、生徒自身が号令を掛ける方法が効果的であることを主張した学校経営者もいる。ケロッグは、「よい統治は自己統治である」[41]と主張し、学校の授業進行の合図、鐘や号令を生徒自身に出させることを重視した。

　さきにあげたホワイトは、学校と工場システムの類似性を強調し、自己制御システムが能率の向上となることを強調した。彼は工場の生産システムの機械化と学校経営の機械化を同一視し、「学校が、時計のように、それ自身の中にある動力と制御装置によって運営されること」を理想とした。そこで、時間割（daily programme）を、学校経営を機械化するための手段ととらえ、それによって学校は自己制御システム（self-regulating system）になると考えた[42]。そして、「このシステムがなければ、時間と努力の無駄遣いとなり、無秩序の源となる。………（システムは………筆者）秩序と能率を意味してい

る」[43] という。自己制御システムが能率を上げる効果があると主張したのである。

しかし、統治や制御の主体は、子どもでも教師でもない。時間割を作成するのが形式的には教師であったとしても、教師は前節でみたような様々な制約のもとで時間割を作成した。しかも、システムを維持しようとすれば、教師が自由に時間割を変更することは困難である。実際には時計が生徒と教師の行動を統制していたというべきであろう。子どもは、自分の意志とはかかわりなく、学習し、運動し、休憩しなければならなかった。すなわち、自己統治・自己制御とは、事実上は時間が子ども自身を管理することに他ならなかった[44]。

3　教師の管理——権威の衰退

時間割は生徒の行動を管理しただけではない。子どもと同時に、教師を管理する手段でもあったことを見逃してはならない。先に引用したように、子どもに対してのみでなく教師に対しても、「時計は物言わぬ監督者」[45] であった。時間割を作成する主体である教師が、逆に時計で管理される客体になったのである。

それを象徴しているのは、教師ひとりひとりの懐中時計（ウォッチ）よりも学校の生徒全員が見る時計（クロック）が重視されるようになったことである。時計は教師ひとりひとりがもっているものよりも、全員が同時に見ることができるものでなければならなかった。ジョホノット（James Johonnot, 1823-1888）は「学校を運営するシステムは、すべて時間を厳密にまもっていなければならないので、そのためにはよい時間割がなければならない」と述べたあとで、時計は、教師がもっている腕時計よりも、全員が同時にみることのできるクロックがはるかによいことに注意を促した。また、当時、発明されたばかりのプログラム・クロック（定刻になると自動的に音を出す）が、生徒にも教師にも学校の秩序を思い出させるものであるとして、その効果を説明した[46]。

実は、時間割が厳密になったのは、教師の気ままな授業を統制することに

第 6 章　工業化時代の時間割　165

狙いがあったことを思い出さなければならない。シカゴ市の教育長は『等級制学校』のなかで、教科毎に進度のアンバランスがあるにもかかわらず、進んでいる教科に多くの時間を費やし、遅れている教科を教えようとしない教師がどこにもいると厳しく批判していた[47]。彼が一週間あたりの口頭授業の回数を学年別に示し、一日の詳細な時間割表を例示していたのは、「それまで主として、模倣によって学習し、授業をしてきた教師を監視するための努力の一部」[48]であった。

　教師が気ままに授業を進めることを批判するのはこの時期の教授法書ではほとんど共通している。ラウプは「学校をうまく統治するには、教師が自分のすることをすべて組織的にしなければならない。生徒を定められた時間割に従って学習させるだけでなく、教師自身が始業前に自分の仕事の予定をきちんと立てて明示しておかなければならない」[49]（アンダーラインは筆者）という。教師が自分の趣味で、教える時間を決めてしまうことがあってはならないからである。

　教師の仕事を管理する手段として時間割が登場したのは、教師の仕事を管理する教育管理職の出現と表裏一体であった。クラスとグレイドができて教師の分業が進み、教師と校長の職階ができて、教育長、教育委員会等が制度として確立したとき、「教師は校長に、校長は教育長に………忠誠をつくさなければならない」[50]という教職の階層構造が確立していたのである[51]。

　こうして、時間割は生徒と教師を同時に管理する機能をもち始めた。時間割を作成することは形式的には教師の仕事ではあったが、実際には、教師が、自らの権威や判断に基づいて、時間割を作成することは不可能であった。教師の権威は、能率を追求する学校システムに吸収されたということができよう。

おわりに──科学的管理法としての時間割の成立

　本章では、アメリカで19世紀後半に授業時間割が厳密になった背景と過程を明らかにし、授業時間割が子どもと教師を管理する手段になったことを示した。教師が授業時間割を作成するという形式は19世紀を通じて変化は

166　第二部　アメリカにおける授業時間割の編成原理

なかったが、この間に、授業時間割編成の目的と機能は大きく変化していた。

　19世紀の前半まで、時間は神のものであり、神の権威が親に、親の権威が教師に付託された。したがって、神の定めた時間の秩序を子どもに教えることが教師の使命であった。時間割は子どもに時間を守ることの大切さを教えるための手段であったが、同時に、権威に服従する習慣を身につけさせるためのものであった。

　授業時間割は大雑把であり、固定的ではなかった。教師は、自然条件や生徒の状況に応じて、自らの判断で自由に作成し、変更することができた。当時は不定時法がなお生活に結び付いており、時計の動きよりも自然のリズムが重視されていたからである。時間割は秩序追求の手段であり、権威の象徴でもあった。

　19世紀半ばになると、時計が日常生活でも学校でも普及し、それに伴って、学校の授業時間割は時刻で詳細に区切られるようになった。生徒の学習や活動を時計で細かく区分する時間割が出現したのである。詳細で融通の利かない時間割が出現した原因として二点が指摘できた。ひとつはクラスの出現であった。ひとりの教師が複数のクラスを担当するのが通常だったから、教師が時間を区切って、クラス毎の授業をしないわけにはいかなかったのである。もうひとつは教科毎の時間配分表が作成されたことである。時間配分がコース・オブ・スタディで決まれば、それに対応して各教科の授業回数を決めなければならない。これらの条件を満たす授業時間割を教師は作成しなければならなかった。教師に時間割作成の権限があるとはいえ、事実上それは大きく制限されていたと言わなければならない。

　こうして19世紀末ころに多くの学校で採用されるようになった厳密な時間割は、学校経営の能率化という当時の社会的要求に応えるものであった。時間割は能率を追求するシステムの一部になり、生徒と教師の活動を縛る科学的管理法としての機能をもつようになっていた。

註
　1　オマリー『時計と人間』169頁。また、ゲルハルト・ドールン‐ファン・ロッスム『時

間の歴史：近代の時間秩序の誕生』参照。

2　ロッスム『時間の歴史：近代的時刻法の導入』236-241 頁。

3　中谷彪によると、19 世紀後半は教育行政学の準備期であり、学校管理又は学校経営の研究が主であった。それらの研究は、「自らの教育体験や実践を基に………学校の能率的な運営の仕方、学校を適切な教育の場とすること、授業を効果的に遂行する方法」などを扱っていた。中谷彪『アメリカ教育行政学研究序説』（泰流社、1988 年）373 頁。

4　オマリー『時間と人間』、21 頁, 48 頁；森杲『アメリカ職人の仕事史：マス・プロダクションへの軌跡』（中央公論社、1996 年）第 4 章。

5　たとえば、Jacob Abbott, *The Teacher, or, Moral Influences Employed in the Instruction and Government of the Young*（Boston: Peirce and Parker, 1834; London: W. Darton and Son, 1834?）, p.194.

6　George B. Emerson, *The Schoolmaster*（New York: Harper & Brothers, 1842）, p.539.

7　Taylor Root, *School Amusements, or How to Make the School Interesting*（New York: Harper & Brothers, 1859）, p.153.

8　同書の邦訳には、漢加斯底爾訳『彼日氏教授論』（1876 年）のほか、伊沢修二輯訳『教授真法』（1875 年）がある。

9　Page, op. cit., p.226.

10　クラス分けがなぜなされたかは、本書のテーマを超える大きな検討課題である。概略的だが、19 世紀前半に、生徒数が増え、年齢や学力の幅が広がったとき、一斉授業をして授業の能率をあげるために、生徒を学力の同質なクラスに分割しはじめたとみてよいだろう。19 世紀後半では、ほとんどの学校でクラス教授が前提となっていたようである。Henry Kiddle and Alexander J. Schem eds., *The Cyclopædia of Education：A Dictionary of Information*（New York: E. Steiger, 1877）, pp. 137-139.

11　class も division もクラスと訳した。当時の通常の用語法では、division は大きな区分であり、class はその中のさらに細かい区分である。

12　Joseph Baldwin, *The Art of School Management*（New York: D. Appleton and Co., 1884）, p.258.

13　Baldwin, op. cit., p.271-272.

14　Amos M. Kellogg, *School Management: A Practical Guide for the Teacher in the School-room*,（New York: E.L. Kellogg & Co., 1884）, p.87.

15　市村尚久『アメリカ六・三制の成立過程』（早稲田大学出版部, 1987 年）457 頁。

16　Frank F. Bunker, *Reorganization of the Public School System, U.S. Department of the Interior, Bureau of Education, Bulletin*, 1916, No.8, p.34.

17　*American Journal of Education*, Vol.19（1870）, p.534. なお、グレイドとクラスは全く異なる概念であることに注意しておく必要がある。当時の用語法では、「グレイドは・・・コース・オブ・スタディを分割したものであり、クラスは学業達成の程度が同じになるように学校を分割したもの」（Kiddle & Schem（1877）, p.375.）である。したがって、グレイドは教育課程を指し、クラスは生徒集団を指す。各グレイドの内容を専門に教える教師（1 年生担任、2 年生担任など）が決められると、教師の分業がで

168 第二部　アメリカにおける授業時間割の編成原理

きるから、授業は進めやすくなる。また、クラスが同じ程度の学力の生徒集団であれば、それも教授能率の向上につながる。このようにして実施された厳密な時間割が、能率の追求に寄与したのである。宮本健市郎『アメリカ進歩主義教授理論の形成過程』第4章第3節参照。

18　Carleton Hunter Mann, *How Schools Use Their Time: The Time Allotment Practice in 444 Cities Including a Study of Trends from 1826 to 1926*, Teachers College, Contributions to Education, No.333（1928）, p.17. なお阿部重孝は『欧米学校教育発達史』のなかで、アメリカ合衆国の教科別授業時間数を示すものとしてこの書を引用している。

19　C.H. Mann, *How Schools Use Their Time*, p.18.

20　William H. Wells, *The Graded School: A Graded Course of Instruction for Public Schools, with Copious Practical Directions to Teachers, and Observations on Primary Schools, School Discipline, School Records, etc.*（New York: A.S.Barnes & Company, 1862）.

21　George W. H. Willis et al. eds., *The American Curriculum: A Documentary History*（Westport, Conn.: Greenwood, 1994）, p.53；David Hamilton, *Towards the History of Schooling*（New York: The Falmer Press, 1989）, chap.6.

22　オハイオ州教育長（1863-65）やシンシナティ市教育長（1886-89）などを歴任し、連邦教育局の創設にも貢献した。

23　Emerson E. White, *School Management*（New York: American Book Co., 1894）, p.86.

24　William C. Bagley, *Classroom Management: Its Principles and Technique*（New York: Mcmillan Co.,1910）, p.60.

25　White（1994）, *School Management,* p.87.

26　Ibid., p.93.

27　Ibid., p.99.

28　James P. Wickersham, *School Economy*, p.46；箕作麟祥訳『学校通論』（明治7年）

29　A. N. Raub, *School Management*（Philadelphia: Raub and Co., 1882）, pp.75-77.

30　Raymond E. Callahan, *Education and the Cult of Efficiency: A Study of the Social Forces That Have Shaped the Administration of the Public Schools*（Chicago: U.of Chicago Press, 1962）. 参照。

31　Joseph Baldwin, *The Art of School Management*（New York: D.Appleton and Co., 1884）, p.273.

32　Ibid., p.90.

33　Ibid., p.91.

34　杉村美佳「明治初年における『教場指令法』の成立——J. ボールドウィンの School Tactics の受容を中心に——」『日本の教育史学』第44集（2001）　6-22頁。

35　Raub, *School Management*, p.77.

36　Amos M. Kellogg, *School Management: A Practical Guide for the Teacher in the School-room*（New York: E.L. Kellogg & Co., 1884）, pp.88-91.

37　*The American Journal of Education,* ed. by Henry Barnard, Entire Series, Vol.19（1870）, pp.451-452.

38　William H. Wells, *The Graded School* , p.65.

39　教授理論と学校経営論が分裂するのは20世紀になってからである。授業者と学校

経営者の分業が始まったのである。中谷彪『アメリカ教育行政学研究序説』（泰流社、
1988 年）参照。

40　Joseph Baldwin, *School Management and School Methods* (New York: D. Appleton and Co., 1897), p.65.

41　Kellogg, *School Management*, p.88.

42　Emerson E. White, op. cit.,pp.94-95.

43　Ibid., p.99.

44　自己統治の思想が出現した背景に、社会ダーウィニズムの影響があったことは間違
いない。安定した秩序が失われた競争社会のなかで生き残るためには、学校も社会に
時代に適応して生き延びる必要があった。そのためには、人間が外から秩序を与える
のではなく、それ自身の中から生まれる秩序に期待をかけたのである。トンプキン
スはそれを最も直接に表明している。彼は言う「（スペンサーがいうとおり……筆
者）秩序は不変ではない。学校組織は、教師と生徒が一体となっていなければならな
い。外からの強制ではなく、組織の中にある基本法則に従うべきである。そのため
には、組織的な時間割（systematic time schedule）が必要である。」Arnold Tompkins,
The Philosophy of School Management (New York: Ginn and Co., 1898), p.130.

45　Wickersham, *School Economy*, p.46.

46　James Johonnot, *School-houses* (New York: J. M. Schemerhorn, 1871), p.199.

47　Wells, *The Graded School* , p.36.

48　Willis, *The American Curriculum,* p.54.

49　Raub, *School Management*, p.174.

50　Samuel T. Dutton, *School Management* (New York: Charles Scribner's Sons, 1903), p.75.

51　Michael B. Katz, *Class, Bureaucracy, and Schools* (New York: Praeger Publishers, 1971)
chapter 2. 藤田英典他訳『階級・官僚制と学校』（有信堂高文社、1989 年）。また、同
時期に起こっていた教職の女性化は、教師の権威の衰退と大きな関係があるはずであ
る。今後の検討課題である。

第7章 新教育運動期における時間割の弾力化
――教師の権威と専門性――

はじめに

　学校管理の徹底と能率を上げるために採用された詳細な時間割は、20世紀初頭にひろく普及した。それが、教育行政学や学校経営学の主要な課題、すなわち、教育における能率追求という時代の要請に応えていたからである[1]。1910年代に全国的に有名になった、ゲーリー・プランは、詳細で厳密で、能率を追求した時間割の最も顕著な例であった。

　しかし、19世紀末から新教育運動が盛り上がってくると、進歩主義の学校では、子どもの自主性や、活動の継続性やリズムを重視する柔軟な時間割が採用されるようになった。19世紀末から20世紀初頭に出版された学校経営（school management）または学校組織（school organization）に関する図書の多くは、時間割（daily programme, time-table, daily schedule）を主要な項目として取り上げ、その実例をしばしば掲載している[2]。これらの時間割を見ると、子どもへの配慮が徐々に始まっていたことがわかる。授業時間は低学年では短めにし、高学年では長めにすること、子どもの疲労の程度を考えて、適切な休憩を入れること、新鮮な気分のときに努力を要する教科（算数など）の授業をすること、口頭教授の回数は1日に20回を越えないことなどは、時間割編成上の留意点として、ほとんどの教授法書が指摘しており、当時の共通認識になっていた[3]。授業時間割編成の方針に関する議論はたしかに始まっていた。

　本章では、生徒の自主性と、時間割を作成する教師の権限との関係に着目しながら、柔軟な授業時間割が出現した過程とその根拠を解明する。そして、新教育運動における教師の権威と専門性の特質をさぐってみる。

第7章　新教育運動期における時間割の弾力化　171

I　科学的管理法としての授業時間割

1　ゲーリー・プランの時間割

　19世紀末に普及していた詳細で厳密な授業時間割の実態を確認しておこう。教育における能率を最も徹底的に追求した実践例は、本書でもしばしば言及したインディアナ州ゲーリー市で開発されたゲーリー・プランである。このプランは、1906年にゲーリー市の教育長に赴任してきたワート（William A. Wirt, 1874–1938）教育長の発案であったが、1910年代に全国的な注目を集め、ニューヨーク市をはじめ各地で導入が試みられた。とくに、ジョン・デューイが『明日の学校』のなかで「（ゲーリーの公立…筆者）学校は民主主義社会である」[4]と絶賛したことでさらに評判を高めた。当時のゲーリー市はU.S.スティールの工場ができて急速に人口が増えつつあり、多くの児童を収容するために学校教育を拡充することが市の緊急の課題となっていた。次々に学校が設立され、校舎が拡充されたが、さらに、建設された学校の設備を有効に活用するための手段として考案されたのがゲーリー・プランであった[5]。

　ゲーリー・プランはできるだけ多くの生徒を学校に収容するために、すべての設備を常時利用することを原則とした。この方法によれば、子どもたちはあらゆる設備の間を動き回るので、ひとりの生徒にひとつの机を用意しておく必要はなかった。設備が整っていなければこの方法は実行不可能だが、第1章で紹介したように、ゲーリーでは、図1-6のような大規模な校舎が建設された。座学を前提にした教室だけがある従来の校舎とは全く異なって、講堂、工作室、運動場、プールなどが備えられていた。このように設備が十分に整っているならば、いろいろな設備の間を動き回った生徒は、様々な学習や活動をしたことになる。子どもは、通常の読み書き計算だけでなく、遊び、工作、芸術などの活動もするのである。

　ゲーリー・プランの時間割は、**表7-1**のとおりである。各学年の生徒が二つのクラス[6]に分けられる。表では第1学年から第4学年まではAクラスとBクラス、第5学年から第8学年まではBクラス（男子）とGクラス（女子）と呼ばれている。たとえば、1Aクラスの一日の時間割をみると、8時45分

172　第二部　アメリカにおける授業時間割の編成原理

から 10 時 15 分までは教室 I で通常学習、10 時 15 分から 11 時までは地下
室等（または校庭、屋根裏部屋、講堂、仕事場、実験室）で特別学習、11 時から
11 時 45 分までは運動場、午後 1 時から 2 時 30 分までは教室 I で通常学習、
2 時 30 分から 3 時 15 分までは地下室等で特別学習、3 時 15 分から 4 時ま
では運動場、という時間割である。また、1 B クラスの一日の時間割を見ると、
8 時 45 分から 9 時 30 分までは地下室等で特別学習、9 時 30 分から 10 時 15
分までは運動場、10 時 15 分から 11 時 45 分までは教室 I で通常学習、1 時
から 1 時 45 分までは地下室等、1 時 45 分から 2 時 30 分までは運動場、2
時 30 分から 4 時までは教室 I で通常学習である。表から明らかなとおり、
どのクラスも順番に、時間に合わせて、学校内のいろいろな場所で学習や活
動をする。

表 7-1　ゲーリー・プランの時間割

時刻	通常学習				時刻	特別学習			
	教室 I	教室 II	教室 III	教室 IV		地下室、中二階、校庭、講堂、作業場、実験室		運動場	
8:45-10:15	1A	2A	3A	4A	8:45- 9:30 9:30-10:15	1B 2B	3B 4B	2B 1B	4B 3B
10:15-11:45	1B	2B	3B	4B	10:15-11:00 11:00-11:45	1A 2A	3A 4A	2A 1A	4A 3A
1:00- 2:30	1A	2A	3A	4A	1:00- 1:45 1:45- 2:30	1B 2B	3B 4B	2B 1B	4B 3B
2:30- 4:00	1B	2B	3B	4B	2:30- 3:15 3:15- 4:00	1A 2A	3A 4A	2A 1A	4A 3A
	V	VI	VII	VIII		科学	手工科	音楽、製図、文学	遊び
8:45-10:15	5B	6B	7B	8B	8:45- 9:30 9:30-10:15	5G 6G	7G 8G	6G 5G	8G 7G
10:15-11:45	5G	6G	7G	8G	10:15-11:00 11:00-11:45	5B 6B	7B 8B	6B 5B	8B 7B
1:00- 2:30	5B	6B	7B	8B	1:00- 1:45 1:45- 2:30	5G 6G	7G 8G	6G 5G	8G 7G
2:30- 4:00	5G	6G	7G	8G	2:30- 3:15 3:15- 4:00	5B 6B	7B 8B	6B 5B	8B 7B

出典：Burris（1914）*The Public School System of Gary, Ind.* pp.13-14

　このような時間割を作成するためには、学校経営の観点が重要であるから、
時間割は校長が作成する[7]。教師も子どもも、校長の作成した時間割に従わ
ないわけにはいかない。ひとりひとりの教師や子どものリズムを考慮する余
地はない。ゲーリー・プランは能率の追求を目的とする科学的管理の手段で
あった[8]。

2 ゲーリー・プランの再検討

ゲーリー・プランは能率を追求する学校経営の頂点ではあったが、その時間割には19世紀に活躍したボルドウィンやホワイトなどの提示した詳細で厳密な時間割とはいくつかの点で、根本的な違いがあったことを見逃すわけにはいかない。

第一に、時間割の区分が大きくなったことである。かつて見られたような、10分や15分の口頭教授の時間はこの表にはない。十分な教室と、多数の教師がいたから、ひとりの教師が時間を区切ってたくさんのクラスで授業をして回る必要はなかった。その代わりに、時間の区切りが大きくなったことで、ひとまとまりの活動を設定すること、たとえば、体育や工作や芸術や講堂での活動などの実施が容易になった。それだけでなく、これらの活動は、生徒相互の交流や協力が起こりやすい社会的な活動であった。子どもの社会的活動を重視することは、じつはゲーリー・プランの最も重要な目的であった[9]。時間割を大ブロックにすることによって、それが可能になったのである。

第二に、時間割の大ブロック化が、時間区分の規準の変更を含んでいたことである。第1章で紹介した学校のシール（図1-7）が示しているとおり、ゲーリーの学校では、子どもの一日の活動が、働き・学び・遊ぶという三つの種類に区分されていた。ゲーリー・プランがしばしば、働き・学び・遊ぶ学校（work-study-play school plan）とよばれたのはそれが理由である。表7-1をもう一度見ると、授業時間割は通常学習の時間と特別学習の時間に二分されていたことがわかる。通常の学習は、読・書・計算、地理、歴史、科学であり、普通の教室で行われる「学び」であった。特別学習の時間は、音楽、講堂（での活動）、絵画、手工、体育、遊戯などであり、「遊び」と「働き」がここに入る。ゲーリー・プランは、教科を時間割に貼り付けるのではなく、子どもの活動を種類に区分することが基本原理だったのである。

さらに、ゲーリー・プランが子どもの活動の自由と自主性を尊重しようとしていたと指摘したひともいる[10]。当時の反戦思想家のランドルフ・ボーンである。たしかに、ゲーリー・プランでは子どもは機械的に決められた時

174　第二部　アメリカにおける授業時間割の編成原理

間割に従わざるをえないようにみえるけれども、実は、設備の許容する範囲
で、生徒はひとりひとりが自分の時間割をもっていた。学習場所の変更を認
める許可証をもらえば、多くの教室や仕事場の中から自分の学習したいこと
（場所）を選択し、個別に指導を受けることすら可能であった[11]。時間割を
生徒が変更することを認めたのである[12]。

　以上のような点に着目すると、ゲーリー・プランは19世紀の時間割厳密
化の頂点であると同時に、時間割の弾力化への契機も含んでいたとみること
ができる。ゲーリー・プランには、大ブロック化＝弾力化、時間区分の基準
の変更、時間割作成への子どもの参加という新しい時間割編成原理が含まれ
ていたのである。その点で、ゲーリー・プランはこれ以後普及することにな
る進歩主義学校の時間割を先取りするものでもあった。だからこそ、それは
1910年代に爆発的に普及したのである。

II　時間割改革の始まり

　ゲーリー・プランの出現よりも早く、詳細で厳密な時間割編成を批判し
て、柔軟な時間割編成を実践しようとした学校は19世紀末から出現してい
た。19世紀末に新教育運動が起こりつつあった時期に、時間割を弾力的に
した学校の実践を取り上げてみよう。これらの実践は、子どもが時間割作成
の主体として認められたこと、および時間区分の基準が教科ではなく活動で
あったという点で、1920-30年代に全盛期を迎える進歩主義教育運動の先駆
けとみることができる。

1　子どもの自主性

　19世紀末には、都市部では学年・学級制に基づく一斉授業が普及していた。
すべての生徒に同じ内容を同時に教える一斉授業は、二つの問題を露呈して
いた。ひとつは、子どものひとりひとりの個人差に応じられないということ、
もうひとつは教師が生徒に知識を伝達すること、言い換えると生徒の受動性
を前提にしているということであった。とくに都市部では、義務就学法が成

立して、移民を含む多様な生徒が就学し、教室には大人数の生徒が詰め込まれている状況だったから、問題は一層深刻であった。

このような状況のなかで開発された時間割のひとつがコロラド州のデンヴァー市北部で実施されたノース・デンヴァー・プランであった。1895 年ころから教育長ヴァン・シックル（James H. Van Sickle, 1852-1926）が実施したそのプランは、生徒に自由時間を与え、自分で計画を立てさせるところに狙いがあった。具体的に見ると、最初にクラスの全生徒に最低限の必須事項を学ばせる。この必須事項を早く習得した生徒（優秀児）は、自主的判断でそのクラスを一時的に離れて、自分の弱い教科を学んだり、興味をもった分野を深く学んだりする。この時間は「自由時間（released time）」と呼ばれ、自主的な学習が尊重される。各教室には自主的学習ができるように、50 〜 75 冊の参考書が備え付けられている。また，自主的に学習したことを，通常のクラスで時々発表させて，他の子どもの刺激になるようにする。自主的学習をしている生徒は，時々通常のクラスにもどって，必須事項を習得しているかどうかの試験を受ける。この試験に受からない場合は、「自由時間」がキャンセルされる。「自由時間」がキャンセルされるという経験を通して，子どもは責任感と用心深さを学ぶ[13]。

時間割作成を子どもに任せたのが、サーチ（Preston Willis Search, 1853-1932）教育長がコロラド州プエブロ町の公立工業学校で 1888 年から 1894 年にかけて実施した個別教授の方法（プエブロ・プラン）であった[14]。その特徴は、ひとりひとりの要求に応ずるために，生徒の「機械的な分類をなくし」，ひとりひとりが個別に，しかも教科毎に進級ができるようにしたことである。つまり，「ラ・サールが 17 世紀に学級教授の価値を発見する以前に，何世紀もおこなわれてきた個別教授の方法」[15] に逆戻りしたのである。

プエブロ・プランのなかで採用された実験室法は、時間割編成の歴史における革命であった。実験室法（laboratory method）では、教室が実験室と呼ばれ、子どもはひとりひとりが自分の学習課題に取り組み，教師は「生徒を勇気づける指導者または生徒のアシスタント」[16] として机間巡視をする。新しいテーマに入る時や基本的原理を示すときには一斉教授も行われるが，通常は

おこなわれない。生徒が自立した学習者（self-reliant and independent worker）になることをめざしているからである。子どもはその実験室である程度の学習をしたという資格が得られれば，他の実験室に変わることができる。したがって，優秀児は次々にレッスンを進めることができるし，時間の必要な生徒はゆっくりと自分のペースで学習することができる。学習のテーマが同じときは，実験室の中での協力もおこなわれる[17]。つまり，時間割編成は子どもが行ったのである。

　サーチの実験室法は新教育運動の盛り上がりとともに生徒の自主性を重視する学級経営として注目を集めた[18]。生徒がひとりひとり自主的に時間割を作ったことは、時間割の柔軟性を高めたといえる。教師があらかじめ決定した時間割はなくなり、生徒が時間割作成の主体になったのである。子どもに自力で、自分のペースで学習させるというサーチの方法は、ウィネトカ・プランやドルトン・プランに受け継がれることになる[19]。

2　時間割編成基準の探求

　1896 年に開設され、しばしば新教育運動の起源とされるシカゴ大学付属実験学校（デューイ・スクール）の時間割をみてみよう。デューイ・スクールでは、時間割を決める主要原理は、(1) 手仕事と知的活動の時間配分 (2) 工作・料理等の構成的仕事と造形・絵等の芸術的表現のバランスであった[20]。当時の一般の学校では、コース・オブ・スタディで定められた教科ごとの時間数にもとづいて、時間割を編成するのが基本であった。それに対して、デューイ・スクールでは、手仕事と知的活動との区分を先におこなった。時間区分の規準として、教科の種類よりも活動の種類による区分が優先された。学校の授業は単なる教科の伝達ではなく、子どもの生活そのものであるというデューイの思想から必然的に導かれる原理であった。

　デューイ・スクールの時間割の特徴として 3 点を指摘することができる。第一は、時間割の作成に子どもが参加したことである。一日の時間割をみると、最初に数分間の生徒と教師の話し合いがあって、その後 30 分ないし 1 時間の遊び、それからまとめの時間を読み書き教師が受け持って、記録をと

第 7 章　新教育運動期における時間割の弾力化　177

表 7-2　デューイ・スクールの典型的なプログラム

5-7 歳

教科	一日あたり時間数	1 週間あたり時間数
社会的仕事	1.5 or 1	6.5 − 5
原始時代の仕事 (歴史と科学)	1.5 or 1	6.5 − 5
技術 (読書と作文)	0.5 (週に 3 回)	1.5 − 2.5
屋内または室内での運動とゲーム	0.5	2.5
音楽または芸術	0.5	1.5
料理	0.5 + 1 (週に 2 回)	1.5
遠足、集会または、仕事	0.5 − 1	1.5
合計	3	15

出典：Mayhew & Edward, *The Dewey School*, p.385 (邦訳、215 頁)

7-8 歳

教科	一日あたり時間数	1 週間あたり時間数
歴史と地理	1	5
技術 (読書と作文)	0.5 (週 2 回)	2
科学	1 または 0.5 (週 3 回)	2
料理	0.5 および 1	1.5
織物	1 または 0.5 (週 3 回)	2
仕事	0.5 または 1 (週 3 回)	2
音楽と芸術	0.5 (週 6 回)	3
運動	0.5	2.5
合計	4	20

出典：Mayhew & Edward, *The Dewey School*, p.386 (邦訳、215 頁)

り、翌日の計画につなげていた[21]。教師と生徒が話し合って時間割を作成するという形式をとっていたのである。

　第二は、子どもの学習や仕事の連続性と自発性を保障しようとしていたことである。時間区分の基準の変更に伴い、伝統的な学校と比べて、1 時限が長くなっていた。デューイ・スクール第 2 年の時間表が**表 7-2** である。デューイ・スクールは小さい子どもはひとつの活動に短時間しか打ち込めないという通念を否定した。6 歳児であっても、社会的仕事を 1 時間以上も続けることができたという。6-7 歳児の時間割では、それぞれの活動に費やす時間の

178　第二部　アメリカにおける授業時間割の編成原理

長さは短くて 20 分、長い場合は 1 時間半が割り当てられている。以上の 2
点は、子どもの自主性を重視するサーチの方法にも通ずるものといえる。
　この 2 点に加えて、デューイ・スクールでとくに注目すべきことは、子ど
もの社会的活動を可能にすることを狙いとした時間割であったことである。
先にあげた主要原理の中にある手仕事、工作、料理等は生徒の社会的な活動
であった（**表 7-3** 参照）。仕事を準備し、遂行し、片付けて、つぎの仕事や活動

表 7-3　デューイ・スクールの社会的仕事

1組、2組 (4-5歳)	＜家庭のオキュペーション＞手仕事, 遊び, 歌とお話, 劇とリズム, 自然の観察, 洗濯, 料理, 積木, 木工など.
3組 (6歳)	＜家庭に役立つ社会的オキュペーション＞積木, ゲーム, 食料の供給, 農業の学習. 農園づくり, 植物の観察, 農作物を使った実験, 小麦粉を使った料理. 農場の劇化, 綿花の学習, 灌漑, 木材の学習.
4組 (7歳)	＜発明と発見の進歩＞原始生活の学習 (火燧こし, 石器, 石器による料理, 洞窟生活の劇化, 土器造り. 毛皮の衣服, 金属の発見, 物々交換など).
5組 (8歳)	＜探検と発見による進歩＞フェニキア文明 (歴史劇, 商業の成立, 測定技術の成立, 文字の成立, 石工, 船の模型づくり. 航行距離の測定, 文明の地理的条件の学習など)
6組 (9歳)	＜地域の歴史＞地域の歴史と地理の学習. ＜シカゴ学習＞フランス人の探検期 (探検地図, 毛皮貿易), ディアボーン砦と丸太小屋, シカゴの発展 (水源と灌漑, 小麦の運送, 商業), 関連学習として食物, 植物, 地図の学習など. ＜ヴァージニアの学習＞イギリス植民地, タバコ栽培, イギリス史 ＜プリマス植民地の学習＞表現手段の発達.
7組(10歳)	＜植民史と革命＞アメリカ植民地物語 (ハドソンの探検と発見, 開拓小屋づくり, 貿易の学習), 革命の学習 (ボストン茶会事件, レキシントン, バンカーヒルの戦い, ワシントン, アラスカ), 植民地産業の学習 (紡績業, 機織り). 科学への興味 (岩石, 筋肉, 消化などの実験, 植物と動物についての実験)
8組(11歳)	＜植民のヨーロッパでの背景＞イギリスの村の学習 (農耕・封建社会, 鍬, 製粉所, 水車などの模型作り, 植民の動機). 初歩の科学 (電気の原理, てこ作り. 単位の学習, エネルギー学習, 生理学の学習). 織物への興味 (産業革命と紡織機, 紡織技術の学習). 関連学習 (料理実験, 炭酸ガスの測定, 税金調べ, ラテン語, ドイツ語, フランス語, イギリス文学など).
9組(12歳)	＜専門的活動の実験＞民衆としての植民の学習 (産業の発達と社会的政治的組織, 産業経済史). 科学的活動 (気体の化学作用, 質量保存の実験, 物質の三態, 発電機作り, 電流の学習. 合金作り, 地球の歴史, 岩石, 地質学, 天文学). 科学と数学の関連 (地球と太陽の周期と距離の測定と計算, 日時計作り, 星雲説と幾何学など).
[以下, 10組 (13歳), 11組 (14歳) は, 省略する.]	

出典：佐藤学『米国カリキュラム改造史研究』53 頁

に入ることまでを考えれば、時間割の区切りを大きくしなければ、これらの作業の遂行は不可能である。また、単なる息抜きではなく、目的をもった仕事や体育をしようとすれば、細切れの時間では実行はむずかしいだろう。そこで、時間割を教科ごとに細かく区切ることをやめて、大ブロック化し、その大ブロックのなかに子どもの協力や社会的仕事（social occupations）を組み込むようにした。しかも、デューイ・スクールのカリキュラムにおいては、社会的仕事がとくに重要な意味をもっていたのである[22]。

19世紀末のアメリカ社会は、工業化、都市化が進み、住民相互の直接的な関係に支えられた伝統的コミュニティが解体しつつあった。そこで、人間関係あるいは共同体を形成することが当時の新教育運動の重要な課題となっていた[23]。デューイは学校を民主主義社会にすることを提言し、そのために生徒の協力または社会的仕事の重要性を強調していた。デューイ・スクールの時間割にはその意図が明確に現れていた。

III　子どもの自発性の発見——身体のリズムと自発性

アメリカでは、G. スタンリー・ホール（G. Stanley Hall, 1844-1924）を中心とした子ども研究運動が1890年代から広がり、子どもの発達段階に応じたカリキュラムを編成しようとする運動が始まった。子ども研究は、二つの点で、時間割編成原理を大きく変革した。ひとつは、子どもの身体のリズムの発見、もうひとつは子どもの自発性の重視であった。

1　身体のリズム

工業化時代の時間割編成論のほとんどが、学校や教室の秩序を維持するために子どもを管理することを主眼にしていたのに対して、19世紀末から、子どもひとりひとりの生理的・身体的状況への対応を明確に目標に掲げる時間割が現れるようになった。20世紀初期の教授法書や辞典の項目を見ると、時間割についての解説の大部分が、授業時間の長さと子どもの注意力の持続や疲労との関係として論じられることが多くなったのである[24]。たとえば、

小学校の授業時間や休憩時間の長さを決めるとき、子どもの発達段階や身体の状態が考慮されるようになった。この変化の契機となったのが、子ども研究であった。子どもの身体的発達の過程、注意持続時間、緊張から回復までの時間の研究などが子ども研究運動のなかで積み重ねられ、それらが、時間割編成の方法に大きな改革をもたらしたのである。したがって、休憩時間は、かつては生徒が移動するためや、あるいは授業準備のためという消極的な意義しか認められなかったが、しだいに、子どもの活動を保障するために、疲労回復や気分転換だけでなく、生徒相互の尊敬や協力、道徳心などを学ぶ時間として、教育的な意義が認められるようになった[25]。

疲労についての先駆的な研究としては、オーシア（M. V. O'Shea, 1866-1932）のものがある[26]。オーシアは、1893年に成立した全米子ども研究協会の副

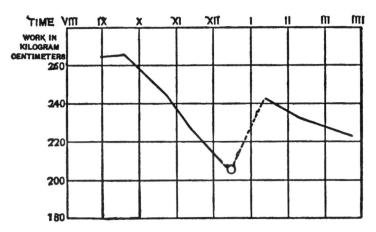

註）オルコット学校の8人の生徒について、エルゴグラフ（疲労測定器）の記録に基づいて、児童が一日をとおして生気がどの程度流れているかを示したもの。(O'Shea (1906) 図37)

平均時刻	8:51	9:37	10:32	11:20	2:07	1:23	2:08	3:00	3:45
平均仕事量 (kg.cm.)	262	263	249	229	212	243	234	228	224

註）8人の生徒（男4人と女4人）がそれぞれ1日のなかで9回、疲労を測定された。1回のテストは90秒かかる。3キログラムの重さのものを2秒で1回持ち上げる。(O'Shea (1906) 資料)

図7-1　子どものエネルギーのリズム（オーシア）

出典：O'Shea (1906), *Dynamic Factors in Education*, pp.292-293

会長（会長はホール）に就任し、その後ミネソタ州やウィスコンシン州で子ども研究運動の指導者のひとりとして活躍していた。彼は、子どもが学校で怠惰であるとき、その原因を精神の邪悪さに求める古い考え方を退け、身体、とくに神経系や、視覚、聴覚などの状況、およびそれらの疲労の度合いという観点から考えた[27]。疲労測定器（ergograph）を用いて、子どもの一日の注意力の持続時間や、子どもの学習や運動に適した時間帯、休息の必要性などについて検討し、子どもの注意力集中時間が持続するのは、小学校初級学年では15分、最高学年では25分が限界との見解を示した。また、一日における子どものエネルギーの律動的変化（リズム）を、次のような**図7-1**で示し、エネルギーの状況に応じた教科を学習させることが必要であると提案した[28]。

　子どものリズムに応ずるために、1回の授業継続時間をどうするか、休憩時間をいつ入れるかなどが、これ以後の時間割編成の主要な課題となった。モンロウの『教育学百科事典』(1913) によると、授業の継続時間を、学年が上がるにつれて長くしていく方法が、当時すでに知られており、第1学年は15分、第2、3、4学年は20分、第5、6学年は25分、7、8、9学年は30分とするのがチャドウィク標準と呼ばれていた[29]。

2　自発性

　子ども研究は、子どもの発達に関する可能な限り多くのデータを収集し、その平均を出すことで、子どもの自然な発達の法則を明らかにしようとした。そして、子ども研究の推進者は、発見された法則に従って、子どもの衝動や自発的活動をどこまでも尊重すべきであるという主張を繰り返し、学校教育の改革に取り組んだ[30]。その主張を具体的に実践に移した例を取り上げてみる。

　ホールの弟子のひとりフレデリック・リスター・バーク（Frederic Lister Burk, 1862-1924）はカリフォルニア州でフリー・プレイを実践した。バークは、子ども研究の成果にもとづいて、幼稚園で、子どもをどこまでも自由に遊ばせてみた[31]。子どもの活動は自発的であるので、完全に自由にしたときに、

182　第二部　アメリカにおける授業時間割の編成原理

子どもがどのように活動するかを観察すれば、子どもの活動の法則が解明さ
れ、発達の法則の発見にもつながるとバークは考えた。その結果、作成され
た観察記録が**表7-4**である。子どもの活動を機械的に区切るのではなく、遊
びを中心としていろいろな活動がつながっている。

　子どもの自発的な活動を重視しようとすれば、教師が予め時間割を作成し
て子どもに与えるのは適切ではない。子どもが自分自身のリズムに応じて、
自主的に時間を使うことを認めなければならなかった。幼稚園においてでは
あるが、子ども中心の柔軟な時間の使い方がすでに実践されていたことがわ
かる。

　バークの方法や、さきに紹介したプエブロ・プランにヒントを得て作成さ

表7-4　バークのフリー・プレイ観察記録

（月曜日）＊をつけた時間が、子どもの自由な活動の時間といえる。

morning-9:30	＊自由に行進し、自由に選んだ歌を歌う
9:30-10:00	教室に入り、着席。物語を聞いて、イラストを描く
10:00-10:05	＊自由に黒板に絵を描く
10:05-10:25	＊休憩（フットボール、砂場遊びなど）
10:25-10:30	教室に入り、着席。あるいは休憩。ピアノの演奏を聴く。
10:30-10:50	いろいろな色を使った作業
10:50-10:55	＊スクラップブックを見て、自由に話し合う
11:05-11:25	＊休憩
11:25-11:30	教室に入り、着席または休憩
11:30-11:50	＊自由遊び（自由に園内の遊具を自分で選ぶ）
11:50-12:00	片づけ。お別れの歌

（火曜日）＊をつけた時間が、子どもの自由な活動の時間といえる。

morning-9:30	自由な行進。そのあと自分で選んだ歌を歌う。
9:30-10:00	着席。物語を聴いて、イラストを描く
10:00-10:05	＊自由に腕を動かして、黒板に絵を描く
10:05-10:25	＊休憩（屋内でままごと、フェンス昇りと飛び降り。フットボールなど）
10:25-10:30	教室に入り、着席
10:30-10:50	粘土を使って数の学習。
	＊粘土で自由に好きなものを造る
10:50-10:55	鳥の写真のコレクションを見て、話し合い
11:05-11:25	＊休憩（フェンス昇りと飛び降りを心行くまで楽しむ）
11:25-11:30	教室に入り、着席
11:30-11:50	＊自由遊び
	年長組は裁縫、年少組は年度やビーズ遊び

出典：Burk, *A Study of the Kindergarten Problem*（1899）, pp.118-120

れた新しい時間割編成の方法が、ドルトン・プランであった。ドルトン・プランの創案者であるヘレン・パーカースト（Helen Parkhurst, 1886-1973）は、「時間が子どものもの」であることを強調し、子どものリズムに着目した。そこで、教師が作成する時間割を廃止して、子どもがひとりひとり自分で時間割を作る方法を考案した。**表 7-10** である。午前中は自由時間、午後は社会的活動という時間の区切りは教師が設定していたが、午前中をどのように過ごすかは、生徒が自分で計画を立てた。一日の初めに組織時を設けて、教師と生徒の話し合いを行ない、その後は、生徒は自分の学習のリズムに合わせて、実験室（教室）の間を自由に動き回ることができた[32]。教師は生徒のアドヴァイザーであり、教師があらかじめ作成する時間割は廃止されたのである。

　ドルトン・プランは、子どもが自由に時間割を編成した極端な例ではあるが、子ども中心を理念としていた進歩主義の学校のほとんどで、時間割編成に子どもが参加する場面は増えていた。その実態をつぎに見てみよう。

IV　進歩主義学校の時間割——専門家としての教師

　1920 年代から 1940 年代にかけて、子ども中心を標榜する進歩主義教育が流行した。まず、進歩主義学校の典型的な時間割の事例を三つ見てみよう。ホケットが最も成功した時間割として紹介したもの、オットーが現代の典型的な時間割として示したもの、そして、進歩主義教育運動の中心地であったティーチャーズ・カレッジ付属リンカン・スクールの時間割である。これらを参考にしながら、進歩主義学校の時間割の特徴を具体的に探っていくと、二つの特徴を指摘することができる。

1　時間割の弾力化と大ブロック化

　時間割の形態に注目すると、時間割の大ブロック化と弾力化が進歩主義学校に共通する特徴であった。そのことは、教師が自分自身の判断で、時間割を作成することができるということを意味している。**表 7-5**、**表 7-6**、**表 7-7**の三つの時間割を見ながら、これを確認しよう。

184　第二部　アメリカにおける授業時間割の編成原理

表7-5　リンカン・スクールの週間時間割（1925年第4学年）

時間	月	火	水	木	金
9:00	9:00-9:25 フランス語		9:05-9:45 集会	9:00-9:25 フランス語	
10:00	9:30-10:10 音楽		音楽	9:30-10:00 図書館 特別読書援助	9:30-10:00 創造的音楽
10:00	＊		10:00-10:20 読書の特別指導		＊2
			10:20-10:45 体育館		
11:00		10:45-11:45 ＊1	＊		
	11:00-11:30 体育館				11:00-11:30 体育館
12:00 1:00			11:30-12:30 昼食と休憩		
1:00	＊ 12:30-1:30	＊	＊	1:00-2:45	＊
2:00	1:30-2:00	リクリエーション		創造的作業 時間	
2:00	＊ 2:00-2:45	＊	＊		＊
3:00		2:45-3:00		昼食と下校	

＊集団活動も個別活動も豊富にある教育単元。情報や技術の必要性を感ずるなかで、責任感、自主性、協力心および科学的態度を開発のための機会となる。社会的な意義をもっていて、これらの時間のほとんどの作業の基礎となる。算数、読書、綴字、作文、工作または手工活動、あるいは事実を入手したり活用したりする訓練は、そのすべてまたは一部が、時間割のなかで実施されている。

＊1　この時間には、家庭科の実験室と教師が利用でき、作業単元の家庭科としての側面が強調される。

＊2　この時間には、工芸家の教員の援助が期待できる。

出典：Rugg & Shumaker（1928）, *Child-centered School*, p.70

第 7 章　新教育運動期における時間割の弾力化　185

表 7-6　成功した時間割（1938 年ころ、第 3 学年後半から第 4 学年前半）

9:00-9:15	点呼、　健康検査と指導
9:15-9:40	算数と貯金（3 グループ）
9:40-10:20	リズム、体育。教師は 5, 6 年生担当と交替
10:20-10:40	休息　軽食と運動場活動
10:40-11:00	集団音楽
11:00-12:00	読書：能力に応じて 3 グループに分ける。 図書館での読書：優秀な子どもは教師役を務め、特別な援助や追加の経験を必要としている 2 〜 3 人の子どもの面倒をみる。
12:00-1:00	昼休み
1:00-3:30	単元学習に関連した活動 社会科、作文、文学、言語、綴り字、芸術
2:20-2:30	休息

出典：John A. Hockett & E.W. Jacobson, *Modern Practices in the Elementary School* (New Edition, 1943, originally 1938), pp.119-120

表 7-7　典型的な時間割（1955 年ころ、第 3-4 学年）

8:00-8:20
　　　　Ⅰ. 共通時間（全体の話し合い）
　　　　Ⅱ. 平日の選択課題の実行
8:20-10:00 社会生活の諸経験
　　　　Ⅰ. 本日の計画 Planning for the day
　　　　Ⅱ. 課題の遂行 Working on tasks
　　　　Ⅲ. 片づけとこの日の作業の評価
　　　　Ⅳ. 翌日の作業と必要な資料についての討論
10:00-10:25 フルーツ・ジュース
　　　　組織的なゲームと自由遊び（戸外）
10:25-11:05 グループ別読書
　　　　（グループは固定しておらず、二人、三人、四人のこともある）
11:05-11:20 特別なフォニックスの時間
11:20-12:20 昼食、休息、自由活動
12:20-1:20 リクリエーションとしての読書と物語
　　　　Ⅰ. 自分で選んだ本を読む
　　　　Ⅱ. クラスの生徒に向かって自主的に朗読。グループで設定した基準を守る
　　　　（1 週間前に計画を立てておく）
　　　　Ⅲ. 教師がグループに読んで聞かせる
1:20-1:45 計算の経験
　　　　Ⅰ. グループ（通常は二人）が必要としている概念を提示する
　　　　Ⅱ. 多くの様々なゲームや現実生活での経験を利用する
1:45-2:00 自由遊び（戸外）
2:00-3:00 共同で行うドリル（個別のニーズに応ずる）
　　　　Ⅰ. 子どもはお互いに助け合う
　　　　Ⅱ. 教師は必要とされているときに援助する
　　　　Ⅲ. 時にはひとりで作業をすることもある
　　　　Ⅳ. 必要に応じて、注意書きや手紙を書く
注意：1 週間に 3 日、子どもは音楽教師のもとで音楽を経験する。他の日には、通常の教師の指導のもとで、音楽を経験する。様々な芸術の経験が、他の活動や自由時間のなかで与えられる。

出典：Otto, et al.（1955）, *Principles of Elementary Education*, p.246

186　第二部　アメリカにおける授業時間割の編成原理

　三つの時間割をみると、時間割が大ブロックになっていることがわかる。すでに見たように伝統的学校では、一日の時間割が細かく区切られ、それぞれに教科が割り当てられていた。一日の時間が20コマ以上に分割されることも珍しくなかった。これに対して、進歩主義の学校では、多くても10程度である。ホケットの時間割では朝の点呼や休息を除いて、9種類の学習活動がある。ランチや休憩の時間を含めても、オットーの時間割では10種類、リンカン・スクールでは8〜10種類である。

　ハロルド・ラッグは、大ブロック化の根拠として、子どもの変化しつつあるニーズに応じていること、いいかえると子どもの成長過程に配慮できることをあげている。1コマを長くすれば、作業単元、集会、体育など多様な活動を組み込むことができるし、子どもの自主性を尊重することもできるという[33]。大ブロックのなかで教師は自由に授業を構成することができるし、生徒はそのブロック内での自由な学習と活動が可能であるから、時間割の弾力化とみることができる。

　実際、ラッグは子ども中心学校、すなわち進歩主義学校では時間割が弾力的であるべきことを強調した。彼が示した進歩主義学校（リンカン・スクール）の時間割の例が表7-5である。しかも、このプログラムが「暫定的」なものであって、特別教室を使用したり、音楽・工作などの専科教員が担当したりする時間を除いて、時間割の大部分はあらかじめ決定されてはいないことに注意を促した[34]。

　ホケットも日々の時間割が弾力的であるべきことを強調した（表7-6）。ホケットは、伝統的な学校の時間割は、細かく区分された時間にそれぞれ教科を割り当てていたが、「子どもの興味を中心に学級の作業が展開するときには、柔軟で変更のきくプログラムが望ましいだけでなく、不可欠である」という[35]。子どもの成長しつつあるニーズに応ずるためには、1時限のブロックを長めにし、かつ弾力的にする必要がある。しかも、一日ごとに決めるのではなく、1週間単位で時間配分を考えることを提案している。「関連のない多くの教科学習が、暗唱のための短く区切った時間ごとに次々に続くような日課では、本当の教育は起こらない。（時間割の）柔軟性とは、このよう

第7章　新教育運動期における時間割の弾力化　187

表 7-8　子ども中心学校と伝統的学校の時間割の比較

教育プログラムにおける典型的な表題

子ども中心の学校	伝統的な学校
（以下は代表的な興味の中心または作業単元） 木の研究と木を使った工作 歴史劇「コロンブスに従って」 騎士の研究：劇の創作と上演 都市の劇 ミルクの研究 オランダの研究 羊毛の研究 水上輸送 樹上生活者の研究 チキンの面倒を見る シカゴの発展物語 ギリシャ人の生活の研究 植民地時代の生活	（以下は代表的な学校教科） 代数 算数 簿記 経済学 英作文 地理 文法 歴史 ラテン語 手工科 自然研究 読書 修辞法 科学 綴字 書き方

出典：Rugg & Shumaker（1928）*The Child-centered School*, p. 69

伝統的な学校の典型的な日課

Time	教科の順序
9:00-9:05 9:05-9:20 9:20-9:35 9:35-9:45 9:45-10:00	手や髪などの身体検査 奉仕時間（愛国心と市民性） 綴字 習字 口頭および筆記による作文
10:00-10:10 10:10-10:40 10:40-11:00 11:00-11:10 11:19-11:40 11:40-12:00	休息 算数 体育 休息 読書（第一分団） 言語または作文
	昼休み
1:00-1:08 1:08-1:35 1:40-2:00	お知らせ 描画または音楽 地理または自然研究
2:00-2:15 2:15-2:50 2:50-3:15	休息 読書（第二分団） 歴史または公民科の研究

出典：Rugg & Shumaker（1928）, *The Child-centered School*, p.71

な仕組みから自由ということであり、成長しつつある子どものニーズに従って、自由に計画を修正できるということなのである」[36] と彼は言うのである。

大ブロックの時間は、子どもの活動の継続性を保障することができるという意味もある。これを主張したのはオットーであった（表7-7）。彼は、子どもの活動のつながりを確保するためには、時間割を柔軟に編成する権利を教師がもつべきであると主張した[37]。

2　個別学習と社会的活動

生徒の活動の内容に着目すると、進歩主義学校では、時間の区切りの基準が教科ではなく、活動の単位であった。ラッグは、子ども中心学校[38] と伝統的学校の時間割を比較して、それぞれの時間割に現れる表題を**表 7-8** にまとめている。子ども中心学校は、子どもの活動単元をもとにしたプログラムであるのに対して、伝統的な学校では教科別のプログラムである。この両者を比較すれば、子ども中心の学校では時間割区分の規準が教科ではなく、活動の単位であることが明らかである。

リンカン・スクールの月曜日（表7-5）をみると、フランス語、音楽、単元学習、体育、ランチ、単元学習、リクリエーション、単元学習、おやつ、である。ホケットの時間割では、出席確認のあと、算数、リズムと体育、休憩、音楽、読書、昼食、活動である。オットーの時間割（表7-7）では、朝の会のあと、社会生活単元、フルーツ・ジュース、グループでの読書、フォニックス（綴りと発音の関係）、ランチなど、リクリエーションとしての読書、数の経験、戸外での自由遊び、共同でのドリル学習、となっている。教科として残っているものもあるが、多くは集団活動が単位となっている。

先に、進歩主義の学校では時間割が大ブロックになっていることを確認したが、これらの大ブロック内での活動の多くが生徒の協力を前提としていたことに注目しなければならない。ホケットの時間割をみると、算数や読書の時間は教科学習であるが、その活動はグループごとに行われる。また、表7-6（ホケット）からわかるように、読書の時間では優秀児が他の子どもを指導するなど、子どもの相互協力も組み込まれていた。このように、進歩主義

第7章 新教育運動期における時間割の弾力化 189

表7-9 ウィネトカ・プランの時間割

	月曜	火曜	水曜	木曜	金曜
9:00-9:10	計算	計算	計算	計算	計算
9:10-9:40	算数	算数	算数	算数	算数
9:40-10:00	綴字	綴字	綴字	綴字	綴字
10:00-10:20	言語	言語	言語	言語	言語
10:20-10:40	フォークダンス	体操	体操	体操	体操
10:40-11:10	集会	作業	集会	共通関心集団	集会
11:10-11:45	社会科	社会科	社会科	共通関心集団	社会科
1:00-1:30	共通関心集団	読み方	読み方	読み方	読み方
1:30-1:50	共通関心集団	書き方	書き方	書き方	書き方
1:50-2:00	運動場	運動場	運動場	運動場	運動場
2:00-2:20	音楽鑑賞	音楽鑑賞	音楽鑑賞	音楽鑑賞	音楽鑑賞
2:20-3:00	活動の時間	活動の時間	活動の時間	活動の時間	活動の時間
3:00-3:30	特別指導時間	特別指導時間	特別指導時間	特別指導時間	特別指導時間

註1）共通関心集団とは，共通の関心を持っているいろいろな学年の生徒が，集団で学習する時間。
註2）特別指導時間は，欠席などの理由で特別な援助を必要とする生徒にたいして，教師が指導する時間。
註3）陰をつけた部分が個別学習の時間である。
出典：Washburne (1932), *Adjusting the School to the Child*, p.162

の学校は集団活動を促進する時間割になっていたのである。

　進歩主義学校は集団活動を強調すると同時に、個別学習の重要性も重視していた。したがって集団活動と個別学習を時間割にどのように組み込むかは、ほとんどの進歩主義学校に共通する重要な課題であった。そのひとつの方策が、時間割を集団活動と個別学習に分割することであった。その典型的な例は、ウィネトカ・プランとドルトン・プランであった。

　ウィネトカ・プランでは、カリキュラムがコモン・エッセンシャルズと集団的創造的活動に二分された。コモン・エッセンシャルズは個別学習であり、生徒ひとりひとりが教科別のワークブックに取り組み、自分のペースで学習を進める。集団的創造的活動は、集団討論、芸術、体育、プロジェクトなどの、社会的活動である。一日の時間割のなかでは、午前と午後がそれぞれ二分割され、個別学習と集団的創造的活動が交互に行われるようにしていた[39]（**表7-9**）。ドルトン・プランでも、午前中は生徒ひとりひとりが自分のペースで学習する自由研究の時間、午後は、音楽、絵画、ドラマなどの集団活動であっ

190　第二部　アメリカにおける授業時間割の編成原理

表 7-10　ドルトン・プランの時間割（1931-32 年、第 4-5 学年）

8:45-9:00	組織時
9:00-9:15	集会
9:15-12:00	実験室時間
12:00-12:30	戸外でのゲーム、水泳
12:30-1:00	昼食
1:00-1:30	全体会議
1:30-2:30	発声法、音楽鑑賞、コーラス、絵画、劇をグループで学ぶ。特別な支援が必要な子どもには学術的な実験室が開かれている。この時間帯には個別の音楽レッスンがある。
2:30-4:30	戸外での集団活動、ダンス、水泳、大工仕事などをする（プログラムは親との相談にもとづいてひとりひとり決められる）

出典：*The Tools of the Elementary Curriculum*, Dalton School, Inc. 1931-32

た。つまり、一日の活動は、午前中の自由研究と午後の集団学習に区分されたのである（表 7-10）。

リンカン・スクール（表 7-5）の時間割は、表の下部の注意書きにあるとおり、個別学習と集団活動を意図的に統合しようとした例である。ラッグによると、リンカン・スクールの時間割では作業単元の時間が設定されており、その時間帯には、「学習内容や習得すべき技術や実施される芸術が、予め決定されていない。………集団活動と個別活動がたくさん組み込まれており、責任感、自主性、協力の精神、科学的態度が開発される機会となる」[40] という。教科の枠にとらわれないで、個別学習と社会的活動を意図的に関連付けた単元学習を進めようとしていたことは、**表 7-11** からも読みとれる。

このように、時間割を社会的活動の単位にすることが進歩主義学校の時間割の特徴であった。そして、ドルトン・プランやウィネトカ・プランのように、集団活動と個別学習を交互にする時間割や、リンカン・スクールのように、社会的活動と個別学習を関連付けた単元を基本とする時間割もあった。どちらにせよ、進歩主義の学校では、集団活動と個別学習の組み合わせ方、あるいは関連づけの方法が、時間割編成の主要な原理になっていたのである。

3　子どもの自由とリズム

20 世紀前半の進歩主義教育運動の中で、時間割が柔軟で、大ブロックに

なったことは、時間割編成における子どもの自主性を尊重することではあったが、同時に、教師が自らの判断によって、時間割を編成する権限を回復したことも意味していた。時計や時間割によって、教師の行動が厳密に管理されることは少なくなった。しかも、教科別に細分化されていた教育内容を教師が伝達する授業は減り、子どもの単元ごとの活動が中心の授業が増えた。それぞれの単元に、いつ、どの程度の時間を充てるかを決めるのは、教師の裁量であった。したがって、進歩主義学校では時間割を決定する教師の権限は拡大したと考えることができる。

　子どもの自主性やリズムの尊重と、教師が時間割を作成する権限の拡大とが両立していたのは、子どもと教師の話し合いがなされていたからであった。たとえば、リンカン・スクールの時間割（表 7-11：1925 年第 3 学年）では、9時から 10 分間はその日の時間割を教師と生徒が一緒に考えるために使われている [41]。シティ・アンド・カントリー・スクールでも、朝は一日の学習計画を話し合うことから始まる（**表 7-12a、表 7-12b**）。ドルトン・プランでも、朝の組織時に、生徒と教師がその日の時間の使い方について話し合っていた（表 7-10）。オットーの紹介した時間割でも、8 時 20 分から一日の計画を話しあっていた（表 7-7）。このように、進歩主義学校では、しばしば生徒と教

表 7-11　リンカン・スクールの一日の時間割（1925 年、第 3 学年）

Time	
9:00-9:10	自分でたてた家庭学習計画とその日の計画についてよく考える
9:10-9:45	数字が必要となるように教室の状況を用意する。つまり、算数の計算や原理の練習を含む（週に 4 回。他の教科は 1 回）
9:45-10:00	フランス語
10:00-10:45	歴史、地理、科学、作文と綴り字の教材を、グループでまたは個人で、必要に応じて、取り上げる。黙読のなかには歴史や地理などに役立つものがあるだろう。学習で取り上げる教材は日ごとに異なる。
10:45-11:00	体育
11:00-11:15	朝の軽食（軽食の時間に、個人はまたはグループがクラス全員に音読や口頭発表をしたり、劇などを見せたりする。）
11:45-12:30	個人または小グループが作業をし、工芸や科学の教師の指導を受ける。
12:30-1:00	音楽または文学

出典：The Lincoln School of Teachers College, *A Descriptive Booklet*, 1925, p.20

192 第二部　アメリカにおける授業時間割の編成原理

表 7-12a　シティ・アンド・カントリー・スクールの週間時間割

6 歳　（1921 年）

	月	火	水	木	金
9:00	話し合い				遠足
9:30	裁縫か工作、鳩の世話、サンルームの掃除	裁縫が工作か粘土	裁縫か工作か粘土	裁縫か工作か粘土	
10:15	工作の後は絵、他の 2 グループは続ける	積み木遊びか絵	積み木遊びか絵	絵	
10:30	物語	積み木	物語	校庭	
11:00	校庭	遠足	校庭	科学	
11:30					絵
12:00	昼食と休憩（昼食の前 10 分間は小さなブロックで数の勉強）				
1:30	音楽	絵と粘土	絵	音楽	積み木の片づけ
2:30	校庭				粘土の練習
3:30	下校				

12 歳　（1927 年）

	月	火	水	木	金
9:00	歴史の話し合い・英語・劇（同時に、最も興味のあるものをする）				
10:00	フランス語かドイツ語				
10:40	リズム	校庭	校庭	リズム	校庭
11:00		個人の仕事	数学・科学		数学・科学
11:15	数学・科学			個人の仕事	
12:00	昼食・個人の読書のための図書室				
1:00	グループで音読をするか、個人の学習				
1:30	数学・科学	個人の仕事	数学・科学	個人の仕事	数学科学
2:30	校庭				
3:00	──── 放課後の自由選択の時間 ──── 工作・実験室・塑像・図書室・おもちゃ				
3:45	校庭				
4:30					

出典：山内槇子『シティ・アンド・カントリィ・スクールの子供中心の教育実践』
　　　（兵庫教育大学 1994 年度修士論文）23 頁

第7章　新教育運動期における時間割の弾力化　193

表7-12b　シティ・アンド・カントリー・スクールの一日の活動（8歳）

時間	子どもの活動	教師の援助
9:00	・ニューヨーク州の地図作りをする ・インディアンと開拓者の初期の商業ルートと夏休みの旅行先を記入	初期入植者とインディアンの物語のため地図を1、2日、黒板にかけておく
9:30	・店の仕事のための数の練習 　10分間全員でゲーム 　20分間繰り下がりのある引き算	簿記の助けの必要な子の指導
10:00	・個人の仕事の時間 　Leonard……出納係をさぼっていたため、帳簿をつける 　Ethel………財産係としてお金を教師に支払う 　Nancy, Carl…注文書の作成 　Frank, Richard…広告用ちらしと個別の地図を作る 　Paul…学校の事務室のための価格のリストの写し 　Estelle, Ellen, Edward…7歳のグループに頼まれた写し 　Ruth…次の出納係に備えた特別練習 　Irene…マンハッタンの地図作り 　Betty, Loiuse…絵を描く	 申し込みに応じる
10:30	・リズム 　パントマイムのための音楽の自由な解釈 　宙返り・側転 　リズムの不慣れな子、積み木を跳んで練習	スカーフを使って表現を助ける方法をクラスみんなに広げる
11:15	・店を開く（係：Leonard, Edward, Estelle） 　Edwardは品物のリストを読む練習 ・店の委員でない子どもたちは図書室で読書 ・午後の予約（工作室、実験室、粘土制作）	
12:00	・昼食・休憩	組織されたゲームの自由な劇遊びの促進
1:00	・戸外での遊び（劇遊び）の準備 　テーマ「インディアン」「マンハッタン島の最初の白人」	
2:00-3:00 （放課後の予約のある子は3:30まで）	・個人の予約の仕事か教室で個人の仕事 　Richard, Ethel…粘土でクリスマスプレゼント作り 　Carl, Ruth, Betty, Estelle, Leonard 　　　　　　…実験室で開拓者の原始的産業の調査 　　　　　　のため蝋燭・石鹸・丸木舟作り 　Frank…母親のためのガラスの箱作り 　Irene, Louise…作曲のためドラムで音のパターン作り 　Edward, Nancy…絵 　Paul, Ellen…二人で絵のシリーズ作り	
3:00-3:30	・大きな声で読む ・放課後の予約2名 　Edwardは読みに参加せず、部屋の後ろで絵を描く	絵を描いている子どものために小さな声で読む

C. Pratt, *I Learn from Children*, pp.114-121 より山内作成
出典：山内槇子『シティ・アンド・カントリィ・スクールの子供中心の教育実践』（兵庫教育大学1994年度修士論文）
　　　24-25頁（一部修正）

194 第二部 アメリカにおける授業時間割の編成原理

師が話し合って時間割を決めていた。つまり、話し合いを経た上で、教師が時間割編成の権限を行使したといえる。

　では、生徒と教師が話し合って作成した時間割が、子どものリズムや自主性をどのように保障していたであろうか。この点について、マーガレット・リンゼイが1940年代の前半に行なった初等学校の授業実態に関する社会学的調査を参考にして考察してみよう。リンゼイは、伝統的な学校と進歩主義の学校とで、子どもが学校でどのように時間を使っているかを、参与観察し

表 7-13　能動的活動と受動的活動の交替（伝統的学校と進歩主義学校の比較）

受動的な仕事の指示が多い（A校の一日）

時刻	作業	受動的	←	→	能動的
8:50	日誌を読む				
9:05	ニュースと展望				
9:25	綴字				
9:50	ドリル（ゲーム：間抜けのサイモン）				
9:52	算数				
10:50	音楽鑑賞				
11:15	読書				
11:40	昼食				
12:45	歴史				
1:50	単元構成時間				

受動的な仕事と能動的な仕事がバランスよく配置されている（D校の一日）

時刻	作業	受動的	←	→	能動的
9:00	討論と計画				
10:00	休息				
10:30	ミルクとクラッカー				
10:40	算数				
11:45	言語術				
12:30	昼食				
1:00	自由活動				
2:00	遊び				
3:00	作業				

出典：Lindsey（1946）, "Children's Records," p.66, 69

て記録した。この調査は時間割編成原理が伝統的学校と進歩主義学校でどのように異なっているかを具体的に示した貴重な資料である[42]。

　リンゼイは進歩主義学校での授業の特徴を 8 点にわたって列挙している。①個人差への配慮があること、②プログラムが柔軟で、大ブロックであること、③身体、情緒、社会的成長、個別活動と集団活動などのバランスが取れていること、④子どもの生活経験に即した学習をしていること、⑤生徒が目的の設定に参加していること、⑥様々な資料を利用していること、⑦生徒が共同して学習計画を立てていること、⑧民主主義社会のなかで生きるための技術、理解力、態度の形成をおこなっていること、である。時間割編成に着目すれば、弾力化と大ブロック化とともに、時間割編成や授業の目的の設定にまで子どもが参加していることがわかる。

　伝統的学校と進歩主義学校の時間割編成で対照的なのは、子どものリズムへの配慮の有無である。リンゼイが示した例によると、進歩主義の学校では、子どもが身体を動かして活動する能動的な時間と、教師の講義を聞く受動的な学習時間とが交互に繰り返されており、伝統的な学校では、ほとんど一日中が受動的な学習であった（**表 7-13**）。ホケットが示した時間割表でも、子どもが積極的に活動する時間と、机について受動的な学習をしている時間とが、ほぼ交互にあることがわかる（表 7-6）。

　また、リンゼイが示した D 校（リンカン・スクール）の時間割は、学習内容の継続性と発展性を含んでおり、注目すべきものである。D 校では子どもが積極的に時間割作成に参加した結果、社会科と新聞作成という二つのモティーフが関連づけられて、授業が展開している（**図 7-2b**）。このように、リンゼイは、いろいろな学習や活動が関連をもちながら展開しているところに、子どもの活動の多様性と継続性を重視する進歩的学校の時間割の特質を見出した[43]。それが、これまでに本章で紹介した進歩主義学校の時間割の多くに共通するものであることは明らかであろう。

　E 校（シティ・アンド・カントリー・スクール）の子どもの一日の学習の展開過程もみておこう（**表 7-14**）。8 時 45 分から 30 分間、計画を立てることから一日が始まった。右端の数字は、その活動に従事していた子どもの数で

関連をもたない内容でプログラムをデザインする

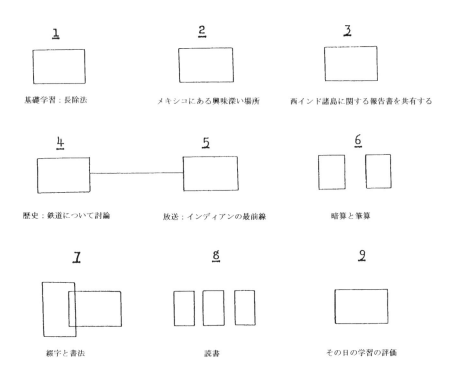

図 7-2a　伝統的学校の時間割編成概念

出典：Lindsey（1946），"Children's Records," p.78

ある。計画の時間に、子どもが自分自身の考えやリズムに応じて、いろいろな活動をしていたことがわかる。9時15分から10時までは社会科である。本を読んだり、討論をしたり、話を聞いたりと、いろいろな活動がなされている。そのあとは、全員で、映画を見て、キックボールをする。12時15分からは自由な時間で、それぞれが好きな活動をしている。午後は、算数の時間、遊びの時間、そして芸術と続いていた。個別の作業と集団活動がほぼ交互にあること、同じ時間内でも子どもの活動が多様であること、映画、遊びなど

第 7 章　新教育運動期における時間割の弾力化　197

二つの主題をもつプログラムをデザインする

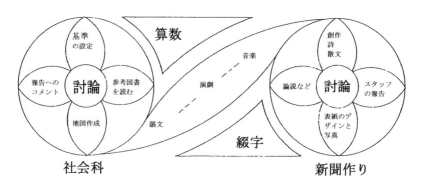

プログラムのデザイン――部分的統合

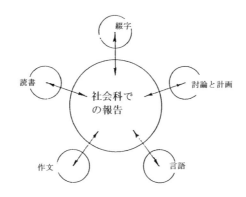

図 7-2b　進歩的学校（D校：リンカン・スクール）の時間割編成概念の比較
出典：Lindsey（1946），"Children's Records," p. 82

198　第二部　アメリカにおける授業時間割の編成原理

表 7-14　私立の進歩的学校（E校：シティ・アンド・カントリー・スクール）の授業の展開

時刻	学級活動	個人の活動	報告者の人数
8:45	計画	話を聴いた	12
		自主的に壁画を描いた	1
		壁画の作成を自主的に援助した	8
		プログラムを作成するための助言をした	3
		プログラムの計画を援助した	8
		委員会報告書を作成した	3
		記録保存フォルダーについて話した	1
9:15	社会科	読んだ	3
		討論に参加した	11
		聴いた	11
		芸術委員会に提出する報告書を作成した	1
		壁画作成に参加した	1
		影絵を作った	3
10:00	集会	映画を見た	27
		保健室にいた	1
11:00	遊び	試合をした	1
		キックボールをした	21
		審判を務めた	1
		主将を務めた	1
		同級生がキックボールをするのをみていた	1
		自分がリーダーだった	1
12:15	自由時間	自分の話を書いた	1
		遊んだ	1
		絵を描いて話した	1
		学校にあるいて行った	1
		本を読んだ	4
		チェスのゲームを見た	1
		詩を書いた	1
		チェッカーをした	2
		影絵を作った	3
		演劇場を作った	1
		ルイス先生のクラスを訪問した	1
		演劇の飾りを作った	2
		物語を書いた	1
		算数の学習をした	2
1:00	算数	図書館で読書した	1
		グラフを作った	4
		習熟テストを受けた	4
		自己テストをしてみた	3
		算数シートの学習をした	17
1:30	遊び	フットボールをした	6
		フルートのレッスンを受けた	1
		プリズンボールをした	18
2:00		この予定表を作成した	27
2:30	芸術	壁画を測定するのを手伝った	2
		フットボールの絵を描いた	2
		ブックエンドを作った	4
		テーブルにおいている果物の絵を描いた	1
		報告盤に載せる手紙を書いた	1
		メキシコ少年を作成した	1
		粘土で工作した	6
		犬の絵を描いた	1
		作業場で仕事した	3
		音楽のレッスンを受けた	1

Lindsey（1946），"Children' Records," pp.39-40

ではほとんどの子どもが一緒に活動していること、などに注目したい。子どもの自由がかなり認められているとともに、集団の活動も組み込まれている。そして、一日の計画を最初に立てていることがとくに重要である[44]。

　これらの事例から、授業の中で教師は生徒の多様な活動を認めていたが、自由放任であったわけではないことがわかる。教師は、子どもが計画を立てることに関与し、個別学習と集団活動を組み合わせたり、能動的活動と受動的活動を交互に行わせたりするなど、様々な配慮をしていた。生徒のリズムや状況を見ながら、その場で判断することが、教師には求められていたのである。これを教師の専門性といってもよいであろう。

おわりに──子どもの主体性と教師の専門性

　これまで紹介してきたように、進歩主義教育を実践していた学校の時間割は多様であった。その多様さは、教師が自分の裁量で時間割を編成することができるようになったことの証とみてよいであろう。能率と厳密さを追求し、時計に縛られていた19世紀末の時間割とは大きく変貌していた。子どもの自発性やリズムを認めようとする児童研究や新教育の思想をここに見出すことができる。

　進歩主義の学校に限らずとも、1930年代のアメリカでは、教師は時間割編成に関して、かなりの自由を享受していた。連邦教育局が実施した全国調査によると、教科内容別に授業時間の割り当てを決めていた州や都市や郡は2割に満たなかった（**表7-15**）。およそ6割の州、都市、郡が、時間配当すら示していなかった。子どもの到達度の予測は難しいから、それぞれの学校が状況に応じて時間割を決めることができたはずである。つまり、教師の裁量は相当に認められていたとみてよいだろう[45]。だからこそ、進歩主義教育の時代には、教師が子どもとの相談のうえで、子どものリズムや自主性を生かすような、専門家としての判断に基づいた時間割を作成した事例がすくなからず存在するのである。教師が時間割を編成することができたとすれば、それは専門性に裏打ちされたものであった可能性はある。

　だが、はたして現実の教師に、そのような専門性を実際に期待できたであ

200　第二部　アメリカにおける授業時間割の編成原理

表 7-15　コース・オブ・スタディで時間配当を指示した州、都市又は郡の割合

指示した時間配分	州（%）	都市（%）	郡（%）	合計（%）
単元当りの時間	10	18	13	18
1 週間あたりの時間	20	15	11	16
6 週間あたりの内容	1	5	7	4
毎月の内容	2	3	2	3
1 週間の内容	0	1	4	1
時間配当の指示なし	58	58	63	58

出典：Bernice E. Leary, *A Survey of Courses of Study and Other Curriculum Materials Published since 1934*, U. S. Bureau of Education, Bulletin, 1937, No.31, table 11

ろうか。進歩主義教育は子どものリズムや自主性を尊重することを標榜しな
がら、実は、教師が、子どもの時間の使い方に枠をはめていたことも否定す
ることはできない。たとえば、ドルトン・プランでは、子どもに時間割作成
の自由を与えた反面で、学習内容自体は教師があらかじめ決定していた。生
徒が時間割編成の自由を得たのは、実は学習内容が完全に教師によって枠づ
けされていたからこそ可能だったのである。言い換えると、子どもの自由と
リズムの尊重は、時間の使い方についてのみであった[46]。このことはウィ
ネトカ・プランにもあてはまる。ウィネトカ・プランでも、学習内容はワー
クブックとしてあらかじめ教師が決定しておいて、そのワークブックをい
つどのように使うかに関して、生徒は自由だったにすぎない[47]。ドルトン・
プランでもウィネトカ・プランでも、内容を教師が決めたのちに、生徒が時
間割を決めた。学習内容の継続性や発展性は確保されていたと考えられるし、
生徒が自ら時間割を編成していたのだから、活動のリズムや継続性もあった
と見なすことは不可能ではない。それにしても、学習内容に限定してみると、
教師側の強い指導のもとで、生徒は自主的な時間割作成を強いられていたと
いうことができる。

　そこで問わなければならないことは、教師の専門性の内容である。時間割
編成の多くの事例からは、子どもを時間割編成に参加させること、子どもの
自由な活動を認めること、個別学習と集団活動を交替で行うこと、能動的な
活動と受動的な活動をバランスよく行って、子どものリズムと自主性を尊重

第 7 章　新教育運動期における時間割の弾力化　201

すること、単元学習などが、時間割編成の原理として、共通理解を得つつあっ
た。時間割編成における教師の専門性は、これらの原理を実践のなかでどの
ように実現するかにかかっていた。

註

1　Raymond E. Callahan, *Education and the Cult of Efficiency: A Study of the Social Forces That have Shaped the Administration of the Public Schools* (Chicago: University of Chicago Press, 1962). 参照。

2　コードレイの調査によれば、1865 年から 1902 年の間に刊行された学校経営関係の図書は 27 冊あり、そのうちの 22 冊が時間割に言及していた。1903 年から 1911 年までに刊行された 23 冊のうち 19 冊が時間割について言及していた。これらのほとんどは時間割の実例を挙げていた。Edward B. Cordray, "An Analysis of American School Management Textbooks from 1770 to 1911," Ph.D. diss. University of Pittsburgh, 1956, p.112, 194.

3　A.N. Raub, *School Management* (Philadelphia: Raub and co., 1882), pp.72-77; Joseph Landon, *School Management* (London: Kegan Paul, Trench, 1883), pp.231-237; Joseph Baldwin, *The Art of School Management* (New York: D. Appleton and Co, 1884), pp.238-274; John B. Calkin, *Notes on Education* (Truno, Nova Scotia: D.H. Smith, 1888), pp.247-260; Landon, *Principle and Practice of Teaching and Class Management* (New York: Mcmillan and Co., 1894), pp.178-180; Levi Seeley, *A New School Management* (New York: Hinds, Hayden & Elderedge, Publishers, 1903), pp.41-50; Jasper Newton Wilkinson, *School Management* (Tokeka, Kansas: Crane & Co., 1903), pp.73-108. など

4　John and Evelyn Dewey, *Schools of To-morrow* (New York: E. P. Dutton and Co., 1915), p. 185; 杉浦宏他訳『明日の学校教育』(明治図書、1978 年)

5　ゲーリー・プランの詳細については、R.D.Cohen & R.A. Mohl, *The Paradox of Progressive Education*, および、拙稿「アメリカ進歩主義教育運動におけるコミュニティと学校－1910 年代のゲーリー・スクールの研究－」『東京大学教育学部紀要』第 23 巻 (1983) 参照。

6　プラツーンと呼ばれたので、のちにゲーリー・プランの別名としてプラツーン・プランが普及した。また校舎については、プラツーン・スクールという呼び名もよく使用された。

7　George D. Strayer and Frank P. Backman, *The Gary Public Schools: Organization and Administration* (New York: General Education Board, 1920), p.102.

8　Raymond E. Callahan, *Education and the Cult of Efficiency,* Chapter 6.

9　この点は、拙稿 (1983) で詳細に論じた。

10　Randolph Bourne, *The Gary Schools* (New York: General Education Board, 1918), pp. 101-102.

11　John & Evelyn Dewey, *Schools of To-morrow,* 邦訳 132-134 頁。

12　これに対して、ゲーリー学校を調査したフレクスナーらは、ゲーリーの学校で生徒

の自由が認められたのではなく、生徒の管理が不十分であったに過ぎない、と批判している。その証拠に、自分が通常受けるべき授業とは異なる授業に参加するときには許可証が必要なのに、実際にはこれを持たないまま、移動している場合が大半であったことをあげている。Abraham Flexner & F. P. Backman, *The Gary Public Schools: A General Account* (New York: General Education Board, 1918), pp. 43-47; Strayer & Bachman, op. cit., pp.102-107.

13 J. H. Van Sickle, "Grading and Promotion with Reference to the Individual Needs of Pupils: Plan of the North-side Schools of Denver," *Journal of Proceedings and Addresses of the NEA, 1898*, pp.436-438.

14 P. W. Search, "Individual Teaching: The Pueblo Plan," *Educational Review*, Vol.7 (Feb., 1894), pp.154-170.

15 William H. Holmes, *School Organization and the Individual Child* (Worcester, Mass: The Davis Press, 1912), p.65. ラ・サール (La Salle, 1651-1719) はフランス人で、能力別の学級編成と一斉教授を開発した人物として知られている。

16 P. W. Search, op. cit. p. 158.

17 この方法は、のちのドルトン・プランと基本的に同じである。パーカーストにドルトン実験室案の実施を強く励ましたバーク (サンフランシスコ州立師範学校長) が、サーチの実践に着目していたことを考えると、パーカーストがサーチの実験室法を参考にした可能性が高いが、筆者はいまのところ証拠をつかんでいない。

18 Arnold Tompkins, *The Philosophy of School Management* (New York: Ginn and Co., 1898), p.111; Joseph S. Taylor, *Art of Class Management and Discipline*, (New York: A. S. Barnes and Co., 1903), p.9.

19 詳細は宮本健市郎『アメリカ進歩主義教授理論の形成過程』(東信堂、2005 年) 39-41 頁参照。

20 Katherine Camp Mayhew and Anna Camp Edwards, *The Dewey School* (New York: D. Appleton-Century Co., 1936) 小柳正司監訳『デューイ・スクール』(あいり出版、2017 年) 214 頁。

21 『デューイ・スクール』214 頁。

22 佐藤学『米国カリキュラム改造史研究』(東大出版、1990 年) 49-57 頁。

23 山崎洋子・山名淳・宮本健市郎・渡邊隆信『新教育運動における「共同体」形成論の出現と「学級」概念の変容に関する比較史的研究』平成 11 年度－ 13 年度科学研究費補助金基盤研究 (C) (1) 研究成果報告書 (平成 14 年 3 月)。

24 たとえば、William C. Bagley, "School Management," in *A Cyclopedia of Education* edited by Paul Monroe (New York: Mcmillan Co., 1913)；海外の動向を踏まえて書かれた『教育学辞典』(岩波書店、1837 年) の「時間割」の項目 (小川正行執筆) では、注意持続時間と疲労の研究などが、時間割作成のうえでもっとも考慮すべき重要な要素として解説されている。

25 Levi Seeley, *A New School Management* (New York: Hinds, Hayden & Eldredge, Publishers, 1903), pp.41-50.

26 バグリーは、子どもの注意力や学習が持続できるかどうかは、リズムのなかで現れ

るのであり、その先駆的な研究を開拓した権威者として、オーシアを取り上げている。William C. Bagley, *Classroom Management*（New York: Mcmillan co., 1907）, p.57.

27　Michael V. O'Shea, "Child-Study," *The Chautauquan*, Vol.23, No.3（June, 1896）, pp.302-307.

28　O'Shea, *Dynamic Factors in Education*（New York: Mcmillan Co. 1906）, chapter 13.　塚原政次・越川彌作訳『動的教育の原理』（東京：育英書院、1915 年）

29　William C. Bagley, "School Management," in *A Cyclopedia of Education,* p.278.

30　児童研究については、James Dale Henderics, "The Child-Study Movement in American Education, 1880-1910: A Quest for Educational Reform Through a Scientific Study of the Child," Ph. D. diss., Indiana University, 1968. を参照。

31　F. L. バークについては、宮本健市郎『進歩主義教授理論の形成過程』（東信堂、2005 年）、第 3 章を参照。

32　ドルトン・プランの詳細は、Helen Parkhurst, *Education on the DaltonPlan*（New York: E. P. Dutton and Co., 1922）（中野光編・赤井米吉訳）『ドルトン・プランの教育』（明治図書、1974 年）、および宮本健市郎『前掲書』第 5 章を参照。

33　Harold Rugg and Ann Shumaker, *The Child-centered School*（New York: World Book Company, 1928）, p.73.

34　Ibid., p.72.

35　John A. Hockett and E. W. Jacobson, *Modern Practices in the Elementary School*（New Edition）（Boston: Ginn and co., 1943, original edition in 1938）, p.93.

36　Ibid., p.95.

37　Henry J. Otto, Hazel Floyd, Margaret Rouse, *Principles of Elementary Education*（Revised edition）,（New York: Greenwood Press, 1955, rev.1969）, p.247.

38　ラッグは子ども中心学校と表記しているが、筆者は進歩主義の学校と同義とみている。

39　Carleton W. Washburne, *Adjusting the School to the Child*（New York: World Book Co., 1932）, pp.161-164.

40　Rugg & Shumaker, *The Child-centered School*, p.72.

41　The Lincoln School of Teachers College, *A Descriptive Booklet*,1925, p. 20.

42　Margaret Lindsey, "Children's Records of Their Use of Time in School as a Means of Evaluating the Programs of the Elementary School: A Report of a Type C Project," Ed. D. diss., Teachers College, Columbia University, 1946. リンゼイは、都市部の大規模公立小学校（A校）、都市部の大規模だが、教師は進歩的と自認し、活動プログラムを実施している小学校（B校）、郊外にある施設・設備のすぐれた小学校（C校）、私立で恵まれた条件下にある進学を主目的とする小学校（D校）、私立の小規模な実験学校（E校）の 5 校を選び出して、各学校の授業の実態を調査した。対象とした学年は第 4 学年、第 5 学年、または第 6 学年であった。もっとも進歩的な学校であるD校とE校の実践を、伝統的な学校であるA校の実践と比較したとき、進歩主義学校の時間割編成の特徴が顕著になってくる。社会学的調査であるので、各学校の実名はあえて伏せられているが、すべてがニューヨーク市にあるとすれば、その教育内容から、D校

204　第二部　アメリカにおける授業時間割の編成原理

がリンカン・スクール、E校がシティ・アンド・カントリー・スクールであると筆者
は推測している。

43　Lindsey, "Children's Records of Their Use of Time in School," pp.74-86.

44　シティ・アンド・カントリー・スクールについては、山内槇子『シティ・アンド・
カントリィ・スクールの子供中心の教育実践』（兵庫教育大学 1994 年度修士論文）が
参考になる。

45　Bernice E. Leary, *A Survey of Course of Study and Other Curriculum Materials published since
1934, U. S. Bureau of Education, Bulletin*, 1937, No.31.

46　木下竹次は、このような観点からドルトン・プランを厳しく批判していた。「我が
学習法から観たドルトン案」『学習研究』第 26 号（1924 年 6 月）52-60 頁。

47　ウィネトカ・プランの詳細は山口満・宮本健市郎・ウォッシュバーン『教育の個別
化』（明治図書、1988 年）を参照。

終章　新教育運動期における空間構成論と時間編成論の転換
——子ども中心と教師の権威と専門性——

1　結　論

　本書は、第一部で学校建築の変遷を、第二部で時間割の変遷をたどった。学校建築については、歴史的には教会モデル、工場モデル、家庭モデルという三つのモデルがあったことを示し、19世紀末に始まる新教育運動のなかで、まず工場モデル校舎が普及し、その後、家庭モデルの校舎が出現した経緯を解明した。時間割については、19世紀末に厳密な時間割が出現したこと、そして20世紀になって柔軟な時間割編成が普及したことを示した。学校建築と時間割の変貌を重ね合わせることで、新教育運動期における教育思想の転換を重層的に描き出すことに努めた。学校建築と時間割編成を別々に取上げたが、両者が密接に関連していたことは、これまでの叙述から明らかであろう。各章の内容をもういちど整理し、両者の関連を確認しよう。

　第1章では、アメリカでコモン・スクールが出現した19世紀前半から、新教育の思想が広がった20世紀前半までに至る学校建築の変遷を概観した。19世紀前半まで、ほとんどの校舎は一教室学校であり、その構造は教会の形式と類似していた（教会モデル校舎）。教師は教室の前方にある教壇に立ち、権威をもって教育空間を支配することができた。19世紀末から20世紀初頭には、大都市が発展し、大規模な校舎（school plant）が設計された（工場モデル校舎）。多くの教室や特別教室や講堂や運動場などをもつ大規模な校舎では、子どもがいろいろな種類の学習や活動に取り組むことができるようになった。しかし、同時に、子どもの学習や活動が、逆に校舎や設備の有無や形態に制約されるという現象も生じていた。20世紀の半ばちかくになって、子どもの活動の自由や連続性を重視し、家庭的な雰囲気のある教室や講堂を

もつ校舎が出現した（家庭モデル校舎）。それは子ども中心の学習環境という進歩主義教育の理念を体現していた。

　第2章は、集会場、講堂、および多目的室に焦点をあてて、19世紀末から20世紀半ばにいたるまでの、学校建築の変貌過程をたどった。19世紀末に学校空間がいくつかの教室に区切られるようになってから、通路としての機能をもつホールが最初に出現し、つぎに子どもたちが集まる場所としての集会場、さらに、20世紀の初めには、地域の人々も集まることのできるような独立した大きな講堂が建てられるようになった。ところが、20世紀半ばになると、大規模な講堂は減少し、小規模な多目的室が増えていった。大規模な講堂が出現したことは、形態のうえでは子どもの活動を促し、地域の核としての学校の存在意義を示した点で進歩主義教育の一面を示していた。しかし、講堂が整備され大規模になると、教育の実践が子ども中心の活動や学習から離れていくという現実もあった。その結果、20世紀半ばには講堂に代わって小規模な多目的室が増えた。

　第3章は、連邦教育局で校舎問題を担当していたアリス・バロウズの思想を分析した。バロウズは大学院でデューイの教育理論を学び、その実現を生涯の課題として設定した。1910年代にゲーリー・プランの学校（プラツーン学校）をニューヨーク市に普及させることに尽力し、それが挫折したあとは、連邦教育局の研究員として全国の校舎を調査し、その改善にむけて、多くの都市に学校建築についての助言をした。バロウズは、子どもに、働き、学び、遊ぶという豊かな経験を与えるための環境として校舎をとらえ、学校建築を教育課程と結びつけた。バロウズは教育環境としての校舎の意義を発見したといえる。

　第4章は、コロンビア大学ティーチャーズ・カレッジで学校建築の研究を続けたエンゲルハートの教育思想を分析した。彼は1910年代から、よい校舎の基準を作成し、その基準を満たしている校舎を普及させることに努力した。彼は、能率を徹底して追求した工場モデルの大規模な校舎を、20世紀の前半に大都市を中心に普及させるのに貢献したのである。しかし、1930年代になると、エンゲルハートは、モダニズム建築の影響を受けて、校舎の

形態よりも、子どもの活動の多様性や連続性、すなわち、校舎の教育的機能にいっそう配慮するようになった。その結果、エンゲルハートは家庭モデルの校舎を提案するに至った。

　以上の四つの章を通して、子ども中心の教育思想が、徐々に学校建築に浸透していったプロセスが明らかになった。デューイが子ども中心の理念を掲げて校舎の改造を提案してから、およそ半世紀がたって、ようやくその理念が現実のものとなったのである。

　校舎の改革が徐々に進んでいったのと並行して、時間割の改革も進んでいた。次の三つの章では、時間割が子ども中心の思想を反映するようになった経緯をたどった。

　第5章では、19世紀前半のアメリカでコモン・スクールが普及し始めたころの時間割をとりあげた。19世紀前半まで、教会モデルの校舎の中で時間を支配していたのは神と自然であった。時計が十分には普及しておらず、時間割は厳密ではなかった。教師は神の代理、または親代わりとしての権威をもち、自らの裁量で時間割を編成することができた。

　第6章では、19世紀後半に工業化が進展し、義務教育制度が確立したころの時間割をとりあげた。公教育の一環として、大規模な校舎をもつ学校に求められたことは、すべての生徒に所定の最低限の教科内容を、能率的に教えることであった。そのために、教師の裁量による恣意的な時間割は否定され、詳細で厳密な時間割が多くの学校で作成され、時間割は能率的な学校経営を進めるための手段となった。しかし、時計を基準とした時間割は教師を管理し、教師の権威を否定するものであった。

　第7章では、19世紀末から20世紀初頭にかけてのアメリカの進歩主義学校の時間割を取り上げ、時間割が柔軟になっていったことを確かめ、その根拠を探った。進歩主義の学校では、時間割編成に子どもが参加すること、細かな時間の区切りをなくして大ブロック式にすること、時間を区切る基準を教科ではなく子どもの活動の種類にすること、などの新しい時間割編成原理があったことを確認した。それは、時間割編成における教師の裁量権の拡大を伴っていたから、教師が専門家としての権威を確立する機会を得たことを

意味していた。

　全体をとおして、子ども中心の学習環境と時間割編成が、20世紀前半の新教育運動の中で、理念として普及したことを認めることができる。

　最後に、新教育運動のなかで提起された子ども中心と教師の権威との関連を、空間構成と時間編成という観点からあらためて整理しておく。19世紀前半まで、教師には神の代理としての権威が認められ、学校の秩序を維持することが主要な仕事であった。このような教師の権威を支えるための仕掛けが、学校という空間であり、教師が時間割を決めるという方法であった。教師は、学校の空間と時間の管理者としての権威を保持していた。

　このような教師の権威は19世紀末には失われた。大規模な校舎や教室や設備は、厳密な建築基準や、学校建築の専門家によるデザインに基づくことが通常となり、教師が容易に関与できない事項になってしまった。時間割編成については、多数の生徒をいろいろな教室に移動させるために、時間の区切りを画一的にし、時計の示す時刻にしたがって、児童を確実に動かすことが教師の仕事になった。その結果、教師は学校の空間や時間を統制する権限を失った。

　20世紀前半の新教育運動は子ども中心を理念とする運動であった。学校空間についていえば、子どもの自由な活動やリズムを保障するための環境整備を課題としていた。権威を失った教師に代わって、子どもが中心となって学習したり、活動したりできるような環境を設定しようとした改革の事例を、本書ではいくつか紹介した。時間割についても同じことがいえる。子どもの主体的な活動やリズムを重視した柔軟なものがつくられた。子どもが自主的に時間割作成に取り組んだ例も少なくない。学校空間と時間割の柔軟性は相互に関連して、子ども中心の教育を支えていたとみることができる。このとき、教師には空間や時間をつくり上げる専門性が求められていたのである。

2　残された課題

　本書で紹介した事例は、新教育の理念を実現しようとしたいくつかの試みに過ぎない。現代の学校が子ども中心の理念を実現しているとは限らないし、

教師に専門性が備わっているわけでもない。課題は残されたままである。問題の提起に止まるが、ここに記しておくことにしたい。

第一に、学校を取り巻く社会環境、地域環境の実情についての分析を進める必要がある。本書で紹介してきた子ども中心の環境が実現していたのは、裕福な家庭の子どもが多い学校や、環境のよい郊外にある学校に限定される傾向にあった。平屋建てで広い敷地をもつ校舎を大都会の中で維持することは困難である。クロウ・アイランド小学校のあるウィネトカの町は、シカゴの郊外にあって、今でも裕福な人々のみが住むコミュニティである。地域の経済的および物理的な基盤を作ることの重要性はつねに強調し続けなければならないが、その基盤のない地域ではどのような校舎と時間割がありうるのか。これが今後問うべき課題である。

第二に、時間割編成と空間構成との関連の追究である。時間割の実態を分析するなかで、教室や学級編成の方法が、時間割を決定付けている側面が強いことは確認された。たとえば、ひとつの教室にひとつの学級がある場合と、ひとつの教室に複数の学級がある場合では、時間割編成は全く異なる。空間構成が時間割編成を強く制約しているのである。時間割編成については融通を利かせることができても、授業をとりまく物理的環境、とくに教室や校舎の構成は容易に変更することができない。この食いちがいが、教育の可能性と限界を示唆しているように思われる。空間のもつ教育的機能と、時間のもつ教育的機能との関連は、さらに詳細に分析する必要がある。

第三に、空間構成と時間割編成の転換があった時期の違いがもつ意味を検討することが必要と思われる。歴史をみると、子ども中心の時間割は、19世紀末のデューイ・スクールを嚆矢とし、1920年代には多くの進歩主義学校に、かなり普及していた。ところが、その同じ時期に、学校建築をみると、大規模な工場モデルの校舎が続々と出現していた。ゲーリー・プランが典型的であるが、子どもに多様な経験を与えるためにいろいろな施設・設備の拡充を行ったのである。子ども中心の時間割と、校舎中心の工場モデル校舎が同時に普及していた事実のなかに、進歩主義教育が孕んでいた矛盾を見出すことができる。子どもの学習の能動性やリズムを配慮した校舎が登場するの

は、1940年のクロウ・アイランド小学校の出現まで待たねばならなかった。

　第四に、校舎の空間構成と時間割編成における教師の役割である。子ども中心の校舎をデザインしようとするなら、空間構成のデザインに教師が参加することは不可欠であろう。また、時間割が子どもや教師の活動を厳密にかつ詳細に縛るものではなくなったとき、時間割の作成は、教師に大きく委ねられることになるだろう。子どもの主体性を認めつつ、教育を効果あるものとするには、現実の教師には、学校空間の構成と時間割の編成について、原理的考察をする能力が、専門職性のひとつとして重要になるであろう。その研究は始まったばかりである。

付章　日本における授業時間割編成原理の展開

はじめに

　現代日本では、1単位時間（1時限や1校時ともいう）は、小学校では45分、中学校は50分が通例である。しかし、子どもの発達の状況や、活動のリズム、学習内容のつながり等を考慮したとき、45分を1時限とする画一的な時間割が適切でないばかりか、子どもの興味を殺いだり、学習や活動のリズムを阻害したりする可能性があることは、否定できない。学習指導要領では、「教科等のそれぞれの授業の1単位時間は，各学校において，各教科等の年間授業時数を確保しつつ，児童の発達の段階及び各教科等や学習活動の特質を考慮して適切に定めるものとする」、同解説では、「創意工夫を生かし時間割を弾力的に編成することができる」となっているのは[1]、このことを考慮しているからであろう。

　では、子どもの学習や活動のリズムの障害となりうる45分という授業の単位時間が、いつ、どのような理由で、わが国の小学校に普及したのであろうか。本章では、その経緯をたしかめてみる。取り上げる時間割表は、小学校の日課表と週間時間割表である。1週間の時間割表といえば、多くの人は碁盤目状の形式をもったものと考えるであろう。この固定観念を批判的に検討するために、本書は教科の内容よりも、時間割表の形式に焦点をあてる。どの教科を何時間、どのような方法で教えていたかは、教育課程史の主要なテーマのひとつであり、研究の蓄積は少なくない[2]。だが、同じ内容でも、どのような時間割表の中で授業されたかによって、その意義や効果は違ってくることに着目しなければならない。本研究が時間割表の形式がもつ教育的な意義に焦点を当てる所以である[3]。

I　試行錯誤の時期——明治前期の時間割

1　明治初期の混乱

　明治初期の時間割は教則によって知ることができる。海後宗臣『明治初年の教育』[4] によると、1872年8月（旧暦）の学制実施直後から、教則には、三教科式、文部省式、師範学校式の三類型があった。海後は紹介していないが、アメリカ式時間割を取り入れたところもあった。

　三教科式教則は、寺子屋等で庶民が学んできた読書、習字、算数を中心としたものである。1873（明治6）年の静岡県小学校教則によると、午前8時から10時までが読方暗誦、午前10時から12時までが数学、午後1時から3時までが習字となっている（**資料1**）。具体的に小学校の教則を見ると、同じ年の静岡県沼津第一番小学集成舎教則では、6歳から13歳までの者は、8時から10時まで習字、10時から12時まで読本、午後1時から2時まで算術、2時から3時まで修身口授となっている（**資料2**）。三教科別に時間を割り当てていること、およそ2時間ごとに時間割を区切っていたことがわかる。三教科式教則は、府県の教則としては、明治7年以後はなくなったが[5]、各地の小学校の教則としては、後で述べる師範学校式の教則が普及する以前では、「著しく多」かった[6]。二時間ごと、または一時間ごとに授業時間を区切る方法は、明治政府の教育方針がまだ固まっていなかったこの時期に、はやくも導入されていたのである。

　二時間または一時間ごとに時間を区切るようになった理由はいくつか考えられる。ひとつは、一日の学習内容が三教科中心で、学校に居る時間が6時間であれば、2時間ごとに区切るのが自然だったからである。また、明治になるまで、時刻の表し方がだいたい2時間ごとになっていたことも理由と考えられる。日本では、1873（明治6）年に太陽暦を採用する（太政官布達第一号）までは不定時法であり、一日を子の刻から亥の刻までにわける十二辰刻法が普及していた。季節によって長短があるが、一刻はだいたい2時間である。時計が普及していなかった時代であり、それより細かい区分は難しいのが実情であったと考えてよいだろう[7]。

1872 年 9 月 8 日に文部省は、小学教則（文部省布達番外）を制定した。時間割は、「一日五字一週三十字ノ課程日曜日ヲ除ク」とされた。この教則は 1873 年 5 月（新暦）[8] に、一日五時、一週四日間二十時と改められた（文部省布達第七十六号）。休日に関しては、一の付く日と六のつく日を指定していた時期（一六休日）もあるが、1874 年 3 月に日曜日が官立学校の休日となり、1876 年 4 月に官庁と学校が日曜日全休、土曜日半休日となった[9]。休日がどうであれ、文部省式教則では、きちんと 1 時間ごとに教科が割り振られていた。たとえば、1875 年 7 月の熊谷県改正小学校教則（**資料 3**）である。読本、習字、算術、綴字、問答、復読、修身口授、体操、それぞれに時間数が割り当てられているが、体操の 30 分を除けば、分には分割されていない。小学校で実施した例が、**資料 4** にある静岡県金谷学舎課業表である。一六休日である。二の付く日をみると、綴字、絵入知恵ノ環一ノ巻、習字、習字初歩、単語読方、単語篇、算術、算術訓蒙、単語暗記となっている。

　文部省が頒布した小学教則は必ずしも、地方の学校の教則を拘束するものではなく、参考にする程度であった[10]。しかも、文部省式の小学教則は、1878 年 5 月 23 日に廃止され（文部省布達第四号）、時間割の全国基準はなくなった。その後、府県が教則を記載して文部省に報告をすることになった。つまり、学制の当初から文部省は教則の大綱を示すのみで、時間割は各府県、各学校が自由に決めていたのである。

2　師範学校式教則の普及

　明治期の時間割編成に決定的な影響を与えたのは、師範学校式教則であった。1872（明治 5）年 5 月に官立師範学校（1873 年 8 月に東京師範学校に改称）が、東京に設立された。校長は諸葛信澄、アメリカ人教師スコットらが加わって 9 月から授業を始めた。「教科書、教材、教具などすべてをアメリカより輸入」し、「事実上アメリカの小学教授法の直訳教育」[11] であった。師範学校は 1873 年 2 月に下等小学教則を創定、5 月に上等小学教則を制定した。1876 年頃からはほとんどの府県の小学校教則が、師範学校式教則に基づくようになった[12]。**資料 5** は師範学校の代表的なテキスト、**資料 6** は岩手県

の小学校で作成された教則である。スコットが授業を始めてから2年足らずののちに、師範学校で開発された教則が、地方にも波及していたことがわかる。

　師範学校式教則の特徴として2点が、のちに大きな意味をもってくる。ひとつは、時間の区切りがかなり厳密になったことである。5分という時間を時間割表に明記したのである。また、師範学校の小学生徒心得は「毎日参校ハ受業時限十分前タルベシ」と規定していた[13]。まだ時計も十分に普及していなかった時代にどのようにして5分を測ったのか[14]は疑問であるが、師範学校のなかでは厳密な時間が意識されるようになったということはできる。

　もうひとつは、一時間ごとの区切りに加えて、5分間の体操が入っていることである[15]。体操を入れることの意義について、校長の諸葛信澄は、スコットの教授法にもとづいて著した『補正小学校教師必携』（1875年4月）の中で次のように述べていた。

　　体操ハ、其身体ヲ運動シテ以テ精神ノ鬱屈ヲ散シ、新鮮ノ空気ヲ呼吸シテ
　　以テ爽快ノ心ヲ生ゼシムルモノナルガ故ニ、一度ニ多クノ時間ヲ与ヘズ、
　　一二時間毎ニ十分乃至十五分許ノ時間ヲ与フ可シ[16]

　諸葛あるいはスコットが何を根拠にして、体操を授業と授業の間に入れ、5分という厳密な区切りをし、さらに単位時間55分という考え方をもつにいたったのかはわからない。文部大輔を務めた田中不二麿が各国の教育制度を視察して作成した報告書である『理事功程』（1873）には、華盛頓府（ワシントン）公学規則のなかに、「下等小学校ニ於テハ各級ノ教官其生徒ニ一個ノ課程ヲ終ル毎ニ五分時ヨリ多カラサル少憩ヲ許スヘシ」とある[17]。この図書を参照した可能性は高い。また、わが国で明治初期に採用された教授法はアメリカの影響が強かったのもたしかである[18]。アメリカの師範学校に留学していた伊澤修二や高嶺秀夫などを中心に、1870年代のアメリカでよく読まれた教授法書が翻訳・紹介され、師範学校で使用された教科書の多くがアメリカのものの翻訳だったからである。

しかしながら、時間割表に関する限り、アメリカの影響はかならずしも強くない。1時間ごとに区切りをもたせる時間割表は、同時期のアメリカの教授理論書のなかではほとんど見出せない。師範学校関係者が熱心に紹介していたアメリカの教授法書には、10分ないし15分の休憩（recess）を午前中および午後の授業の間に、一回または数回入れ、休息（intermission）を午前と午後の授業の間に入れることが多かった。業間体操ではなく、休憩であった。また、単位時間という形式はなく、授業の継続時間は、授業内容によって、いろいろである。19世紀半ばにアメリカで最も強い影響を与えたと言われている教授法書[19]で、文部省訳（1876年12月刊行）によって日本でも広く読まれた『彼日氏教授論』（原著、David Page, *Theory and Practice of Teaching*, 1847）でも、そのようになっている（**資料7**）。授業の間に体操を入れること、教科内容にかかわらず単位時間を55分にするというような時間割の例は、アメリカではほとんど見当たらない[20]。アメリカの学校では、45分または50分の単位時間という形式はなく、内容に応じて、さらに細かく時間が分割されるのが通常であった。単位時間という方式は、アメリカからの影響とは考えられない[21]。

したがって、単位時間を設定し、時間割表を碁盤目状にする方法は、わが国で独自に発展したと見ることができる。それは庶民が受けついできた伝統的な時刻表記（十二辰刻法）を受け継ぐ三教科式教則と、教科ごとに時数をわりあてる文部省式教則の結合とみるべきであろう。

3 明治初期の時間割の特徴

明治初期の時間割編成論をまとめておく。文部省は1872（明治5）年9月に小学教則を頒布したが、それはかならずしも拘束力のあるものではなく、各地方、各学校がかなり自由に時間割編成をすることができた。時間割編成の主体は地方と学校であった。

授業時間割表は、2時間または1時間ごとに区切るという大雑把なものであった。授業時間を2時間ごとにする方法は、庶民教育の伝統を引き継ぐ三教科式教則に見られ、1時間ごとに区切る方法は、文部省式の教則に見られ

た。一日に 5 時間（午前に 3 時間、午後に 2 時間）という形式は、文部省式教則と師範学校式教則のなかで採用されていた。

　師範学校式教則は、時間の厳密さを求めるきっかけとなった。それは、1 時間を 55 分の授業と 5 分の体操に分割したのである。5 分という短い時間をあえて授業の間に挟んだことは、師範学校が時間割の厳密さを求めていたとみることができよう。師範学校式教則が 1876（明治 9）年ころから、ほとんどの学校で採用されるようになって、わが国の小学校の授業の基本型ができあがった。こうして、明治 10 年代には、単位時間を 55 分とし、一日に 5 時間の授業をすること、授業と授業の間に体操（業間体操）をいれることが、わが国の小学校の授業の基本型になりつつあった。

II　時間割の定型化──明治後期の時間割をめぐる議論

　明治後期は、義務教育制度の整備が進み、授業の定型が出現した時期である。教育課程は小学校令のもとで、国家による強い規制を受けるようになり、1903 年には教科書が国定になった。国家が定めた教育内容を生徒に伝達する形式の授業が一般化したのである。時間割表もその一環とみることができる。時間割編成そのものに対しては、国家は厳格な規制をしなかったけれども、週当りの教科別時間数の割当を示す時間割表が全国一律になったことで、時間割の画一化が進んだ。その経緯をみていく。

1　義務教育制度の整備と授業定型の成立

　わが国の義務教育制度は、1886 年、1890 年、1900 年の三度の小学校令によって、最終的には、1900 年ころに確立したとみてよいだろう[22]。この間にあった学校と学級の構造変化と、教育内容の変化が、時間割の編成におおきな影響を与えた。

　学校と学級の構造についてみると、この間に単級学校や合級教授が大幅に減少し、ひとりの教師がひとつの学級をひとつの教室で授業するという形態が多くなった。単級学校は、1893（明治 26）年に 42.6% であったが、1910（明

治40)年には9.1％に減少していた。単級学校の形態は寺子屋と類似しており、ひとりの教師が能力の異なる多くの生徒に授業をしなければならなかった。師範学校式の教則と時間割はこのような状況を想定しておらず、師範学校の意図と、単級にならざるを得ない地方の学校の実態との齟齬が存在していた。しかし、明治末には、就学率の上昇や、学校の統廃合によって、このような状況が改められ、分級編成が進められた[23]。その結果、多くの地方の学校でも、師範学校式の教則と時間割を実践に移すことが可能になったのである。

　この間、教育内容は国家による強い規制を受けるようになっていた。各学校がかなり自由に教則を作成していた時代は、明治10年代に終わる。1881（明治14）年に小学校教則綱領が制定され、国家による教育内容の管理が強化された。その後、1886（明治19）年に小学校ノ学科及其程度が、1891（明治24）年には小学校教則大綱が、さらに1900（明治33）年には、小学校令施行規則が制定されて、全国の公立小学校はこれらにしたがって授業をすることが義務付けられた。その結果、明治20年代の半ばには、国家が教則を定め、それを学校長が教授細目として教師に示し、各教師が教授細目にもとづいて具体的な教案を作成するという形式が一般化していた[24]。明治中期以後の時間割は、「公教育教授定型」（稲垣忠彦）を前提に作成されることになったのである。

　1900年の小学校令施行規則には、時間割編成の前提となる諸事項が規定されていた。学年の始期を原則として四月とすること（土地の事情により九月始期も可能）、学期の区切りは府県知事が定めること、学期内の授業日や授業時数は学校長の権限であること、休業日は、日曜日、大祭祝日、土曜日午後、夏期休業、冬期休業であり、日曜日を除いて90日を越えないことなどである。

　重要なのは、1週間の授業時数が決められたことであった。それによると、「尋常小学校ノ毎週教授時数ハ二十八時ヲ越エ又十八時ヲ下ルコトヲ得ス」（1900年小学校令施行規則第十九条）とし、「尋常小学校各学年ノ教授ノ程度及毎週教授時数ハ第四号表ニ拠ルヘシ」（同第十七条）となっている。第四号表が、**資料8**である。

この規定にもとづいて、各学校が、1週間の碁盤目状の時間割表に教科を割り当てたのである。ひとつの碁盤の目が1時であることは自明であった。たとえば1週間に28時と仮定すると、1日に5時の日が5日と、3時の日が1日という計算になる。これが明治中期の最も普通の様式であった[25]。なお、1年間の授業時数については規定していない。

もうひとつ重要なことは、1900年の小学校令によって、体操が教科になったことであった。これによって、それまでの授業と授業の間の業間体操が休憩時間になった。したがって、小学校では、1授業時と休憩時間を合わせて60分ということになった。休憩時間を何分にするかは学校の裁量であった。それについては後述する。

こうして、国家が定めた教科を、碁盤目状の時間割表に割り当て、授業と授業の間に数分の休憩時間を与えるという形式が普及したのである。

2 時間割編成原理の定着

1900年に小学校令と同施行規則が制定されたころには、時間割の形式は画一的なものになっていたが、実は、授業時間の長さを何分にするか、一日の時間割のなかで、どの順番で教科の授業を配置するかに関して国家の規定はなかった。だから、時間割表（日課表）をどのように編成するかをめぐる議論は、1880年代から始まり、1900年代になっても議論が続いていた。

授業時間と休憩時間の長さに関する議論をみてみよう。業間体操が休憩時間になったのは、1900年の小学校令施行規則からであった。しかし、休憩時間の長さについては、1880年代末からしばしば教育雑誌等で議論されており、そのころから実際には休憩時間を授業の間に挟んでいた例は少なくなかった。では、45分と15分という形式はなぜ普及したのだろうか。

45分を単位時間として時間割を編成した早い例は、白井毅編『学級教授術』（1887年11月）である（**資料9**）。白井はかつて若林虎三郎と共著で『改正教授術』（1883年6月）を著し、開発主義の教授法の推進者であったが、その後の実践経験を参考にして本書を著した。『学級教授術』は、教授における管理をとくに強調しており、「規律ニ慣レシムベシ」[26]を教師の遵守すべき主義と

していることから、わが国に紹介されはじめたヘルバルト派の教授論の影響を強く受けていると考えられる[27]。白井の提案している時間割一覧表は、1時限の体操は 30 分、2 時限の修身は 15 分だが、それ以後はすべて 45 分の授業となっている。45 分という画一的で秩序だった時間割を作成したのは、規律と管理を強調するヘルバルト派の影響と考えられる。白井は時間割を主題として論じたのではないが、その時間割案が 45 分授業を前提としていたことに注目しておきたい。

　1880 年代後半、白井が『学級教授術』を著したのとほぼ同じ時期に、授業時間の長さについての提案をした教師や教育学者は少なくない。彼らの多くは、授業時間または休憩時間の長さを画一的にすることには批判的であり、低学年の生徒には授業時間を短くし、高学年の生徒には長くすることを提案していた。たとえば、大窪實は、1886 年に東京府教育談会の総集会での演説で、「我邦ニ於テ従来小学校ノ授業時間ハ一度一時間ノ久シキニ亘ルモノ甚ダ多シ」と現状を批判し、グラスゴウのホーレスグランド氏の説、および米国ヴァジニヤ州小学校の日課時間配当表を紹介している。大窪によると、ホーレスグランドは、実験にもとづいて、授業の継続時間は、5 歳から 7 歳までは 15 分、7 歳から 10 歳までは 20 分、10 歳から 12 歳までは 25 分、12 歳から 16 歳までは 30 分にすべきであるという説を紹介していた。また、ヴァジニヤ州の小学校では、10 分や 15 分ごとに授業時間が区切られていたという[28]。

　湯本武比古も、日本では学年の上下にかかわらず、授業時間が 45 分または 50 分であるのを不合理として、学年が上がるにつれて授業時間を長くし、休憩時間を短くすべきであると主張した。具体的には、当時のドイツの方法を参考にして、「今我が小学校に於て、毎時四十五乃至五十分間づつ授業することの代りに」、尋常第一年級では毎時 30 分授業と 30 分休憩、尋常第二年級では 35 分授業、第三年級では 40 分授業、第四年級以上では 45 分授業を提案した[29]。すでに一般化していた 45 分または 50 分授業を改革する提案である。

　1890 年代になると、高賀詵三郎が、日本では授業時間が徒に長いと批判

している。彼は、「全国ノ校 修身唱歌体操ノ如キ 固ヨリ時間ノ少キモノ
ヲ除キテハ 勉メテ四十五分若クハ五十分ヲ課シ 習慣ノ餘 竟ニ一定ノ法
トナリ 四十五分若クハ五十分ノ間ニ於テ 其課程ヲ易ヘテ労ヲ忘レ 意ヲ
新ニセシメントスルカ如キニ至リ」と、当時の状況を述べている。すでに、
45分授業が全国的に普及していたという証言である。そのうえで、伊澤氏[30]
の管理法では、「幼なるものは20ないし40分、長せるものは30ないし
45分」であったことや、ホーレスグラントやドネルソンなどの海外の説を
も紹介して、授業時間は、低学年は短く、上級学年は徐々に長くすべきであ
ると主張した[31]。

　日本では、1880年代以後遅くとも1890年代には、授業の単位時間を45
分にする形式がかなり普及していた。授業時間を短くすべきであるという主
張は、すでに定型化しつつあった時間割に対する批判として提起されていた
のである。

3　休憩時間の定着

　休憩時間を15分にすることは、全国的に1900年ころには定着しつつあっ
た。それを決定づけたひとつの契機が、1900年2月28日の第28回文部省
衛生顧問会議の決議であった。それによると、「小学校の休憩時間は、毎教
授時間の後午前は十五分午後は二十分喫飯及休憩時間を一時間とし内十五分
以上喫飯の用に充つべし」となっていた。理由は簡単で、10分では用便等
の時間をとれば遊ぶ時間もなくなり、短かすぎること、午後は午前よりも疲
労しているので20分がよいということだった[32]。これによって休憩時間の
長さが決定されたわけではないが、ある程度の長さの休憩時間が必要である
ことを文部省があらたに認識したはずである。

　いっそう重要なのは、同年8月20日の小学校令改正であった。先に述べた
とおり、これよって体操が必修科目になるとともに、授業と授業の間にあった
業間体操がなくなり、授業と授業の間が休憩時間になった[33]。これ以後、休
憩時間をどのくらいの長さにするかということだけでなく、休憩時間の目的
や指導法に関する議論が教育雑誌等でしばしば行なわれるようになった[34]。

先の決議と小学校令改正によって、休憩時間の意義が公式に認められたのである[35]。

　文部省が休憩時間を法令で定めることはなかったが、このころから45分授業と15分休憩という形式を標準とするようになったものと思われる。文部省視学官であった槇山榮次は、1905年から1908年まで、ドイツおよびアメリカに公費留学し、諸国の時間割を観察し、各国でいろいろな時間割があることを紹介した。そのうえで、わが国の小学校では、尋常第一学年の児童を除いては、45分授業が適当であると結論づけていた[36]。1910年ころには、45分授業と15分休憩という「方法は十数年以前からの習慣」[37]と言われるようになっていたのである。

4　教科配列法としての時間割編成

　45分授業と15分休憩という時間割の定型ができて以後、時間割編成の焦点は、授業時間や休憩時間の長さよりも、1週間の時間割表の作成に移っていった。日本では小学校令施行規則により、1週間の教授時数が18時間以上30時間以下なら変更可能という規定はあっても、原則として教科別に授業時数が配当されていた。各学校は、1週間の授業時間割表の中で、どの教科をどのように配列するかを決めなければならなかった。教科を配列するための参考という意図と思われるが、1900年ころから、教科配列の方法に関する記述が、各種の教育雑誌や図書に掲載され始めた。

　そのひとつは、1901年の『教育実験界』の記事である。教科を配置する原則として、

　第一原則：道徳的意識を育てる諸教科には多くの時間を与えるべきである。
　第二原則：各教科の特性を考えて、充当する時間数を増減させよ。
　第三原則：黙習の多い教科には多くの時間を充てよ。

という三つを掲げている。執筆者の藤原覚因は、この原則を述べたあと、21項目にわたって時間表調整上の留意事項を挙げている。①各学年毎週授業に

供すべき時間の総計を出してから、どれだけ各教科の授業に適用すべきかを考えよ、②多くの心意の奮励を必要とする教科を続けてはならない、③各課業の相接続する順序は、教科の相互関係に従うことが重要で、たとえば、修身→歴史→語学→習字・唱歌がよい、④脳力の消費が大きい教科は午前中に課すこと、等々が続いている[38]。

　教育学術研究会編纂『小学校事彙（第二版）』（1904 年）は、時間割編成の際のとくに注意すべき諸要素として、①1 週 6 日の時数を均等にできないときは、水曜日の授業を減らせ、②修身、唱歌、体操は半時間で一区切りとせよ、③修身は第一時限に課すこと、など 12 項目を挙げている[39]。

　1910 年 9 月に鹽見静一（京都府女子師範学校訓導）が『教育学術界』に発表した意見も紹介しておこう。彼は、まず、年齢と児童の注意持続時間との関係に着目して、一学年と二学年には 45 分は長すぎるとして、35 分授業、午前中に 5 時限まで設定すべきであるとする。次に、学科の配置順と児童の状態との関係を論じ、児童が疲労しやすい数学や算術、地理などのあとには、図画、手工、体操、唱歌を置くべきであるという。理由は、算数・修身と体操・唱歌とは「心意の働く方面が全く異なって居る」からである。また、体操や唱歌の前後には休憩は不要であると述べている[40]。

　1912 年 2 月文部省検定済の『改訂小学校管理法』（小川正行・佐藤熊次郎・篠原助市共著）は、日課表についての当時の公式見解をほぼまとめたものと思われる。「師範学校に於ける教育科の系統的教科書となさんが為に、師範学校教育科教授要目に拠」って編纂された同書は、日課表または授業時間割を「教科課程表に定められたる毎週教授時数に応じ、各教科目教授の順序を、適当の日時に配当したるもの」と定義した[41]。そして、「日課表調製の原則」を以下の 4 項目にまとめている。

　　①各教科目の毎週教授時数を考え、その多少に依り、適当なる間隔を定め
　　　て之を週日中に排列すべし。
　　②各教科目の性質・学習の難易を調査し、思考的教科は之を第二時に配当し、
　　　情操的教科は第一時又は第二時に配当すべし。

③児童心力疲労の転換に注意し、各教科目の性質に依りて、疲労多きもの
と少なきものとを交互に排列すべし。

④毎週教授の時数と回数とは、概して一致するを原則とすれども、教科目
の性質と、児童の発達とに応じて、適宜之を異にし、一時限内に二教科
を配当することあるべし[42]。

この原則は、碁盤目状の週間時間割表に教科を割り当てるためのものといっ
てよい。第一時、第二時が、それぞれ「単位時間」を意味していることは言
うまでもない。「一時限内に二教科を配当」とは、一時限の枠が先に時間割
上で確定していて、その中に教科を割り振ることに他ならない。こうして、
碁盤目状の時間割表に教科を割り当てるという方法が確立したのである。

Ⅲ　大正新教育期における時間割の変貌

　明治後期に出現した時間割の定型は、その後現代に至るまで、大きな変化
を蒙ることなく継続している。しかし、大正時代には、国際的な新教育運動
の影響を受けて、定型化した時間割ではなく、もっと柔軟な時間割を採用し
た学校も少なくなかった。時間割については、法規上は小学校令施行規則で、
年間の休業日数や週ごとの授業時数が決められているのみで、授業時間や休
憩時間の長さ、教科を1週間の時間割表にどのように配当するかということ
については、何の規定もなかったから、各学校が大きな自由裁量をもってい
た。したがって、日本の大多数の学校が45分授業と15分休憩という形式
を維持していたとはいえ、その形式を打破することが法規上は許されていた
のである。

　定型化した時間割に対する批判には、二つの観点があった。ひとつは、時
間割が子どもの生命や活動のリズムに即した柔軟なものになるべきであると
いう観点であり、もうひとつは、時間割が教科の配当であってはならず、社
会生活の規範を教えるべきであるとする観点であった。前者の観点からは、
子ども中心の柔軟な時間割が開発され、後者の観点からは、子どもの生活を

管理するための時間割が編成されることになる。それぞれの特徴的な時間割を見てみよう。

1 生活と生命のための時間割——リズム

第一次世界大戦が終わったのち、子ども中心を理念とする新教育運動が急速に世界中に広がっていった。アメリカのゲーリー・プランやイギリスで流行していたドルトン・プランなどが、1920年代の初めには我が国にも広く知られていた[43]。佐藤熊治郎（広島高等師範学校教授、附属小学校主事）が提案した時間割論は、その先駆けのひとつであった（**資料10**）。彼は、45分授業と15分休憩という日本の通常の時間割形式を、「ただ習慣的に墨守し来った時間割の立て方」[44]と厳しく批判して、昼夜の長さ、気温、子どもの学年、子どもの睡眠時間、課業の推移、休憩時間の長さなどを考慮したうえで、新しい時間割を自校で試験的に実施した。

佐藤は、子どもの「活動にはリズムが伴うてをる」[45]ことに着目する。彼の立てた時間割の理想では、第一時限は頭の血液が新鮮な時、第二時限は子どもが興味に投じる時、第三時限は重要な教科を学ぶ時、第四時限は昼食前でやや短くし平易な学習をする時、第五時限は体操や唱歌等を思う存分にさせられる時であり、それぞれの子どもの状況に応じた教科を学ばせるのが適当という。時間割に教科を配当するという発想は堅持しているものの、子どものリズムを重視していることに注目しておきたい。

時間割表を、教科を配当したものというより、子どもの「生活の豫定（プログラム）」と考えたのは木下竹次である。木下が奈良女子高等師範学校附属小学校において開発した学習法は、すでに全国に知れ渡り、日本の新教育運動を代表する実践のひとつとなっていた。この学習法を実践するうえで、旧来の形式的な時間割は打破されなければならないものであった。木下は、授業時間だけでなく、休憩時間、食事時間、課外活動の時間も、「道徳的、社会的、衛生的、修学的諸方面から考へると教育上重大なる意義がある」[46]として、これらを考慮にいれた時間割を考案した（**資料11**）。

木下は時間割を革新する方法として、「児童を解放して各自に時間割を作

付章　日本における授業時間割編成原理の展開　225

成させ」る「作為主義の教育法」を提案した。そうすれば、「児童は案外能く自律的に時間を使用する」という[47]。学習法には、ひとりで考える独自学習の時間と、学級集団の中で相互に学びあう相互学習の時間があった。木下がとくに注意を払ったのは、独自学習の時間設定法で、5種類の方法を提示した。第一は、二重学習時限法で、二時限をひとつの授業とし、前半に独自学習、後半に相互学習をさせる方法、第二は、分割学習時限法で、1時限の一部分を独自学習にあてるもの、第三は、一般学習時限法で、ある一定時間に全校で同時に独自学習をさせるもの、第四は、時々学習時限法で、1週間または1学期、1学年のある日とある時限を、独自学習とするもの、第五は、放課後時学習時限法で、始業前または放課後に独自学習をさせるものである[48]。いずれにせよ、独自学習と相互学習との関係、つまり、それぞれに割り当てる時間の比率が時間割作成の主要な問題であった。そもそも、教科を時間割に配当するという発想は、合科学習には通用しない。独自学習と相互学習の区切りが時間割編成の基準となったのである。その結果、資料11のような時間割表が編成されたのである。すべてが合科であり、時間割表に教科は記載されていない。

　最も徹底的に時間割の定型を批判した実践例が、1923年に東京の池袋に開校した児童の村小学校の時間割である。その中心にいた教師、野村芳兵衛は、旧来の時間割は子どもを従わせるだけであること、教師が教科を指導することが重視され、子どもの学習の種々相が考えられていないことを厳しく批判した。野村によれば、教科がそれほど細かく区分される必要はなく、子どもの自発的な学習なら、1時間半でも長くはない。子どもの本性は、「時間割を変更することによって生きたる生活」が大部分であるという[49]。

　野村は「生命のための時間割」を提唱した。それは「生命が時間割によってよりよく生きられること」を目的としており、「時間割があれどもなきが如き状態」が望ましいとする。子どもひとりひとりが、自ら変更を予定しながら、時間割を作るのである。それを「時間割の個性化」と呼んだ。

　野村が具体的に作成した時間割は、一日を、独自学習、相互学習、講座という三つに区分するものであった。独自学習は、児童が単独行動をとる時間

で、児童の個性発揮が主眼である。児童の能動性や自由意志が最大限に尊重され、児童は目的をもって学習する。児童は積極的に個性を発揮して、新しい文化を創造する。教師は生徒の相談相手である。相互学習は、学級の全員が共同行動をとる時間で、学級の協議によって学習する。児童が同じ目的をもって、対等な立場で、積極的に調和に努める。教師はご同行の心持で子どもの傍にいる。講座は、教師が最も能動的に自己の意見を述べたり、文化を紹介したりする時間である。形の上では、児童の学習は受動的であるようにみえるが、心の活動が自主的積極的でないということではない。講座では教師が個性を発揮する。

野村がこのように時間割を区切ったことは、45分の碁盤目状の時間割表に教科を振り分けるという発想とは根本的に異なっている。時間割が固定した枠ではなく、子どもの学習の相の変化としてとらえられていたのである[50]。

2　生活指導のための時間割──郷土教育

生活指導の観点から、定型化した時間割に対する批判を積極的に展開したのは、郷土教育連盟に集っていた教育者たちであった。そのひとりが山崎博である。山崎は、「時間割を生活指導の時間割即ち生活的な分割にすることが必要」と考え、「生活の内容的単位を実践の単位として配分」した。学習室学習、作業室学習、団体的学習、自由学習などが、実践の単位になるのである。これを具体化したのが**資料12**である。この時間割表は、「全校がオーケストラ的に生活して行く統一せられた実際事実についてであって、各学級はこの百二十分学習や七十分学習から直前に述べたような立場から配分して行く」[51]。つまり、学級集団ごとに、生活単元にあわせた学習がなされているのである。山崎のいう「時間割の生活化」は、教科配当の原理にもとづく定型化された従来の時間割とは、まったく異なる原理であった。もはや45分授業と15分休憩というような定式は存在しない。山崎の特徴は、木下竹次や野村芳兵衛らの提唱した時間割とは異なり、どこまでも学級集団を前提としていたことであった。学級集団の原理は、その後、山崎が会員であった郷土教育連盟に受け継がれていった。

付章　日本における授業時間割編成原理の展開　227

　郷土教育連盟の代表であった尾高豊作は、機関誌『郷土教育』の 1933 年
12 月号を時間割研究の特集号とした。その中で、尾高は、「学生、生徒の現
実的な生活要求を離れて、過去に成立った諸学科を、現在と没交渉に、分割
配当し、之をもって、学校の時間割を構成する伝統」を厳しく批判した[52]。
そのうえで、時間割は、児童の「生活単元」を基礎にしなければならないと
いう。「生活単元」とは、「児童といふ一個の生活体とその社会的相互関係に
基づくところの行動単元（アクティビティ・ユニット）とも言ふべきもの」[53]
であった。児童の行動は、「児童と児童との集団的関係又は児童と成人との
社会的地位等によって」影響を受けるから[54]、時間割編成は、そのような「社
会的雰囲気に対してヨリ明確な理解と判断とを徹底的に要求する」[55] と強
調した。したがって、児童本位のダルトン・プランやウィネトカ・プランと
ともに、合科学習も労作教育も、「学校児童の個人心理にその出発点をおく
ものであって、必ずしも、正しき意味に於ける児童集団の社会的関係をその
生活単元の構成要素としたものではなかった」[56] として批判する。尾高の
考えでは、時間割は個人心理に基づくべきではなく、社会的関係にもとづく
べきものであった。

　郷土教育連盟の辻隆一は、木下の時間割に対して、いっそう厳しい批判を
した。合科学習が個人活動の時間と学級活動の時間を分割し、個人活動で「自
己満足を得させた後」に、学級活動をさせるのは、順序が逆という。「最初
に在るものは団体活動であり、団体活動の次に来るべきものが個人活動でな
ければならない」[57]。木下のように児童が時間割を自ら定めるのを認めるこ
とは誤りであり、「どうせ、社会へ出た時、徹底的な他律的時間に従はされ
るものならば、子供のときから一層の事他律的時間内に最も能率的に仕事を
し得る様に練習をしておいた方がいいのではないか」とまで主張した。

　団真琴も、木下の合科学習を厳しく批判した。合科学習は、教科別の時間
割がないので時間割を撤廃しているように見えるが、実は、学習題材によっ
て、調査→学習→整理→発表という個人的時間割がある。だが、「時間割と
は社会的に共通化された時間の社会的見地に於ける配当の謂であり、その意
味で時間割は優れて社会性を保持する」[58] という。

さらに教科にもとづく時間割を厳しく批判して、子どもの生活そのものを学校が管理しようとする動きがあった。小林佐源治は、学校の時間は、学業、運動、自習・娯楽・作業に三分割されるべきであるとした[59]。小林は海外の多様な時間割を熟知し、我が国に積極的に紹介していたが、最終的には、生活時間割を提唱し、教科時間割をなくすことを強調したのである。

既存の時間割に対するこれらの批判から見えてくるのは、時間割をとおして社会的規範を教えようとする意図であった。時間割は生活指導の手段としてとらえられていた。教科を配当するのではなく、生徒の生活単元に基づかせることが時間割編成の基本原則として認められたとき、山崎の実践例にみるような柔軟な時間割が出現したのは事実である。だが同時に、そのような時間割が、教科内容への無関心と社会集団への同調を正当化する危険性を生じさせていたと言うことができよう。

IV 日本における時間割編成論の特質

本章では、明治初期から昭和初期までの時間割編成論の変遷をたどった。明らかになったことをまとめておこう。

45分の単位授業時間と15分の休憩、碁盤目に教科を割り当てるという、現代の学校でも一般的な時間割編成の方法は、1880年代の半ばに一般に普及していた。稲垣のいう教授定型が出現したのとほぼ同じ時期にあたる。明治初期の日本では、アメリカの教授理論書が盛んに紹介され、その影響を受けてわが国の一斉授業の形式が成立したと言われているが、45分授業と15分休憩と言う形式は、アメリカの教授理論書から援用したものではない。明治20年代には、アメリカはもちろん、ドイツやイギリスでの時間割の実態が紹介されているにもかかわらず、わが国のような単位時間を設定した時間割はどこにも見当たらない。むしろ、寺子屋の授業形態を受け継いだ三教科式教則が、明治初期にかなり普及していたとされているから、むしろこれが2時間または1時間ごとに授業時間を区切る方法の主要な起源と考えられる。

45分授業と15分休憩という定型は1880年代には普及していたが、1900

年の小学校令施行以後、一層強固なものになった。小学校令施行規則によって、週あたりの授業時数と教科が詳細に決定されたことで、碁盤目状の時間割表に教科を割り当てることが普通になったのである。さらに、教科と教科の間に、休憩時間を入れることも同時に普及した。

大正新教育の時代以後、定型化した時間割に対する批判がしばしば提出された。そのひとつの根拠は、子どものリズムや活動を基準にすべきであるということであった。そこで、教科による時間の区切りではなく、課業の推移と子どもの状況の変化に応じて授業の継続時間を変更すること、個別活動と集団活動という区切りにすること、あるいは、子ども自身が時間割を編成するのを認めること、などが時間割編成の方針として採用された事例があった。

もうひとつの根拠は、社会生活を基準にすべきであるということであった。子どもの生活全体を、学習、運動、作業などに分割し、それぞれを時間割のなかに配置したのである。それは、生徒の生活指導を徹底させることをねらいとしていた。その結果、教科を根拠にした時間割は排除された。これらは世界的な新教育運動の影響とみることができる。

大正、昭和戦前期に出現した様々な時間割は、子どもの生命やリズムを尊重した時間割編成の可能性を示している。それは同時期のアメリカにおける時間割の改革とも対応するものであった。しかしながら、生活指導のための時間割は教科を軽視しており、子どもの生活の管理と社会への同調を強要していたことを示唆している。日本における時間割編成原理にあったこの二つの方向性は、新教育運動そのものの中にあった両義性を示しているように思われる。

静岡県医師得能良輔ヱ従ヒ天保六年正月
ヨリ明治元年辰正月迄都合三十五年筆学研究

一　教師給料

上等　教師壱人　　月給六円

中等　教師壱人　　月給四円

下等　教師壱人　　月給弐円

一　学科

小学　読書　算術　習字

教則

従午前第八時

至午前第十時　　　読方暗誦

従午前第十時

至午前第十二時　　数学

従午後第二時

至午後第三時　　　習字

一　校則

一　士民六歳以上十三歳迄男女共入学可致候事

但六歳以下タリトモ望之者入学可為勝手候事

（静岡県小学校教則　明治六年　静岡県文庫所蔵）

資料1　静岡県小学校教則（三教科式教則）

出典：海後宗臣『明治初年の教育』資料八九　283頁

付章　日本における授業時間割編成原理の展開　231

一　学校位置
　　第二大学区静岡県管下第十四中学区駿東郡沼津
一　学校名称
　　第一番小学集成舎ト唱フ
一　学科
　　小学
一　教則
　　六歳ヨリ十三歳迄小学教則為踏余ハ変則ヲ以テ授ク
　　六歳ヨリ十三迄之者
　　　八時ヨリ十時迄　　　習字
　　　十時ヨリ十二時迄　　読本
　　　一時ヨリ二時迄　　　算術
　　　二時ヨリ三時迄　　　修身口授
　　　　　　但女生徒ニハ裁縫ヲ授ク
　　十四歳以上之者
　　　八時ヨリ十二時迄　　英学并図画
　　　一時ヨリ二時迄　　　数学
　　　二時ヨリ三時迄　　　漢学
（明治六年沼津第一番小学集成舎教則　静岡県文庫所蔵）

資料2　静岡県沼津一番小学（三教科式教則）

出典：海後宗臣『明治初年の教育』資料八八　282-83頁

小学校教則改正之付伺

管内小学校教則之儀明治五年八月中学制御発行ノ際文部省ヨリ頒布相成候教則ニ随ヒ施行仕来候処

右科目中全備不相也成書類等有之教導之方法実際上差支ノ件モ不少然ルニ完全益之書籍漸々出版

因テ師範生徒教則並小学生徒教則別途ニ編制更ニ別冊之通改制仕度此段相伺候也

　明治八年七月　　熊谷県令　楫取素彦

　文部大輔　　田中不二麿殿

伺之通

　文部大輔　　明治八年九月二日

下等小学教則

　　第八級

一、読本
　先ツ五十音図ヲ以テ清濁呼法ヲ教ユ後単語図第一ヨリ第四及ヒ単語読本一ノ巻十章以上ヲ授ク　　一週六時

一、習字
　童蒙習字本ノ平仮名片仮名ヲ先ツ石盤ニテ字形ヲ教ヘ後チ草書ヲ与ヘテ運筆ノ法ヲ授ク　　一週四時

一、算術
　命位加減九々諳誦及加減諳算ヲ授ク　　一週四時

一、綴字
　綴字十章以上ヲ授ク　　一週二時

一、問答
　既ニ学ヒシ単語図及ヒ単語読本等ヲ用ヒテ諸物ノ性質及ヒ運用ノ方ヲ問答ス　　一週二時

一、復読
　前日学ヒシ所ノ読本ヲ復習セシム、下之ニ倣ヘ　　一週二時

一、修身口授
　毎月両度ツヽ童蒙教草等ヲ説諭ス但シ時間ハ問答ノ時間ヲ用ユ下之ニ倣ヘ

一、体操
　諸課授業ノ後毎日三〇分ツヽ時間ヲ用キテ之ヲ授ク、下之ニ倣ヘ

（熊谷県改正小学校教則　明治八年九月）

資料3　熊谷県改正小学校教則（文部省式教則）

出典：海後宗臣『明治初年の教育』資料七九　254頁

静岡県第四大区小八区　小学校　金谷学舎

時限	自第九時至第十時	自第十時至第十一時	自十一時至第十二時	自第一時至第二時	自第二時至第三時
二日 十二日 二十二日 ／ 七日 十七日 二十七日	綴字 絵入知恵ノ環一ノ巻	習字 習字初歩	単語読方 単語篇	算術 算術訓蒙	単語諷誦
三日 十三日 二十三日 ／ 八日 十八日 二十八日	同	同	同	同	修身口授 童蒙教草
四日 十四日 二十四日 ／ 九日 十九日 二十九日	同	同	同	同	単語篇
五日 十五日 二十五日 ／ 十日 三十日 三十一日	同	同	同	同	同

資料4　静岡県金谷学舎課業表（文部省式教則）

出典：海後宗臣『明治初年の教育』資料九三　287頁

日曜日休暇 五級以上ハ書取ノ時間ニ作文ヲナス	二時五分ヨリ三時マデ	二時ヨリ二時五分マデ	一時ヨリ二時マデ	十二時ヨリ一時マデ	十一時五分ヨリ十二時マデ	十一時ヨリ十一時五分マデ	十時五分ヨリ十一時マデ	十時ヨリ十時五分マデ	九時ヨリ十時マデ
	習字	体操	算術	休	書取	体操	読物	体操	復読
	習字	体操	算術	休	書取	体操	読物	体操	復読
	習字	体操	算術	休	書取	体操	読物	体操	復読
	習字	体操	算術	休	書取	体操	読物	体操	復読
								一定ナラズトイヘドモ概ネ如此	

（教授時間一覧）

資料 5　師範学校のテキストの一部（師範学校式教則 1876 年 8 月）

出典：青木輔清『師範学校改正小学教授方法』（明治 9 年 8 月　発行者　東生亀次郎他）四丁

（習業時間割概表）

五級以上ハ書取ノ時間ヲ作文ニ換フ	二時五分ヨリ三時	二時ヨリ二時五分	一時ヨリ二時	十二時ヨリ一時	十一時五分ヨリ十二時	十一時ヨリ十一時五分	十時五分ヨリ十一時	十時ヨリ十時五分マデ	九時ヨリ十時マデ	
	習字	体操	算術	休	書取	体操	読物	体操	復読	月
	〃	〃	〃	〃	問答	〃	〃	〃	〃	火
	〃	〃	〃	〃	書取	〃	〃	〃	〃	水
	〃	〃	〃	〃	問答	〃	〃	〃	〃	木
	〃	〃	〃	〃	書取	〃	〃	〃	〃	金
	〃	〃	〃	〃	問答				〃	土

（岩手県矢沢小学校下等小学教則　明治八年　岩手県文庫）

資料 6　岩手県矢沢小学校下等小学教則（師範学校式教則　1875 年 8 月）

出典：海後宗臣『明治初年の教育』資料九七、297 頁

「若シ讀書ヲ授クルニ定規ナキトキハ暗誦モ亦其完成ヲ期ス可カラス」
課目表　上條ニ假設セル生徒ノ四階級ニ就キテ之ヲ定ム

時間	暗誦等	學術
従九時至九時十五分　五分	間	經典誦讀　拜神禮
従九時十五分至二十五　九時四十分	丁級　讀方　分間	緩字　圖表　甲級　讀方　乙級　算術　丙級　地理學
従九時四十分至　四十二分	二分間　停業　階級交替等	・

時間	暗誦等	學術
従九時四十二分　至十時	十八分　甲級　間	讀方　丁級　石板上習字　丙級　地理學
従十時至同五分	五分間　停業　眠謡或ハ問答	
従十時五分至二二十分　十五分	乙級　間	算術　甲級　文典　丙級　地理學　丁級　書册ヲ讀ミ或ハ方位ヲ記スル牌紙ヲ授タ
従十時二十五分　至二十八分	三分間　停業	

資料7　ペイジの時間割表

出典：デウキット・ペーキンス・ページ 著（ファン・カステール 訳）『彼日氏教授論』（文部省刊、1876 年 12 月）356-357 丁。この表は、本書で紹介した表 6-1 の一部である。

教科目＼学年	修身	国語	算数	体操	図画	唱歌	裁縫	手工	計
毎週教授時数	二	一〇	五	四					二一
第一学年	道徳ノ要旨	発音 仮名及近易ナル普通文ノ読ミ方、書キ方 綴リ方 話シ方	二十以下ノ数ノ数ノ範囲内ニ於ケル数ヘノ加減乗除方、書キ方及	遊戯		平易ナル単音唱歌		簡易ナル細工	
毎週教授時数	二	一二	六	四					二四
第二学年	道徳ノ要旨	日常須知ノ文字近易ナル普通文ノ読ミ方、書キ方 綴リ方 話シ方	二十以下ノ数ノ数ノ範囲内ニ於ケル数ヘノ加減乗除方、書キ方及	遊戯 普通体操	単形	平易ナル単音唱歌		簡易ナル細工	
毎週教授時数	二	一五	六	四					二七
第三学年	道徳ノ要旨	日常須知ノ文字近易ナル普通文ノ読ミ方、書キ方 綴リ方 話シ方	通常ノ加減乗除	遊戯 普通体操	簡易ナル形体	平易ナル単音唱歌	運針法 通常ノ衣類ノ縫ヒ方	簡易ナル細工	
毎週教授時数	二	一五	六	四					二七
第四学年	道徳ノ要旨	日常須知ノ文字近易ナル普通文ノ読ミ方、書キ方 綴リ方 話シ方	通常ノ加減乗除及少数ノ呼ヒ方、書キ方及加減（珠算加減）	遊戯 普通体操	簡易ナル形体	平易ナル単音唱歌	通常ノ衣類ノ縫ヒ方、繕ヒ方	簡易ナル細工	

（　）及図画以下手工マテノ各欄ハ朱書トス

資料 8　小学校令施行規則第四号表（1900 年 8 月）

出典：文部省『小学校令 小学校令施行規則 小学校令改正ノ要旨及其施行上注意要項』（明治 33 年 8 月 18 日）
92-93 頁（国会図書館デジタルライブラリ 328.378M7534s）

（甲）授業生ナキ学科ノ編制（訓導一人ニテ授業スルモノ仮定ス）

（一）尋常科一年生二年生ヨリ成ル一学級ノ学科編制法（午前八時始業午後二時終業スルモノト仮定ス）

第一表甲号学科時間割一覧表

時間	月 一	月 二	火 一	火 二	水 一	水 二	木 一	木 二	金 一	金 二	土 一	土 二
第一時 〇、三〇分	体操	体操	体操	体操	体操	体操	体操	体操	体操	体操	体操	体操
〇、一五分	修身	修身	修身	修身	修身	修身	修身	修身	修身	修身	修身	修身
第二時 〇、四五分	算術	作文	算術	作文	算術	作文	算術	作文	算術	作文	算術	作文
第三時 〇、四五分	作文	算術	作文	算術	作文	算術	作文	算術	作文	算術	作文	算術
第四時 〇、四五分	読方	習字	読方	習字	読方	習字	読方	習字	読方	習字	休	習字
第五時 〇、四五分	習字	読方	習字	読方	習字	読方	習字	読方	習字	読方	休	習字

資料9　白井毅『学級教授術』（1887年11月）

出典：『資料集成』第二巻所収、360頁

		第一時	第二時	第三時	第四時	第五時
八時始業ノ場合	一時限	五〇分	四五	四五	四〇	四〇
	休憩時間	一〇分	二〇	一〇	二〇分	
九時始業ノ場合	一時限	五〇分	四五	四五	四〇	四〇
	休憩時間	一〇分	二〇	二〇	一〇	
短縮時ノ場合	一時限	三五分	三五	三五	三五	
	休憩時間	五分	一〇	一〇		

（但昼食後の休憩時には昼会の時間を含む）

資料10　広島高等師範学校附属小学校の時間割

出典：佐藤熊治郎「時間割のこと」『学校教育』第七十四号、1919年9月、5頁

土	金	木	水	火	月	
合	合	合	合	合	合	1
合	合	合	合	合	合	2
合	合	合	合	合	合	3
合	合	合	合	合	合	4
	合		合	合	合	5
					合	6

（一年二年三年によつて
時数はちがひます）

資料 11　奈良女子高等師範学校附属小学校の時間割

出典：辻隆一「新教育の形式としての時間割」『郷土教育』第三十八号、1933 年 12 月、62 頁

學習終始時間表

校時	時刻	時間	内容
第一校時	午前 八・五〇—九・〇〇	一〇分間	朝會（但シ月水金）
第二校時	午前 九・〇〇—一一・〇〇	一二〇分間	學習
第三校時	午前 一一・〇〇—一一・二〇	二〇分間	自由運動
第四校時	午前 一一・二〇—一二・〇〇	四〇分間	北トシテ閑懄的學習
第五校時	正午—午後一・〇〇	六〇分間	蕓食休憩
第六校時	午後 一・〇〇—二・〇〇	六〇分間	學習
第七校時	午後 二・二〇—二・四〇	五〇分間	自由運動
第八校時	午後 二・四〇—三・四〇	六〇分間	學習

尋常科一學年生活指導案

大正十四年九月廿七日
氏名　中村定達

個人的雜誌　讀書對見堂　見堂對教師

自由閱覽時間

一齋四讀力時間　讀書刀ヶ高めんがための　雪識、《靜肅ニ注書》

《教材ノ選択　取扱法》新シキ教材
聘方　《材料　《令時ノ心ト新
　方法　情緒机ノ廉割ニテ

教的ノ生活時間　八＋3＋等一位ヲ加ヘテ10以上だ…な　教材ノ具體的遊戲化に

休憩（他單教見堂との交渉）

休題

割的的作業　手工か文は教室にて　粘土使用

造生的作

休題

書方練習時間　文字（片假名等に障害）鉛筆

過散

資料12　山崎博「体験記録　時間割の生活化」

出典：山崎博「体験記録　時間割の生活化」『教育論叢』第二十一巻第一号、1929年1月、157-159頁。この記事はそのまま山崎博『新時代の郷土教育』（東京：教育実際社、1931年）に収録されている。資料はこの図書の276-278頁から採録したものである。

註

1 文部科学省『小学校学習指導要領解説　総則編』（2008 年 6 月）47 頁。

2 稲垣忠彦『明治教授理論史研究：公教育教授定型の形成』（評論社、1982 年、1966 年初版）が代表的なものである。

3 この問題は、教育方法史研究の重要な課題である。たしかに、授業時間数や教育内容の変化を中心にした研究は多いものの、授業時間割の編成法や、単位時間の決め方等に焦点を当てたものはほとんどない状況である。45 分または 50 分授業になった根拠や経緯に関する研究は管見の限り見当たらない。佐藤秀夫は、50 分授業を一日に 5 回繰り返す方法が学制当初から標準であったが、「この一日五時間制が、どのような理由で定められたのかは明らかでない」（佐藤秀夫『学校ことはじめ事典』小学館、1987 年、39 頁）と述べている。時間割の編成原理を分析するうえで参考になったのは、時間に関する社会史的研究である。西本郁子『時間意識の近代：「時は金なり」の社会史』（法政大学出版局、2006 年）、橋本毅彦・栗山茂久編著『遅刻の誕生：近代日本における時間意識の形成』（三元社、2001 年）、岡田芳朗『明治改暦：時の文明開化』（大修館書店、1994 年）、立教大学国際シンポジウム報告書『近代日本における時間の概念と経験』（1996 年）などがある。

4 『海後宗臣著作集』第八巻（東京書籍、1981 年）所収。以下の引用は同書による。

5 海後宗臣『明治初年の教育』233 頁。

6 海後宗臣『明治初年の教育』239 頁。

7 岡田芳朗『明治改暦：「時」の文明開化』（大修館、1994 年）とくに第三章など参照。

8 新暦の採用は、1872（明治 5）年 11 月 9 日（旧暦）を、1873（明治 6）年 12 月 9 日（新暦）に改めた改暦詔書からである。本稿では 1873 年以後は新暦で表記する。

9 佐藤秀夫『新訂 教育の歴史』（放送大学教育振興会、2000 年）第 6 章参照

10 海後宗臣『明治初年の教育』226 頁。

11 海原徹『学校』（近藤出版社、1986 年）、151 頁。

12 海後宗臣『明治初年の教育』235 頁。

13 西本郁子『時間意識の近代』159 頁。『小学生徒心得』（文部省正定、1873 年）は筑波大学図書館ホームページに公開されている。https://www.tulips.tsukuba.ac.jp/exhibition/bakumatu/sihan/seitokokoroe.html（2018 年 2 月 12 日）

14 日本では、1873（明治 6）年太政官布達第一号で、不定時法が定時法に改められた。日本で最初の時計製作所は、1875 年に東京麻布にできた金元社とされている。織田一朗『時と時計の百科事典』（グリーンアロー出版社、1999 年）、41 頁。

15 なお、文部省は 1873 年 5 月文部省布達第七十六号で、小学教則を改正し、上等小学毎級に体操を加えている。しかし、これは教科の一種であり、授業と授業の間に入れる体操とは別物と考えるべきである。海後宗臣『明治初年の教育』227 頁参照。

16 仲新・稲垣忠彦・佐藤秀夫編『近代日本教科書教授法資料集成』（以下『資料集成』と略す）第一巻（東京書籍、1982 年）、37 頁。

17 文部省『理事功程』巻ノ二（1873 年 11 月、1877 年 6 月再版）59 頁。

18 『資料集成』第一巻　稲垣忠彦解説。

19 『資料集成』第一巻、768 頁。佐藤秀夫解題。

20 　なお、『文部省日誌』には、教科によっていろいろな長さの授業時間を設定するア
メリカ式の時間割表を届け出たところもある。1878年1月11日の堺県届、1878年
1月23日の長崎県伺などである。その多くは、体操を授業の間に入れるとなってい
る。明治11年第3号参照。『文部省日誌 一：明治初期各省日誌集成』（東京大学出版会、
1985年）308頁、311頁、325-326頁など。

21 　西本郁子は、『理事功程』に紹介されている華盛頓府公学規則の条項や、コペンハー
ゲンの登校規則が、師範学校の小学生徒心得に類似していることを根拠に、欧米諸国
の教育制度が参考になったと推測している（『時間意識の近代』159頁）。休憩を入れ
ることや受業前に登校すべきことはたしかに類似しているが、それだけでは体操を入
れること、単位時間の設定などの説明はつかない。

22 　田中勝文「義務教育の理念と法制」『講座日本教育史』3（第一法規、1984年）な
どを参照。

23 　稲垣忠彦『明治教授理論史研究』、19頁、36-43頁。

24 　稲垣忠彦『明治教授理論史研究』、125-135、305-319頁。

25 　教育学術研究会編纂『小学校事彙』第二版（東京：同文館、1904年）256頁。

26 　『資料集成』第二巻、339頁。

27 　『資料集成』第二巻、佐藤秀夫解題728-729頁参照。

28 　大窪實「小学校ニ於テハ授業時間ノ配当如何スヘキ乎」『教育報知』二十三号、
1886年4月5日、6-8頁。

29 　湯本武比古「小学校授業時間論（第三）」『教育時論』百十九号,1888年8月5日、7頁。

30 　伊澤修二をさすと思われる。

31 　高賀詵三郎「就業時間の長短」『教育報知』467号、1895年3月30日、5-6頁。

32 　阿部潔「休憩時間に於ける児童の指導法に就きて」『教育研究』第八十六号、1911
年5月、35頁。

33 　佐藤秀夫『学校ことはじめ事典』小学館1987年、122頁。

34 　石川榮八「休憩時間取扱法」『小学校』第七巻五号、1909年6月5日、26-30頁。

35 　小川正行・佐藤熊次郎・篠原助市共著『文部省検定済　改訂小学校管理法』（東京・
大阪：寶文館、1912）でも、教授上の衛生の一環として、休憩時間の意義が強調さ
れている。

36 　槇山榮次「教授時間に関する研究」『小学校』第十巻三号、1910年11月5日、152頁。

37 　鹽見静一「教授時間の区分に就て」『教育学術界』第二十一巻第六号、1910年9月
10日、64頁。

38 　藤原覚因「小学校の教授時間」『教育実験界』第七巻第三号、1901年2月10日、5-9頁。

39 　『小学校事彙（第二版）』第五編256-257頁。

40 　鹽見静一「教授時間の区分に就て」『教育学術界』第二十一巻第六号、1910年9月
10日、67頁。

41 　小川正行・佐藤熊次郎・篠原助市共著『改訂小学校管理法』、56頁。

42 　小川正行・佐藤熊次郎・篠原助市共著『改訂小学校管理法』、56-57頁。

43 　中野光『大正自由教育の研究』（黎明書房、1968年）、吉良侃『大正自由教育とド
ルトン・プラン』（福村出版、1985年）、宮本健市郎『アメリカ進歩主義教授理論の

形成過程』（東信堂、2005 年）など参照。

44 佐藤熊治郎「時間割のこと」『学校教育』第七十四号、1919 年 9 月、1 頁　著者は『改訂小学校管理法』の著者のひとり佐藤熊次郎と同一人物と思われる。

45 佐藤熊治郎「時間割のこと」『学校教育』第七十四号、1919 年 9 月、6 頁。

46 木下竹次「時間統制論（一）」『学習研究』百三十三号、1933 年 3 月、4 頁。

47 木下竹次「時間統制論（二）」『学習研究』百三十五号、1933 年 5 月、25 頁。

48 木下竹次「時間統制論（二）」『学習研究』百三十五号、1933 年 5 月、30-34 頁。

49 野村芳兵衛「学習の種々と時間割の考察」『教育の世紀』第二巻第十二号、1924 年 12 月、6 頁。

50 児童の村小学校では、1 週間のすべての時間を完全に子どもの自由な時間とする実験を行なったことがある。子どもに、①あなたのしようとおもうことをしなさい、②一生懸命にしなさい、③自分のしたことは先生に話しなさい、④書いたものは見せなさい、というモットーを掲げて、子どもに自由な活動をさせ、その記録をとって、分析したのである。その結果、子どもの集中力や活動性を認めつつも、児童の学校生活を整理するための時間的規制の意味や、個人の学習系統を明らかにすることの必要性を確認したのである。このような研究が野村の参考になったと思われる。大西伍一「私の週間研究について」『教育の世紀』第二巻第十二号、1924 年 12 月、14-28 頁。

51 山崎博「体験記録 時間割の生活化」『教育論叢』第二十一巻第一号、1929 年 1 月、156-157 頁。

52 尾高豊作「児童の『生活単元』としての時間割──小学校教科課程改造の基礎問題」『郷土教育』第三十八号、1933 年 12 月、3 頁。

53 尾高豊作「児童の『生活単元』としての時間割」、9 頁。

54 尾高豊作「児童の『生活単元』としての時間割」、10 頁。

55 尾高豊作「児童の『生活単元』としての時間割」、16 頁。

56 尾高豊作「児童の『生活単元』としての時間割」、12 頁。

57 辻隆一「新教育の形式としての時間割」『郷土教育』第三十八巻 1933 年 12 月、63 頁。

58 団真琴「合科学習と時間割の問題」『教育論叢』第三十一巻第二号、1934 年 2 月、42 頁。

59 小林佐源治「学級経営における教科時間割問題」『教育研究』462 号、464 号、466 号、1937 年 3 月、5 月、6 月、小林佐源治『国民学校 国民科精義』（東京：教育科学社、1940 年 8 月）。

主要参考文献

［日本語文献］

青木輔清『師範学校改正小学教授方法』（東生亀次郎他、1876 年 8 月）（国会図書館
　　デジタル・ライブラリー）

阿部潔「休憩時間に於ける児童の指導法に就きて」『教育研究』第八十五号、1911 年
　　4 月、48-52 頁。

阿部潔「休憩時間に於ける児童の指導法に就きて」『教育研究』第八十六号、1911 年
　　5 月、34-40 頁。

阿部重孝「学校建築計画」『教育学辞典』（岩波書店、1936 年）、296-298 頁。

阿部重孝「校舎利用の側面より見たるプラトーン学校」（1930 年）『阿部重孝著作集
　　第 3 巻学校教育論』（日本図書センター、1983 年）所収

阿部重孝『欧米学校教育発達史』（1930 年）（『阿部重孝著作集』第七巻、日本図書セ
　　ンター、1983 年）所収

石川榮八「休憩時間取扱法」『小学校』第七巻五号、1909 年 6 月 5 日、26-30 頁。

石附実編著『近代日本の学校文化誌』（思文閣、1992 年）

市村尚久『アメリカ六・三制の成立過程』（早稲田大学出版部、1987 年）

稲垣忠彦『明治教授理論史研究――公教育教授定型の形成――』（評論社、1966 年）

海原徹『学校』（近藤出版社、1986 年）

ミヒャエル・エンデ（大島かおり訳）『モモ――時間どろぼうとぬすまれた時間を人
　　間にかえしてくれた女の子のふしぎな物語』（岩波書店、1976 年、原著はドイツ語、
　　1973 年刊）

大窪實「小学校ニ於テハ授業時間ノ配当如何スヘキ乎」『教育報知』二十三号、1886
　　年 4 月 5 日、6-8 頁。

大西伍一「私の週間研究について」『教育の世紀』第二巻第十二号、1924 年 12 月、
　　14-28 頁。

岡田芳郎『明治改暦――時の文明開化』（大修館書店、1994 年）

小川正行・佐藤熊次郎・篠原助市共著『文部省検定済　改訂小学校管理法』（東京・大阪：
　　寶文館、1912 年）

小川正行「時間割」阿部重孝他編『教育学辞典』第二巻（岩波書店、1937 年）、910-911 頁。

織田一朗『時と時計の百科事典』（グリーンアロー出版社、1999 年）

尾高豊作「児童の『生活単元』としての時間割――小学校教科課程改造の基礎問題」『郷
　　土教育』第三十八号、1933 年 12 月、2-16 頁。

小野次男『アメリカ教師養成史序説』（啓明出版、1976 年）

海後宗臣『明治初年の教育』(『海後宗臣著作集』第八巻、東京書籍、1981 年)

木下竹次「我が学習法から観たドルトン案」『学習研究』第 26 号、1924 年 6 月、52-60 頁。

木下竹次「時間統制論（一）」『学習研究』百三十三号、1933 年 3 月、3-13 頁。

木下竹次「時間統制論（二）」『学習研究』百三十五号、1933 年 5 月、24-34 頁。

木下竹次「時間統制論（完）」『学習研究』百三十六号、1933 年 6 月、3-13 頁。

教育学術研究会編纂『小学校事彙（第二版)』(東京：同文館、1904 年)

高賀詑三郎「就業時間の長短」『教育報知』467 号、1895 年 3 月 30 日、5-6 頁。

小林佐源治「学級経営における教科時間割問題」『教育研究』462 号 1937 年 3 月 17-25 頁、464 号 1937 年 5 月 41-47 頁、466 号 1937 年 6 月 39-45 頁、467 号 1937 年 7 月 17-25 頁。

小林佐源治『国民学校　国民科精義』(東京：教育科学社、1940 年 8 月)

古茂田甲午郎「学校建築」『岩波講座教育科学』第八冊（1932 年)

佐々木宏『「インターナショナル・スタイル」の研究』(南風社、1995 年)

佐藤熊治郎「時間割のこと」『学校教育』第七十四号、1919 年 9 月、1-6 頁。

佐藤秀夫『学校ことはじめ事典』(小学館、1987 年)

佐藤秀夫『新訂 教育の歴史』(放送大学教育振興会、2000 年)

佐藤学『米国カリキュラム改造史研究 ―― 単元学習の創造 ――』(東京大学出版会、1990 年)

鹽見静一「教授時間の区分に就て」『教育学術界』第二十一巻第六号、1910 年 9 月 10 日、64-68 頁。

柴垣鼎太郎「学校建築」阿部重孝他編『教育学辞典』(岩波書店、1936 年)、287-296 頁。

杉村美佳「明治初年における『教場指令法』の成立 ―― J. ボールドウィンの School Tactics の受容を中心に ――」『日本の教育史学』44 集（2001)、6-22 頁。

杉村美佳　『明治初期における一斉教授法受容過程の研究』(風間書房、2010 年)

鈴木清稔「愛による習慣の形成 ―― S・R・ホールのスクール統治論 ――」田中智志編著『ペダゴジーの誕生 ―― アメリカにおける教育の言説とテクノロジー ――』(多賀出版、1999 年)、193-218 頁。

鈴木清稔「学校建築の誕生 ―― 空間構成の企てと教育空間の整序」田中智志編著『ペダゴジーの誕生 ―― アメリカにおける教育の言説とテクノロジー ――』(多賀出版、1999 年)、277-309 頁。

田中勝文「義務教育の理念と法制」『講座日本教育史』3 (第一法規、1984 年)、41-70 頁。

田中不二麿『理事功程』(文部省、1873 年 11 月初版、1877 年 6 月再版)(国会図書館デジタル・ライブラリー)

団真琴「合科学習と時間割の問題」『教育論叢』第三十一巻第二号、1934 年 2 月、40-50 頁。

辻隆一「新教育の形式としての時間割」『郷土教育』第三十八巻 1933 年 12 月、60-66 頁。

角山栄『時計の社会史』(中央公論社、1984 年)

中野光『大正自由教育の研究』(黎明書房、1968 年)

吉良俟『大正自由教育とドルトン・プラン』(福村出版、1985 年)

仲新・稲垣忠彦・佐藤秀夫編『近代日本教科書教授法資料集成』第一巻（東京書籍、

1982 年)

中谷彪『アメリカ教育行政学研究序説』（泰流社、1988 年）

成沢光『現代日本の社会秩序——歴史的起源を求めて』（岩波書店、2011 年）

西本郁子『時間意識の近代——「時は金なり」の社会史』（法政大学出版局、2006 年）

野村芳兵衛「学習の種々と時間割の考察」『教育の世紀』第二巻第十二号、1924 年 12 月、2-13 頁。

橋本毅彦・栗山茂久編著『遅刻の誕生——近代日本における時間意識の形成』（三元社、2001 年）

藤本茂生『アメリカ史のなかの子ども』（彩流社、2002 年）

藤原覚因「小学校の教授時間」『教育実験界』第七巻第三号、1901 年 2 月 10 日、5-9 頁。

フランクリン他『フランクリン自伝他』（世界の名著 33、中央公論社 1970）

槇山榮次「教授時間に関する研究」『小学校』第十巻三号、1910 年 11 月 5 日、148-154 頁。

槇山榮次「教授時間に関する研究（二）」『小学校』第十巻四号、1910 年 11 月 20 日、222-229 頁。

宮澤康人「教師の権威の類型への予備的試論——大人と子供の関係史の視点から」（科研報告書、1992）、磯田一雄編『日本の教育課題 9 教師と子どもとのかかわり』（東京法令出版、1998 年）499-508 頁。

宮本健市郎「アメリカ進歩主義教育運動におけるコミュニティと学校——1910 年代のゲーリー・スクールの研究」『東京大学教育学部紀要』第 23 巻（1983 年）275-286 頁。

宮本健市郎「19 世紀アメリカ合衆国における授業時間割の出現と厳密化の過程——近代学校における時間割編成原理の研究（1）——」『兵庫教育大学研究紀要』第 24 巻第一分冊、2004 年 3 月、1-14 頁。

宮本健市郎「アメリカ進歩主義学校における授業時間割の弾力化とその根拠——近代学校における時間割編成原理の研究（2）——」『教育研究論叢』（兵庫教育大学学校教育研究会）第 5 号 2004 年 3 月、1-25 頁。

宮本健市郎『アメリカ進歩主義教授理論の形成過程』（東信堂、2005 年）284-286 頁。

宮本健市郎「近代日本における授業時間割編成論の出現と変遷——明治初期から昭和戦前期まで——」『神戸女子大学文学部紀要』第 41 巻 2008 年 3 月、67-85 頁。

宮本健市郎「アメリカ進歩主義教育運動における学校建築の機能転換——子ども中心の教育空間の試み（1）——」『教育学論究』（関西学院大学教育学会）創刊号 2009 年 12 月、149-158 頁。

宮本健市郎編『アメリカにおけるメディアとしてのペーパー・テストの普及に関する社会史的研究』（2008-10 年度科研報告書）

宮本健市郎「アリス・バロウズの学校建築思想——子ども中心の教育空間の試み（2）——」『教育学論究』（関西学院大学教育学会）第 4 号 2012 年 12 月、89-99 頁。

宮本健市郎「エンゲルハートの学校建築思想——子ども中心の教育空間の試み（3）」『教育学論究』（関西学院大学教育学会）第 5 号 2013 年 12 月、139-151 頁。

宮本健市郎「新教育」教育史学会編『教育史研究の最前線 II——60 周年記念誌』（六

花出版、2018 年刊行予定）

森杲『アメリカ職人の仕事史 ── マス・プロダクションへの軌跡』（中央公論社、1996 年）

諸葛信澄『補正小学教師必携』（1875 年）（仲新・稲垣忠彦・佐藤秀夫編『近代日本教科書教授法資料集成』第一巻、東京書籍、1982 年）所収。

文部省『文部省日誌 一──明治初期各省日誌集成』（復刻版、東京大学出版会、1985 年）

文部科学省『小学校学習指導要領解説　総則編』（2008 年 6 月）

柳澤要・鈴木賢一・上野淳『アメリカの学校建築』（ボイックス、2004 年）

山内槇子『シティ・アンド・カントリィ・スクールの子供中心の教育実践』（兵庫教育大学 1994 年度修士論文）

山口満・宮本健市郎・ウォッシュバーン『教育の個別化』（明治図書、1988 年）

山崎博「体験記録 時間割の生活化」『教育論叢』（東京：文教書院、1929 年 1 月）、152-59 頁。

山崎博『新時代の郷土教育』（東京：教育実際社、1931 年）

山崎洋子・山名淳・宮本健市郎・渡邊隆信『新教育運動における「共同体」形成論の出現と「学級」概念の変容に関する比較史的研究』平成 11 年度－ 13 年度科学研究費補助金基盤研究（C）（1）研究成果報告書　（平成 14 年 3 月）

山名淳編『新教育運動における学校の「アジール」をめぐる教師の技法に関する比較史的研究』（平成 23-25 年度科研報告書、課題番号 23531005、京都大学、2014 年 3 月）

山名淳『都市とアーキテクチャの教育思想──保護と人間形成のあいだ』（勁草書房、2015 年）

湯本武比古「小学校授業時間論（第一）」『教育時論』百十六号、1888 年 7 月 5 日、13-15 頁。

湯本武比古「小学校授業時間論（第二）」『教育時論』百十八号、1888 年 7 月 25 日、6-7 頁。

湯本武比古「小学校授業時間論（第三）」『教育時論』百十九号、1888 年 8 月 5 日、5-7 頁。

立教大学国際シンポジウム報告書『近代日本における時間の概念と経験』（1996 年 12 月 11 日から 13 日）

[新聞など（年代順）]

"Class Day at Vassar," *The New York Times*, June 13, 1900.

[Barrows], "No Jobs for Children That They Ought to Take; Such Is the Conclusion Reached Through the Vocational Education Survey　－ Economic Pressure the Least Potent Reason for Children Leaving School to Go to Work," *The New York Times*, March 2, 1913.（口絵図 G）

[Barrows], "Fit Job to Child? You Can't Do It: Miss Alice P. Barrows Declared School Placement Bureaus Dangerous and No Job Fit for Children," *New York Tribune*, March 19, 1913.

"Vocational School Head Goes to Work, Director Wirt Arrives from Gary, Ind., and

主要参考文献　247

Inspects Buildings," *The New York Times,* Nov.1, 1914.

"Vocational Schools' $10.000 Experts," *The New York Times*, Jan.31, 1915.

Fernandez, Alice Barrows, "Sees Lessons for New York Schools in Gary Plan," *New York Tribune*, April 25, 1915.

Fernandez, Alice Barrows, "What is the Gary Plan?" *New York Tribune*, Oct.21, 1915.

"Praises New Type of German Schools: Latest Buildings There Worthy of American Study, Says Columbia Professor. Ample Outdoor Facilities," *The New York Times*, Aug.7, 1932.

"W. R. Briggs Dies; Architect Was 82," *The New York Times*, May 31, 1933.

"Attractive Designs Urged for Schools: Factory-Type Buildings Called Detrimental to Pupils by Columbia Professor," *The New York Times*, Aug.22, 1937.

"Architect Defends Modernistic Type: William Lescaze Declares It Appeals to Wide Variety of Human Needs," *The New York Times*, July 23, 1939.

"School Buildings After War Expected to Be More Useful," *The New York Times*, March 15, 1942.（口絵図 H）

"Nickolaus Engelhardt Dead; Educator Planned Many Schools," *The New York Times* Feb.25, 1960.

［図書・雑誌論文］

Anon. "Subjects and Courses of Instruction in City Public Schools," *American Journal of Education*, edited by Henry Barnard, Vol. 19（1870）, pp.465-576.

Anon. "Thirty Years a School Architect," *The American School Board Journal,* Vol.77, No.5（Nov., 1928）, pp.60+ 97.

Anon. "Crow Island Revisited," *Architectural Forum,* Vol. 103（October, 1955）, pp.130-137.

Anon. "A Report Based on Crow Island's 25th Year — An Interview with Architect Perkins," *The American School Board Journal,* Vol.150（January, 1965）, pp. 9-11.

Anon. "Crow Island School—After 25 Years," *The American School and University*, Vol.37（Feb., 1965）, pp.31-33.

Abbott, Jacob. *The Teacher or, Moral Influences Employed in the Instruction and Government of the Young*（London: W. Darton and Son, 1834?）.

Arnold, Felix. *Text-book of School and Class Management, Vol. II Administration and Hygiene*（New York: Macmillan Co., 1910）.

Attali, Jacques. *Histoires du Temps*（Libraire Artheme: Fayard, 1982）；ジャック・アタリ（蔵持不三也訳）『時間の歴史』（原書房、1986 年）

Ayres, L. P. *Laggards in Our Schools: A Study of Retardation and Elimination in City School Systems*（New York: Charities Publication, 1909）.

Ayres, Leonard P. & May Ayres. *Cleveland Education Survey: School Buildings and Equipment*,（Cleveland, Ohio: The Survey Committee of the Cleveland Foundation, 1916）.

Ayres, May. "A Century of Progress in Schoolhouse Construction," *The American School Board Journal*, Vol.54, No.6 (June, 1917), pp.23-25, 86-87, Vol.55, No.1 (July, 1917), pp.25-26, 44-45, No.2 (August, 1917), pp.24-25, 69, No.3 (September, 1917), pp.25-27, 81.

Bach, Anne Riesel. "Building and Learning," *Teachers College Record*, Vol. 92, No.2 (1990), pp.272-285.

Bagley, William C. *Classroom Management: Its Principles and Technique* (New York: Mcmillan Co. 1911).

Bagley, William C. "School Management," in *A Cyclopedia of Education* edited by Paul Monroe, Vol. V (New York: Mcmillan Co., 1913), pp.274-286.

Baldwin, Joseph. *The Art of School Management* (New York: D. Appleton and Co., 1884).

Baldwin, Joseph. *School Management and School Methods* (New York: D. Appleton and Co., 1897).

Barnard, Henry. *School Architecture; or Contributions to the Improvement of School-houses in the United States* (2nd ed. 1848) rep. & ed. by Jean and Robert McClintock (New York: Teachers College Press, 1970).

Barnard, Henry ed. *American Journal of Education*, (1856-1882).

Barrows, Alice P. & Mary Van Kleeck. "How Girls Learn the Millinery Trade," *The Survey*, Vol.24 (April 16, 1910), pp.105-113.

Barrows, Alice. "The Training of Millinery Workers," *Proceedings of the Academy of Political Science in the City of New York*, Vol. I, No.1 (Oct., 1910), pp.40-51.

Barrows, Alice. "Report of the Vocational Guidance Survey," *Fourteenth Annual Report of the City Superintendent of Schools for the Year Ending July 31, 1912* (New York City: Department of Education, 1912), pp.365-397.

Barrows, Alice. "An Interpretation of Vocational Guidance," *Proceedings of the Academy of Political Science in the City of New York*, Vol. II, No.4 (July, 1912), pp.92-113.

Barrows, Alice. *Changing Conceptions of the School-Building Problem, Department of the Interior, Bureau of Education, Bulletin*, 1929, No.20 (Washington: Government Printing Office, 1929).

Barrows, Alice. *School Building Survey and Program for Mount Vernon, New York*, (U. S. Bureau of Education, Department of the Interior, 1929).

Barrows, Alice. "Modern Cities and Children," *The Platoon School*, Vol. III (June/August, 1929), pp.79-81.

Barrows, Alice. "Some Results of Dewey's Philosophy," *The Platoon School*, Vol. III (Dec., 1929), pp.150-151.

Barrows, Alice. *Functional Planning of Elementary School Buildings, U. S. Department of the Interior, Office of Education, Bulletin*, 1936, No.19 (Washington: Government Printing Office, 1937).

Barrows, Alice. "The School Plant: Trends, Present Situation, and Needs," *Biennial Survey of Education in the United States, 1938-40*, Vol. I (U.S. Office of Education, Federal Security Agency, 1945).

Barrows, Alice & Lee Simonson. *The School Auditorium as a Theater, United States Department of the Interior, Office of Education, Bulletin*, 1939, No.4 (Washington: Government Printing Office, 1939).

Barrows, Alice. *Autobiography*, (manuscript, unpublished and uncompleted document) Raymond H. Fogler Library, University of Maine, Orono.

Baskell, Cecil Morrison. *Men of Affairs in Saint Louis: A Newspaper Reference Work* (Saint Louis: Press Club of St. Louis).

Bettele, James O. "Assembly Halls," *The American School Board Journal*, Vol.52 (April, 1916), pp.11-13, 78-80.

Boesiger, W. ed. *Richard Neutra, Band I 1923-50: Buildings and Projects, Introduction* by S. Giedion (Zürich: Verlag für Architektur, 1964).

Bourne, Randolph S. *The Gary Schools* (Boston: Houghton Mifflin Co., 1916).

Briggs, Warren Richard. *Modern American School Buildings* (New York: John Wily & Sons, 1899).

[Bruce, Frank] "American School Architecture," *The American School Board Journal*, Vol. 76, No.1 (Oct., 1928), p.37.

Bruce, William C. "Some Essentials in the Planning of School Buildings for Community Use," *Addresses and Proceedings of the National Education Association, 1917* (Published by the NEA, 1917), pp.366-369.

Bunker, Frank F. *Reorganization of the Public School System, U.S. Department of the Interior, Bureau of Education, Bulletin*, 1916, No.8 (Washington: Government Printing Office, 1916).

Burk, Frederic L. & Caroline Frear Burk., in cooperation with Orpha M.Quayle, Supervisor of Kindergartens and Others. *A Study of the Kindergarten Problem in the Public Kindergartens of Santa Barbara, California, for the Year 1898-9* (San Francisco: The Whitaker & Ray Co., 1899).

Burke, Catherine & Ian Grosvenor. *School* (London: Reaktion Books Ltd., 2008).

Burris, William Paxton. *The Public School System of Gary, Ind., United States Bureau of Education, Bulletin*, 1914, No.18 (Washington: Government Printing Office, 1914).

California Department of Public Education. *School Architecture in California*, Issued by the Superintendent of Public Instruction, Sacramento, California (California State Printing Office, 1914).

Calkin, John B. *Notes on Education* (Truno, Nova Scotia: D.H. Smith, 1888).

Callahan, Raymond E. *Education and the Cult of Efficiency: A Study of the Social Forces That Have Shaped the Administration of the Public Schools* (Chicago: University of Chicago Press, 1962).

Carbol, Betty Williams. *The Skokie School —60 Golden Years—* (Commemorative booklet, circa 1982).

Carbol, Betty Williams. *Still a Special Place: A History of Crow Island School, Winnetka, Illinois* (Winnetka, Illinois, circa 1991).

Case, Roscoe David. *The Platoon School in America* (Stanford University Press, 1931).

Caswell, Hollis L. "School Surveys and Their Influence on Building Problems," *The Nation's Schools*, Vol. V, No.4 (April, 1930), pp.66-71.

Caudill, William W. *Space for Teaching: An Approach to the Design of Elementary Schools for Texas, Bulletin of the Agricultural and Mechanical College of Texas* (College Station, Texas, 1941).

Caudill, William W. *Toward Better School Design* (New York: F.W. Dodge Corporation, 1954).

Caudill, William W. "Housing the Secondary School of Tomorrow," *Teachers College Record*, Vol. 56, No.7 (1955), pp.393-403.

Chancellor, William Estabrook. *Class Teaching and Management* (New York: Harper & Brothers, 1910).

Cobb, Lyman. *Cobb's Sequel to the Juvenile Readers; Comprising a Selection of Lessons in Prose and Poetry* (Havana, New York: Henry W. Ritter, 1832).

Cohen, Ronald & Raymond Mohl. *Paradox of Progressive Education: The Gary Plan and Urban Schooling* (Port Washington, N.Y.: Kennikat Press, 1979).

Cooke, Flora J. "The History of the Morning Exercise," *Francis W. Parker School Yearbook*, Vol. 2 (June 1, 1913), pp.1-3.

Cordray, Edward Burdette. "An Analysis of American School Management Textbooks from 1770 to 1911," Ph.D. diss. University of Pittsburgh, 1956.

Dalton School. *The Tools of the Elementary Curriculum, Elementary Preparatory, Grade Four, Grade Five, 1931-32* (New York City, N.Y.: Dalton School, Inc., 1931).

Dewey, John. "The School as Social Center," *The Elementary School Teacher*, Vol.3 (Oct., 1902), pp.73-86.

Dewey, John. *The School and the Society* (1899); 宮原誠一訳『学校と社会』(岩波書店、1957年)

Dewey, John & Evelyn Dewey. *Schools of To-morrow* (1915); 杉浦宏他訳『明日の学校教育』(明治図書、1978年).

Dock, Christopher. *Schul-ordnung* (1770) in *Life and Works of Christopher Dock, America's Pioneer Writer on Education, with a Translation of His Works into the English Language by Martin G. Brumbaugh* (Philadelphia: J. B. Lippincott Co., 1908; rep. ed. Arno Press, 1969).

Donovan, John J. *School Architecture: Principles and Practices* (New York: Macmillan Co., 1921).

Dohrn-van Rossum, Gerhardt. *Die Geschichte der Stunde* (1992)；ゲルハルト・ドールン-ファン・ロッスム（藤田幸一郎・篠原敏昭・岩波敦子訳）『時間の歴史——近代の時間秩序の誕生』(大月書店、1999年)

主要参考文献　251

Doughty, W. F. *School Grounds, School Buildings and Their Equipment* (Austin, Texas: The Department of Education, 1917).

Dresslar, Fletcher B. *American Schoolhouses, U. S. Bureau of Education, Bulletin,* 1910, No.5 (Washington: Government Printing Office, 1911).

Dresslar, Fletcher B. "School Architecture," *A Cyclopedia of Education,* ed. by Paul Monroe Vol. II (New York: Macmillan, 1911), pp.183-196.

Duffy, John. "School Buildings and the Health of American School Children in the Nineteenth Century," in *Healing and History: Essays for George Rosen*, ed. Charles E. Rosenberg (London: Science History Publications, 1975), pp.161-178.

Dutton, Samuel T. *School Management* (New York: Charles Scribner's Sons, 1903).

Emerson, George B. *The Schoolmaster* (New York: Harper & Brothers, 1842).

Ende, Michael. *Momo* (1973)；ミヒャエル・エンデ（大島かおり訳）『モモ——時間どろぼうとぬすまれた時間を人間にとりかえしてくれた女の子のふしぎな物語——』（岩波書店、1976 年）

Engelhardt, Nickolaus Louis. *A School Building Program for Cities,* Teachers College, Columbia University, Contributions to Education, No.96 (1918).

Engelhardt, N. L. "Important Factors in Developing a School Building Program," *Teachers College Record,* Vol. 23, No.5 (1922), pp.405-411.

Engelhardt, N. L. & Fred Engelhardt. *Planning School Building Programs* (New York City: Bureau of Publications, Teachers College, Columbia University, 1930).

Engelhardt, N. L. & N. L. Engelhardt, Jr. *Planning the Community School* (New York: American Book Company, 1940).

Engelhardt, N. L. "The Evolving Elementary School Plant," *Teachers College Record*, Vol. 43, No.8 (1942), pp.640-646.

Engelhardt, N. L., N. L. Engelhardt, Jr. & Stanton Leggett. *Planning Elementary School Buildings* (New York: F. W. Dodge Corporation, 1953).

Fernandez, Alice Barrows. *A School Building Program for Meriden, Connecticut, Department of the Interior, Bureau of Education, Bulletin*, 1920, No.22 (Washington: Government Printing Office, 1920).

Flexner, Abraham & F. P. Backman. *The Gary Public Schools: A General Account* (New York: General Education Board, 1918).

Franklin, Benjamin. *Autobiography* (1791)；松本重治編『フランクリン自伝他』（世界の名著 33、中央公論社、1970 年）

Glubok, Norman. "Crow Island — After Fifteen Years," *The Nation's Schools,* Vol. 56, No.4 (Oct., 1955), pp.64-70.

Graves, Ben E. *School Ways: The Planning and Design of America's Schools* (New York: McGraw-Hill, Inc., 1993).

Guilford, Andrew. *America's Country Schools* (New York: Preservation Press, 1984).

Gutman, Marta. "School Buildings and Architecture," in *Encyclopedia of Children and*

Childhood in History and Society, Vol. 3, editor-in-chief Paula Fass (New York: Mcmillam Reference, 2004), pp.726-728.

Gutman, Marta & Ning De Coninck-Smith eds. *Designing Modern Childhoods: History, Space, and the Material Culture of Children* (New Brunswick, New Jersey and London: Rutgers University Press, 2008).

Hall, Samuel R. *Lectures on School-Keeping* (Boston, Richardson, Lord & Holbrok, 1829; rep. Arno Press, 1969).

Hamilton, David. *Towards the History of Schooling* (New York: The Falmer Press, 1989); 安川哲夫訳『学校教育の理論に向けて：クラス・カリキュラム・一斉授業の思想と歴史』(横浜：世織書房、1998 年)

Hamlin, A.D.F., C.B.J. Snyder, William B. Ittner, et al. *Modern School Houses: Being a Series of Authoritative Articles on Planning, Sanitation, Heating and Ventilation* (New York: The Swetland Publishing Co., c1910?).

Hartwell, Shattuck O. *Overcrowded Schools and the Platoon Plan* (Cleveland, 1916).

Hebert, Elizabeth. "Design Matters: How School Environment Affects Children," *Educational Leadership*, Vol. 56, No.1 (Sep., 1998), pp.69-70.

Henderics, James Dale. "The Child-Study Movement in American Education, 1880-1910: A Quest for Educational Reform Through a Scientific Study of the Child," Ph. D. diss., Indiana University, 1968.

Hitchcock, H-R. & Philip Johnson. *The International Style* (1966); 武澤秀一訳『インターナショナル・スタイル』(鹿島出版、1978 年)

Hockett, John A. and E. W. Jacobson. *Modern Practices in the Elementary School* (New Edition) (Boston: Ginn and Co. 1943, original edition in 1938).

Holmes, William H. *School Organization and the Individual Child* (Worcester, Mass: The Davis Press, 1912).

Holy, T. C. "Technics Used in School Building Surveys," *Review of Educational Research*, Vol.4, No.1 (Feb., 1934), pp.49-57.

Hunt, Peter ed. *Children's Literature: An Illustrated History* (1995)；ピーター・ハント編 (さくまゆみこ他訳)『子どもの本の歴史』(柏書房、2001 年)

Hutchinson, David. *A Natural History of Place in Education* (New York: Teachers College Press, 2004).

Ittner, William B. "Intermediate School, with discussion," *Proceedings and Addresses of the NEA, 1919* (Published by the NEA, 1919), pp.328-331.

Ittner, William B. "Mooted Questions in School-building Service," *Proceedings and Addresses of the NEA, 1922* (Published by the NEA, 1922), pp.1425-28.

[Ittner] "Planning of High School Buildings: Important Statement of Wm. B. Ittner for N. E. A. Commission," *The American School Board Journal*, Vol.66 (March, 1923), pp.57-58, 98, 101.

Ittner, William B. "A Quarter Century in Schoolhouse Planning and Construction," *The*

American School Board Journal, Vol.70, No.1 (Jan., 1925), pp.39-42.

Ittner, William B. "New Senior High School Junior College at Wichita Falls, Texas," *The American School Board Journal*, Vol.72, No.1 (Jan., 1926), pp.43-44.

Ittner, William B. "Forty Years in American School Architecture," *The American School Board Journal*, Vol.82, No.3 (March, 1931), pp.49-51.

Ittner, William B. "The *Functional Concept* in School-building Planning," *The American School Board Journal*, Vol. 92 (May, 1936), pp.41-42.

Ittner, Marie Anderson. "William B. Ittner: His Service to American School Architecture," *The American School Board Journal*, Vol. 102 (Jan., 1941), pp.30-31.

Jantzen, J. Marc. "Dock, Christopher," in *Biographical Dictionary of American Educators* ed. by Ohles Vol. 1 (Westport, Conn.: Greenwood Press, 1978), pp.383-384.

Johonnot, James. *Country School-houses: Containing Elevations, Plans and Specifications with Estimates, Directions to Builders, Suggestions as to School Ground, Furniture, Apparatus, etc. and a Treatise on School-house Architecture,* with numerous designs by S. E. Hewes (New York: Ivison, Phinney, Blakeman, 1859/ rep. 1866).

Johonnot, James. *School-Houses: Architectural Designs by S. E. Hews* (New York: J. M. Schemerhorn, 1871).

Katz, Michael B. *Class, Bureaucracy, and Schools* (New York: Praeger Publishers, 1971); 藤田英典他訳『階級・官僚制と学校』(有信堂高文社, 1989)

Keener, Edward E. "The Elementary-School Auditorium," *The Elementary School Journal*, Vol. 41, No.4 (Dec., 1940), pp.269-276.

Kellogg, Amos. M. *School Management: A Practical Guide for the Teacher in the School-room* (New York: E.L. Kellogg & Co., 1884).

Kiddle, Henry and Alexander J. Schem eds. *The Cyclopædia of Education：A Dictionary of Information* (New York: E. Steiger, 1877).

Kleeck, Mary Van & Alice Barrows. "How Girls Learn the Millinery Trade," *The Survey* (April 16, 1910), pp.105-113.

Kimball, D.D. "Twelve Years of School Building Ventilation," *The American School Board Journal*, Vol. 68, No.1 (Jan., 1924), pp.54-56, No.2 (Feb., 1924), pp.51-52.

Lagemann, Ellen C. *An Elusive Science: The Troubling History of Educational Research* (Chicago: University of Chicago, Press, 2000).

Lamprecht, B. *Richard Neutra* (Hon Kong: TASCHEN, 2006).

Landon, Joseph. *School Management* (London: Kegan Paul, Trench, 1883).

Landon, Joseph. *Principle and Practice of Teaching and Class Management* (New York: Mcmillan and Co. 1894).

Lavin, Sylvia. *Form Follows Libido* (2004);シルヴィア・レイヴィン (金出ミチル訳)『形態は欲望 (リビドー) に従う——精神分析時代とリチャード・ノイトラ』(鹿島出版会、2010 年)

Leary, Bernice E. *A Survey of Course of Study and Other Curriculum Materials published since*

1934, U. S. Bureau of Education, Bulletin, 1937, No.31 (Washington: Government Printing Office, 1938).

Lescaze, William. "The Meaning of Modern Architecture," *The North American Review,* Vol.244, No.1 (Autumn, 1937), pp. 110-120.

Lindsey, Margaret. "Children's Records of Their Use of Time in School as a Means of Evaluating the Programs of the Elementary School: A Report of a Type C Project," Ed. D. diss., Teachers College, Columbia University, 1946.

The Lincoln School of Teachers College, *A Descriptive Booklet* (1925).

Mann, Carleton Hunter. *How Schools Use Their Time: The Time Allotment Practice in 444 Cities Including a Study of Trends from 1826 to 1926*, Teachers College, Contributions to Education, No.333 (1928).

Mayhew, Katherine Camp and Anna Camp Edwards, *The Dewey School* (New York: D. Appleton-Century Co., 1936); 小柳正司監訳『デューイ・スクール——シカゴ大学実験学校：1896 年～ 1903 年——』(あいり出版、2017 年)

McGuffey, William H. *McGuffey's Newly Revised Eclectic Second Reader* (Cincinnati: Sargent, Wilson & Hinkle, 1853).

McGuffy, William H. *McGuffey's Third Eclectic Readers* (Revised Edition) (Cincinnati and New York: Van Antwerp Bragg & Co., 1879).

McKown, Harry C. *Assembly and Auditorium Activities* (New York: Mcmillan Co., 1933).

McQuade, Walter ed. *Schoolhouse* (New York: Simon and Schuster, 1958).

Mills, Wilbur Thoburn. *American School Buildings Standards* (Columbus, Ohio: Franklin Educational Publishing Co., 1910).

Mohl, Raymond A. "Alice Barrows: Crusader for the Platoon School, 1920-40," *The Elementary School Journal,* Vol.77 (May, 1977), pp.351-357.

Mohl, Raymond A. "Alice Barrows," in *Women Educators in the United States, 1820-1993* ed. Maxine Seller (Westport, Conn.: Greenwood Pr., 1994), pp.21-29.

Moulder, Andrew J. *Commentaries on the School Law* (Sacramento, California: John O'Meara, State Printer, 1858).

The Museum of Modern Art. *Modern Architecture: International Exposition, New York, Feb.10 to March 23, 1932*, reprint edition 1969 by Arno Press.

National Council on Schoolhouse Construction. *Guide for Planning School Plants* (1958).

Nelson, Donna. "School Architecture in Chicago during the Progressive Era: The Career of Dwight H. Perkins," Ph. D. diss., Loyola University of Chicago, 1988.

Neutra, Richard. "New Elementary Schools for America: The Redesign of the Basic Unit of Education — The Individual Classroom — as a Necessity," *Architectural Forum,* Vol.65, No.1 (Jan., 1935), pp.25-36.

Neutra, Richard. *Survival through Design* (London: Oxford University Press, 1954).

Nofsinger, Forest R. "A Century's Progress *in* School Heating *and* Ventilation," *The American School Board Journal,* Vol. 91 (July, 1935), pp.38-39, (Sep. 1935), pp.37-38,

主要参考文献　255

(Nov., 1935), p.36.

Northend, Charles. *The Teacher and the Parent: A Treatise upon Common-school Education* (1858, New Edition, Syracuse, N.Y.: C. W. Bardeen, 1895).

Northend, Charles. *The Teacher's Assistant or Hints and Methods in School Discipline and Instruction* (New York: A.S. Barnes & Co., 1859); ファンカステール訳『教師必読』（文部省、1876 年）

O'Malley, Michael. *Keeping Watch: A History of American Time* (New York: Viking Penguin, 1990)；高島平吾訳『時計と時間：アメリカの時間の歴史』（晶文社、1994 年）

O'Shea, Michael V. "Child-Study," *The Chautauquan*, Vol.23, No.3 (June, 1896), pp.302-307.

O'Shea, Michael V. *Dynamic Factors in Education* (New York: Mcmillan Co. 1906)；塚原政次・越川彌作訳『動的教育の原理』（東京：育英書院、1915 年）

Otto, Henry J., Hazel Floyd, Margaret Rouse. *Principles of Elementary Education* (Revised edition) (New York: Greenwood Press, 1955, rev.1969).

Page, David. *Theory and Practice of Teaching: Or the Motives and Methods of Good School-keeping* (Syracuse: Hall & Davidson, 1847; rep. Arno Press, 1969) 漢加斯底爾訳『彼日氏教授論』（1876 年）、伊澤修二輯訳『教授真法』初編（1875 年）

Parkhurst, Helen. *Education on the Dalton Plan* (New York: E. P. Dutton and co., 1922); 中野光編・赤井米吉訳『ドルトン・プランの教育』（明治図書、1974 年）

Perkins, Dwight H. "The School Building as a Social Center," *The Brickbuilder*, Vol. 24, No. 12 (Dec., 1915), pp.293-294, and Vol. 25 No. 1 (Jan., 1916), pp.1-7.

Perkins, Dwight, W. K. Fellows, J. L. Hamilton, et al. *Educational Buildings* (Chicago: The Blakely Printing Company, 1925).

Perkins, Lawrence B. "The Winnetka Classroom," *The American School Board Journal*, Vol. 100 (June, 1940), pp.52-53.

Perkins, Lawrence B. "When Teachers, Janitors Build Schools," *The American School Board Journal*, Vol. 103 (Sep., 1941), pp.33-39, 87.

Perkins, Lawrence B. & Walter D. Cocking, *Schools* (New York: Reinhold Publishing Co., 1949).

Perry, Arthur Cecil. *The Management of a City School* (New York: Mcmillan Co., 1908).

Perry, Clarence A. *Wider Use of the School Plant* (New York: Charities Publication, 1911).

Perry, Clarence A. "School as a Social Center," *A Cyclopedia of Education*, ed. Paul Monroe, Vol. V (New York: Mcmillan Co., 1913), pp.260-267.

Phelps, William F. *The Teacher's Hand-book for the Institute and the Class Room* (New York: A.S. Barnes & Co., 1874).

Raub, A. N. *School Management* (Philadelphia: Raub and Co., 1882).

Ravitch, Diane *The Great School Wars: New York City, 1805-1973* (New York: Basic Books, Inc., 1974).

Ravitch, Diane. *Death and Life of the Great American School System: How Testing and Choice Are*

Undermining Education (New York: Basic Books, 2010).

Reese, William J. *Testing Wars in the Public Schools: A Forgotten History* (Cambridge, Mass.: Harvard University Press, 2013).

Reigart, John F. "School Exhibitions," *A Cyclopedia of Education*, ed. by Paul Monroe, Vol. II , (New York: Mcmillan Co., 1911), pp.545-546.

Robson, Edward Robert. *School Architecture, Being Practical Remarks on the Planning, Designing, Building, and Furnishing of School-houses* (London: John Murray, Albemarle Street, 1874).

Rocheleau, Paul. *The One-Room Schoolhouse: A Tribute to a Beloved National Icon* (New York: Universe Publishing, 2003).

Root, Taylor. *School Amusements, or How to Make the School Interesting* (New York: Harper & Brothers, 1859).

Rousemaniere, Kate. "Go to the Principal's Office: Toward a Social History of the School Principal in North America," *History of Education Quarterly*, Volume 47, Issue 1 (Feb., 2007), pp. 1-22.

Rugg, Harold and Ann Shumaker. *The Child-centered School* (New York: World Book Company, 1928).

Schmidt, H. W. "Fifty years in School-building Design and Construction," *The American School Board Journal*, Vol. 100, No.3 (March, 1940), pp.31-35.

Search, P. W. "Individual Teaching: The Pueblo Plan," *Educational Review*, Vol.7 (Feb., 1894), pp.154-170.

Seeley, Levi. *A New School Management* (New York: Hinds, Hayden & Elderedge, Publishers, 1903).

Snyder, Thomas D. ed. *120 Years of American Education: A Statistical Portrait* (U. S. Department of Education, Office of Educational Research and Improvement, Jan. 1993).

Stephens, W. Richard. "Birth of the National Vocational Guidance Association," *The Career Development Quarterly*, Vol.36 (June, 1988), pp.293-306.

Strayer, George D. "Score Card for City School Buildings," *15th Yearbook of the NSSE*, Part I (1916), pp.41-51.

Strayer George D. and Frank P. Backman. *The Gary Public Schools: Organization and Administration* (New York: General Education Board, 1918).

Strayer, George D., N. L. Engelhardt, and F. W. Hart. *Possible Consolidation of Rural Schools in Delaware, Based on A Survey of the Public Schools of Delaware* (Wilmington, Del.: Service Citizens of Delaware, 1919).

Strayer, G. D. & N. L. Engelhardt. *Score Card for City School Buildings, Teachers College Bulletin*, Eleventh Series, No.10 , January 17, 1920.

Strayer, G. D. & N. L. Engelhardt. *The Classroom Teacher at Work in American Schools* (New York: American Book Company, 1920).

主要参考文献　257

Strayer, G. D. & N. L. Engelhardt. *Standards for Elementary School Buildings*, Teachers College, Columbia University, 1923.

Study, Guy. "Work of William B. Ittner, F. A. I. A.," *Architectural Record*, Vol.57, No.2 (Feb., 1925), pp. 97-124.

Tanner, C. Kenneth & Jeffery A. Lackney. *Educational Facilities Planning* (Boston: Peason Education, Inc., 2006).

Taylor, Joseph S. *Art of Class Management and Discipline* (New York: A. S. Barnes and Co., 1903).

Tompkins, Arnold. *The Philosophy of School Management* (New York: Ginn and Co., 1898).

Van Sickle, J. H. "Grading and Promotion with Reference to the Individual Needs of Pupils: Plan of the North-side Schools of Denver," *Journal of Proceedings and Addresses of the NEA of the 36th Annual Meeting Held at Washington, D. C. July 7-12, 1898* (Published by the NEA, 1898), pp.434-441.

Wallace, James M. "A Gary School Survives: Angelo Patri and Urban Education," *History of Education Quarterly*, Vol.45, No.1 (Spring, 2005), pp.96-111.

Washburne, Carleton W. *Adjusting the School to the Child* (New York: World Book Co., 1932); 山口満他著訳『教育の個別化』(明治図書、1988 年) に所収。

Washburne, Carleton W., Francis Presler, & Joseph Hudnut. "Crow Island School, Winnetka, Illinois," *The Architectural Forum* (Aug., 1941), pp.79-92.

Washburne, Carleton W. & Lawrence B. Perkins. "Crow Island School — In Winnetka," *The American School and University* (1942), pp.62-69.

Washburne, Carleton W. & Sidney P. Marland, Jr. *Winnetka, The History and Singnificance of an Educational Experiment* (New Jersey: Prentice-Hall, 1963).

Wayland, Francis, Jr. "Introductory Discourse," *The First Annual Report of the AII* (1831), pp.3-24.

Webster, Noah. *Noah Webster's American Spelling Book* (1831), reprinted Classics in Education Series, No.17 (Teachers College, 1962).

Weisser, Amy S. "'Little Red School House, What Now?': Two Centuries of American Public School Architecture," *Journal of Planning History*, Vol.5, No.3 (August, 2006), pp.196-217.

Wells, William H. *The Graded School: A Graded Course of Instruction for Public Schools, with Copious Practical Directions to Teachers, and Observations on Primary Schools, School Discipline, School Records, etc.* (New York: A.S.Barnes & Company, 1862).

Wheelwright, Edmund March. *School Architecture: A General Treatise for the Use of Architects and Others* (Boston: Rogers & Manson, 1901).

Whipple, Guy Montrose ed. *The 15th Yearbook of the National Society for the Study of Education, Part I: Standards and Tests for the Measurement of the Efficiency of Schools and School Systems* (Chicago: University of Chicago Press, 1915).

White, Emerson E. *School Management* (New York: American Book Co., 1894).

Whithey, Henry F. *Biographical Dictionary of American Architects* (*Deceased*) (Los Angeles: New Age Pub., 1956).

Wickersham, James Pyle. *School Economy* (Philadelphia: J. B. Lippincott & Co., 1864); 箕作麟祥訳『学校通論』(東京：丸善、1874 年)

Wilkinson, Jasper Newton. *School Management* (Tokeka, Kansas: Crane & Co., 1903).

Willis, George W. H. et al. eds., *The American Curriculum: A Documentary History* (Westport, Conn.: Greenwood, 1994).

Wilson, Frances. "A New Type of School Architecture," *The Outlook,* Vol.65, No.14 (August 4, 1900), pp.809-817.

Wirt, William. *The Great Lockout In America's Citizenship Plants* (Gary, Ind.: Horace Mann School, 1937).

Zimmerman, Jonathan. *Small Wonder: The Little Red Schoolhouse in History and Memory* (New Haven: Yale University Press, 2009).

Space and Time in History of Education:
The Schoolhouse and the Daily Program in American History

Kenichiro Miyamoto

Part One: The Schoolhouse

In the 19th century, one-room schools were common everywhere in the U.S., and teachers had considerable authority to govern schoolrooms and children. In the late 19th and early 20th centuries, however, large school buildings with many classrooms and special facilities were constructed and became the standard in urban areas. Children participated in several kinds of activities in different parts of these large school buildings; however, in most cases, they were instructed on what to do and when and where to do it. As each part of a school building was designed for a specific subject or purpose, such a school design might be called subject-centered. Whether teachers were aware that large school buildings had a latent function of deciding children's activities is not known. It was true that architects and administrators, rather than teachers, had the authority to govern the construction of children's spaces, which had a bearing on children's behavior.

It was not until the middle of the 20th century that progressive educational thought was expressed in the architecture of school buildings. Some school buildings became child-centered under the influence of progressive education. As a result, the teacher could use available space for children in schools where progressive thought permeated. Teachers became conscious of their professional latitude to govern or utilize space within school buildings. In a sense, the teacher gained professional authority to govern the use of space in school buildings.

The last question we must ask is whether teachers could make wise use of the latitude they had to educate children in the classroom. Historical and sociological research into the teaching profession will give us the answer to this question, and, I am sure, bring about professional development among teachers.

Part Two: The Daily Program

Until the early 19th century, daily programs in the United States were not rigid, and teachers could make and change daily programs in the name of God. Timetabling was the means to control pupils' behaviors and to ensure obedience to the divine will. It demonstrated the authority of the teacher.

When clocks and watches began to be commonly used in everyday life in the late 19th century, grading and promotion were introduced into many schools, and the course of study was decided by the state. Teachers could no longer use their own discretion in making daily programs, because these programs were constructed systematically and in detail by educational administrators. As the number of classes increased and the length of instruction reduced, rigid, meticulous daily programs became the norm at the turn of the last century. Educational administrators, who were interested in efficient school management, required teachers to follow such daily programs systematically, which gradually deprived teachers of authority in school government.

Such rigid, meticulous daily programs were criticized in the Progressive Education movement and were replaced by more flexible ones in many schools. Progressive teachers paid attention to children's initiatives and work rhythms and permitted children to participate in making daily programs. Consequently, there appeared various sorts of daily programs with three common characteristics. Firstly, daily programs were divided into a few large blocks of time instead of a series of short periods devoted to recitations. Secondly, children's time was divided not by subject but by units of work. Thirdly, daily programs were not decided systematically by administrators but were often changed by teachers, allowing children to continue their work uninterruptedly.

As teachers had to use their own discretion in making such flexible daily programs, they redeemed their authority in schools. However, most American teachers at that time did not have the professional ability to make daily programs, nor the authority to control children's behavior in the classroom.

巻末資料1　教会モデルの学校

One-roon school in Hinkletown, Pennsylvania

1-1　教会モデルの校舎

出典：https://www.loc.gov/item/2017822149 (Jan.4.2018)（米国議会図書館）

巻末資料　263

1-2　教会モデルの教室
出典：Andrew Guilford (1984), *America's Country Schools*, p.34

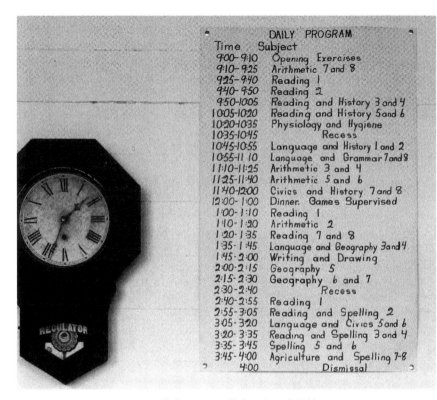

1-3 教会モデルの教室にある時間割

出典：Rocheleau（2003）, *The One-Room Schoolhouse*, p.107

巻末資料 2　工場モデルの学校

2-1a　工場モデルの校舎（外観）

出典：Mills（1915），*American School Building Standards*, p.553

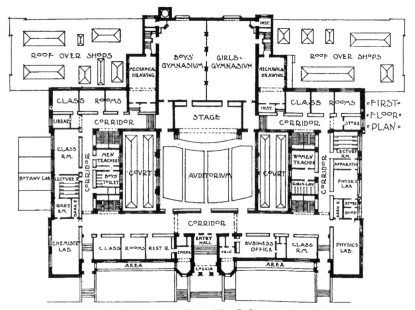

2-1b　工場モデルの校舎（1階）

出典：Mills（1915）,*American School Building Standards*, p.554

巻末資料　267

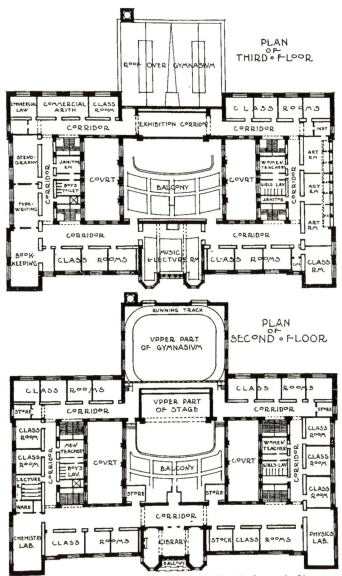

2-1c　工場モデルの校舎（2 階と 3 階）

出典：Mills（1915）, *American School Building Standards*, p.555

268

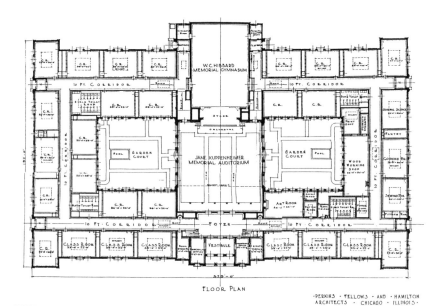

2-2 工場モデルの校舎（平面図）
出典：Betty Williams Carbol（1982）, *The Skokie School*, p.6

巻末資料 3　プラツーン式校舎から活動プログラム型校舎へ

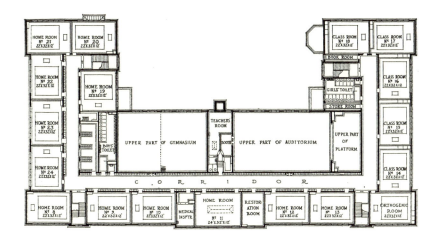

3-1b　プラツーン式校舎（2階）

出典：Barrows（1936）, *Functional Planning of Elementary School Buildings*, p.26

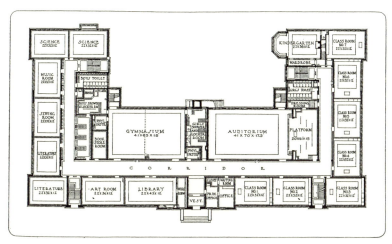

3-1a　プラツーン式校舎（1階）

出典：Barrows（1936）, *Functional Planning of Elementary School Buildings*, p.25

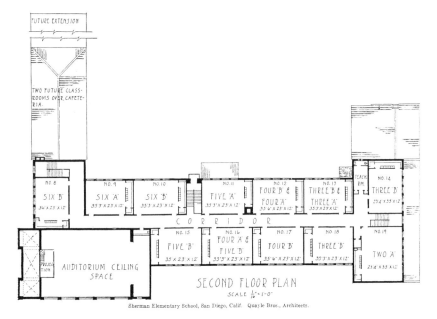

3-2b 活動プログラム型校舎（2階）

出典：Barrows（1936），*Functional Planning of Elementary School Buildings*, p.22

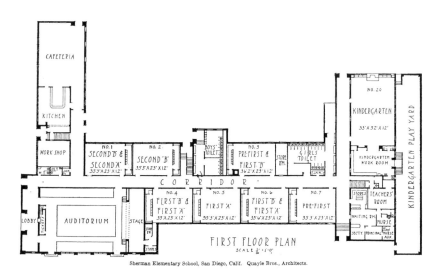

3-2a 活動プログラム型校舎（1階）

出典：Barrows（1936），*Functional Planning of Elementary School Buildings*, p.21

巻末資料　271

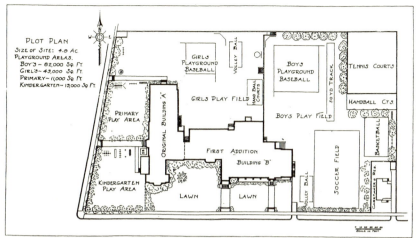

Daniel Webster School, Pasadena, Calif.

3-3　活動プログラムのためのプロット・プラン

出典：Barrows (1936), *Functional Planning of Elementary School Buildings*, p.10

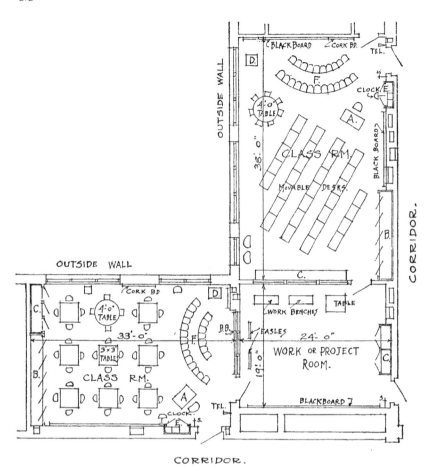

Figure 1.—Room Layout, First and Second Grade Rooms, Bardwell School, Aurora, Ill.

3-4　L字型教室の先駆

出典：Barrows (1945), *Biennial Survey of Education, 1938-40*, p.19

巻末資料4　教室と講堂の変貌

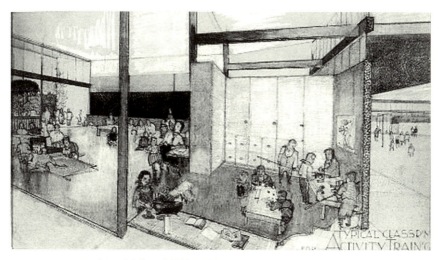

4-1　子どもの活動の連続性を重視した教室（ノイトラのデザイン）
出典：Neutra (Jan, 1935), "New Elementary School," p.33

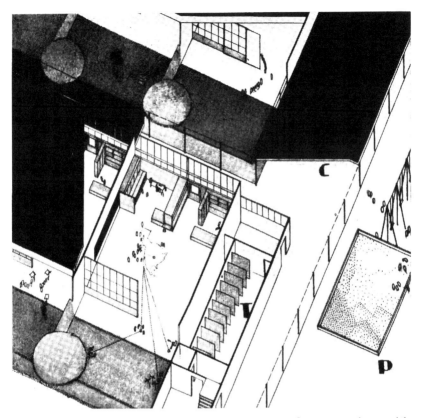

Uniformly orientated, bilaterally lighted, activity classroom wings with individual work yards.

S Classroom activity patio
C Walk
P Playground and pool
T Toilets

4-2 空間の連続性を重視した教室(ノイトラのデザイン)

出典:W. Boesiger ed.(1964)*Richard Neutra 1923-50*, p.148

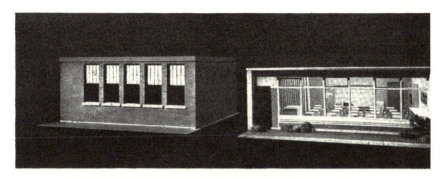

Model at left shows typical old-style classroom unit. No wonder inmates thought it resembled jail! Contrast with freedom and light of modern classroom, right, design of Perkins & Will architects. Courtesy *See and Hear*.

4-3 教室の変貌

出典:Lawrence B. Perkins & Walter D. Cocking (1949), *Schools*, p.61

4-4 コミュニティ・ホールとしての講堂
（カリフォルニア大学ロサンゼルス校附属実験学校）

筆者撮影、2013 年 11 月

4-5 講堂の小規模化(カリフォルニア大学ロサンゼルス校附属実験学校)
筆者撮影、2013年11月

巻末資料5　進歩主義の学校（クロウ・アイランド小学校）

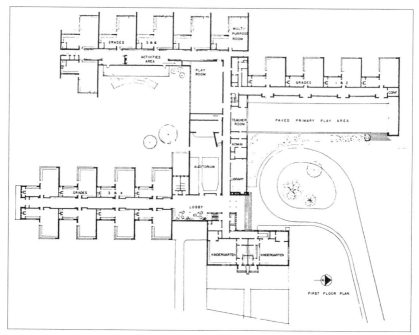

Crow Island School. Floor plan. A large library and resource center was added, later, in unfinished basement space below the play room.

5-1　クロウ・アイランド小学校の平面図

出典：Brubaker（1998）, *Planning and Designing Schools*, p.12

巻末資料　279

5-2　クロウ・アイランド小学校の教室
出典：L. Perkins and Cocking (1949), *Schools*, p.73

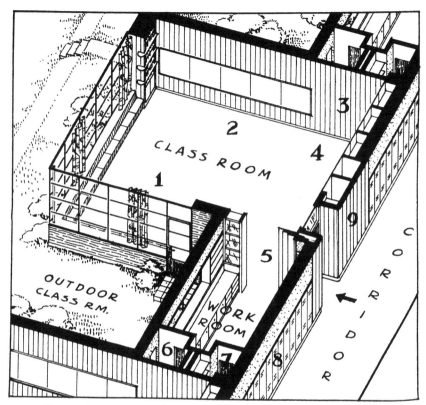

The new classroom contemplates a maximum of light and the ready supervision of all activities in the classroom, the workroom, and the outdoor classroom.

5-3 クロウ・アイランド小学校のL字型教室

出典：L. Perkins (June, 1940), "The Winnetka Classroom," p.52

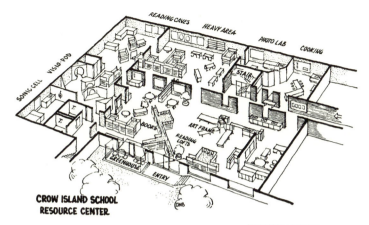

5-4　クロウ・アイランド小学校のリソース・センター
出典：Brubaker (1998), *Planning and Designing Schools*, p.12

5-5　アジールのあるリソース・センター
出典：Brubaker (1998), *Planning and Designing Schools*, p.13

5-6 クロウ・アイランド小学校の子どもの絵
出典：Brubaker (1998), *Planning and Designing Schools*, p.13

あとがき

　本書は、この十年余り、教育における時間と空間について考え、発表してきたいくつかの論文をまとめて、再構成したものである。科学研究費等をいただいて細々と続けてきた研究だが、いちおうのまとまりをもって発表する機会を与えられて、研究者としての責任をすこしだけ果たすことができたと安堵している。

　本研究の成り立ちを振り返ると、最初に私が興味をもったのは時間であった。本川達雄氏の『ゾウの時間ネズミの時間：サイズの生物学』（中公新書）が刺激的だった。ネズミの寿命は数年だが、ゾウの寿命は 100 年近くある。ところが、心臓の拍動数は、ネズミもゾウもほぼ同じで、約 20 億回ということであった。すぐに、徒然草第七段「命あるものを見るに、人ばかり久しきはなし。かげろふのゆふべをまち、夏の蝉の春秋を知らぬもあるぞかし」を思い出した。小さな生物は、小さいなりに、短い時間に多くの経験が凝縮されている。物理的に測定された時間と、生物が経験する時間に大きな質の違いがあることを確信した。

　ここからは私の勝手な想像だが、心臓の鼓動が頻繁であるとき、人間は時間を長く感ずるのではないかと考えた。自分が小学生だった 6 年間はとても長かった。遊んでいる時間が長く、心臓の鼓動が早かったのだろう。緊張しているとき、長距離を走っているとき、お風呂にはいっているときなど、いろいろと思い浮かべると、想像はまんざら間違いでもないように思えてきた。これを教育の面から考えると、子どもが時間をどのように経験しているのかが、気になってきた。学校の時間はだれがどのようにして決めているのか。子どもの心臓の鼓動に配慮しているだろうかと調べてみようと思いたった。

　人はだれも、充実した時間とか、充実した人生を送りたいと思うだろう。だが、それはどのような状況をさすのだろうか。そして、おそらく人生の半分くらいを過ぎたと思われる自分は、どうすれば充実した残り時間をすごせるのだろうか。生まれたばかりの我が子を見ながら、そんなことをぼんやり

考えるようになった。

　では、子どもがどのように時間を経験しているか、それを確かめる方法があるだろうか。たしかに、「時間とは何か」という問いは、アリストテレス、アウグスティヌス、カント、ハイデガーなどの大哲学者が様々に論じてきた。近年では物理学者の参入も目立つ。しかし、自分にそのような議論に加わる能力がないことはわかっていた。文学や日記などを調べる方法はあるだろうが、外国を対象とするなら、相当の困難が予想された。そこで、私が思いついたのが学校の時間割である。これなら、史料さえあれば、具体的に確かめることができる。幼児教育の研究をされている先生が、一日の幼児の動きや言葉の記録を詳細にとっていることを知ったのがひとつのきっかけで、学校の時間割に関する社会史的研究というテーマが思い浮かんだ。

　時間割の研究を進めているうちに、時間と空間との関係が気になり始めた。人間が自然によって与えられた時間は、近代になって時計によって区分され、組み立てられていた。それと同じように、すべての人間が共有していたはずの空間も、様々な形で仕切られ、厳密に秩序立てられていた。学校教育に目を向けると、むしろ、空間の仕切りができたことで、それに対応するかたちで時間割を作る必要が生じたということがわかってきた。こうして、本書ではまず空間について論じ、次に時間割を取り上げることにした。

　のろのろとした歩みだったが、振り返ると、研究はだいたい順調に進んだ。進み続けることができたのは、共同で研究を進められたからである。山崎洋子さん（武庫川女子大学／福山平成大学）、山名淳さん（東京学芸大学／京都大学／東京大学）、渡邊隆信さん（兵庫教育大学／神戸大学）さんとは、震災まもない神戸で、神戸新教育研究会（自称）を組織して、共同で科研を申請し、20年にわたって頻繁に研究会を開催してきた。対象とする国は異なり、それぞれに勤務校の異動はあったが、研究会は途切れることがなかった。研究会で得た助言や援助は大いに参考になっただけでなく、精神的な励ましでもあった。世界新教育学会を通じて交流させていただいている岩間浩先生（元国士舘大学、岩間教育科学研究所）からは、新教育や「学校空間」に関して多くのことを学ばせてもらった。本書では先生のご研究を十分に生かせていないこ

とがすこし残念である。佐藤隆之さん（早稲田大学）とは、末藤美津子さんを含め 3 人で翻訳したラヴィッチ『学校改革抗争の 100 年』（東信堂、2008 年）の出版以後、2 人で共同の科研に取り組んでいる。佐藤さんはいつも堅実に仕事を進められ、ときに横道に逸れそうになる自分の研究に対して、研究のねらいにそくした方向を示してくれた。もっとさかのぼると、筆者が兵庫教育大学に勤務していたころ、科研を頂き、同僚の先生方（田中亨胤、杉尾宏、金丸晃二、名須川知子、伊藤博之）と西井麻美先生（ノートルダム清心女子大学）に入ってもらって、時間割研究に取り組んだのが、事実上の出発点であった。幸先のよいスタートだったと思う。私が兵庫教育大学大学院で教育哲学研究という授業を担当していたころ、修了生（当時の現職教員）を中心につくられた相互作用研究会（小原武次郎さん、阿尾剛さん、角野幸代さん、他）は今も続き、しばしば私も報告をさせてもらっている。現職教員からのコメントには、自分の気が付かないことも多く、貴重である。こうした多くの先生方のほか、もちろん、日本教育学会、教育史学会、アメリカ教育史研究会、アメリカ教育学会などで、いろいろな先生方から助言や情報を戴いた。

　海外では、クロウ・アイランド小学校の元校長ヒバートさん（Dr. Beth Hebert）、ウィネトカ歴史家協会代表のクリーブさん（Patti Van Cleave）にとくにお世話になった。私は 1994 年 2 月にウィネトカのモンロウ教育長（Dr. Donald Monroe）の案内で初めてウィネトカを訪問し、1996 年 3 月には約 10 人の日本人研究者（田中耕治先生、名須川知子先生、松浦良充先生、菅野文彦先生、西井麻美先生ほか）といっしょに再訪した。当時、私はウィネトカ・プランにもとづく個別教授法を調べていて、校舎にはほとんど関心がなく、モンロウ教育長やヒバート校長が説明する L 字型教室のことも上の空だった。私が校舎の特別な意味に気付いたのはそれから 10 年もたってからだった。個別教授と校舎の関係に気が付くのに 10 年もかかるとは、自分ながら迂闊だったと思う。2016 年にウィネトカを訪問し、ヒバートさんやクリーブさんに会ったときには、クロウ・アイランドだけでなく、ハバード・ウッヅ校なども訪問し、あらためて校舎の教育的意図を確認することができた。セント・ルイスでは、歴史建造物協会のウェイル氏（Dr. Andrew Weil）のお世話になっ

た。訪問した際には市内の多くの学校を案内してくれた。口絵にあるイトナーの肖像は、ウェイル氏の仲介のおかげで、セント・ルイス歴史博物館から掲載許可を得られたものである。カリフォルニア大学ロサンゼルス校では、ノイトラ関連の資料探索に協力してくれたのは、図書館の奥西陽子さん、ＵＣＬＡ附属実験学校のナンシー・チャクラバッチ（Nancy Chakravarty）さんなどであったした。

　小さな書ではあるが、このように多くの方のご協力とご援助のおかげでなったものであり、ひとりひとりにお礼を申し上げたい。

　本書とほぼ同じテーマの授業（集中講義）を、神戸親和女子大学大学院、名古屋大学、京都大学で行ったことがある。授業のなかで学生から出されたいろいろな意見や質問にすべて答えられたとは思わないが、その努力はしたと思ってくだされればありがたい。学生の疑問や質問は研究の推進力のひとつでもある。参加してくれた学生諸氏に感謝の言葉を記しておきたい。学生諸氏の今後の研究の踏み台のひとつにでもなれば光栄である。

　本書の元になった論文を発表順に挙げると、以下のとおりである。収録にあたり、それぞれ大幅に書き替えている。

① 「19世紀アメリカ合衆国における授業時間割の出現と厳密化の過程——近代学校における時間割編成原理の研究（1）——」『兵庫教育大学研究紀要』第一分冊　第24巻　2004年3月　1-14頁

② 「アメリカ進歩主義学校における授業時間割の弾力化とその根拠——近代学校における時間割編成原理の研究(2)——」『教育研究論叢』(兵庫教育大学学校教育研究会編) 第5号　2004年3月　1-26頁

③ 「近代日本における授業時間割編成論の出現と変遷——明治初期から昭和戦前期まで——」『神戸女子大学文学部紀要』第41巻　2008年3月　67-85頁

④ 「アメリカ進歩主義教育運動における学校建築の機能転換——子ども中心の教育空間の試み(1)——」『教育学論究』(関西学院大学教育学会編)

創刊号　2009 年　149-158 頁

⑤ "The Evolution of School Buildings in America: From Teacher-centered Schoolhouse to Child-Centered Learning Environments," Kwansei Gakuin University, *Humanities Review*, Vol. 15, 2010 pp. 29-49.

⑥ 「アリス・バロウズの学校建築思想：子どもの経験の豊富化——子ども中心の教育空間の試み（2）——」『教育学論究』（関西学院大学教育学会編）第 4 号　2012 年　89-99 頁

⑦ 「エンゲルハートの学校建築思想：工場モデルから過程モデルへ——子ども中心の教育空間の試み（3）——」『教育学論究』（関西学院大学教育学部編）第 5 号　2013 年　139-151 頁

本書に関連して受けた科研費補助金（助成金）は以下のとおりである。

⑴ 2001-2003　代表：宮本健市郎　分担：田中、杉尾、金丸、名須川、伊藤、西井
近代学校における授業時間割の実態と編成原理に関する比較史的研究

⑵ 2005-2007　代表：宮本健市郎　分担：山崎、山名、渡邊
新教育運動期における授業時間割の改革と編成原理に関する比較社会史的研究

⑶ 2008-2010　代表：渡邊隆信　分担　山﨑、宮本、山名
新教育運動期における学校空間の構成と子どもの学習活動の変化に関する比較史的研究

⑷ 2011-2013　代表：山名淳　分担：宮本、山崎、渡邊
新教育運動期における学校の「アジール」をめぐる教師の技法に関する比較史的研究

⑸ 2011-2013　代表：宮本健市郎　分担：佐藤隆之
20 世紀初頭のアメリカの小学校における講堂と多目的室の出現過程に関する史的研究

本書は、関西学院大学より出版助成を受け、大学研究叢書第 196 編とし

て刊行される。大学の関係者に感謝している。また、東信堂の下田社長には、前著に続き、タイトルのアイデアや資料の掲載、校正や索引づくりまで、本書でもたいへんお世話になった。あわせて御礼申し上げたい。

それにしても、本書は小さな書物である。全体を読みかえすと、学校の機能を地域の構造変化のなかでとらえる視点が弱いことは否定できない。私が時計の歴史に関する図書を読んでいたころ、「大きくなったら時計屋さんになる」と言っていた娘はもう高校生。時間がかかった割には、本書の対象は学校の建物と授業時間割に狭く限定されている。

だが、新しい課題が見えつつある。それを、社会のなかの学校の機能の解明、といってしまうとあまりに抽象的である。田舎、都市、郊外、新興住宅地など、人々の生活の実態のなかで、学校と教師に何ができたか、何ができるかを考察する必要がある。すべての子どもが安心して生活でき、学習でき、民主主義社会の成員として成長できる場所としての学校のあり方を追究していきたい。不十分な研究成果ではあるが、研究者や教師の皆さまのご批判を仰ぎつつ、研究を進めていきたいと念じている。

2018 年 1 月 1 日

宮本健市郎

索引

事項索引

ア行

愛国心　patriotism··19, 24
アウラ　Aula（独）···53-56
アジール　Asyl（独）···························118, 124-125, 131
アメリカ教育会（A. I. I.）American Institute of Instruction·····139
アメリカ建築家協会（A. I .A.）American Institute of Architects·····34, 57, 82
暗誦室　recitation room···16, 48
安全　safety································20, 22, 31, 34, 42, 63, 81, 97
　──安全性···24, 67
　──衛生安全···114
一斉授業··13, 156, 167, 174, 228
移民··19, 175
インターナショナル・スタイル　international style·····116, 130, 244, 252
ヴァッサー・カレッジ　Vassar College··································31, 86
ウィネトカ　Winnetka, Illinois···········13, 33, 35, 37, 41, 46, 119-120, 209
　──ウィネトカ・プラン　Winnetka Plan·····35, 46, 176, 189-190, 200, 204, 227
衛生　hygiene······················20, 22, 30, 36, 70, 81, 104, 108, 110, 224, 241
　──非衛生···15, 19
　──文部省衛生顧問会議···220
H型　H-plan···22
屋外教育エリア　out-of-door educational area·······························112
親に代わる　in loco parentis··17
音楽室··ix, 25, 32, 67, 96, 98

カ行

絵画室··32, 98
開放型　open-plan···20, 22, 24-25
改暦詔書··240
科学的管理法···165-166, 171
夏期休業　summer vacation···217
学習
　──学習環境　learning environment····························33, 41, 206, 208
　──学習成果発表会　public exhibition·······················53, 63, 68
　──学習法···204, 224-225
　──合科学習···225, 227
　──個別学習　individual instruction·······················188-190, 199-200
　──相互学習···225-226
　──独自学習···225
革新主義時代　Progressive Era···105

学年制　grading system……………………………………………………………………149
学力テスト………………………………………………………………………………105
隠れたカリキュラム　hidden curriculum…………………………………………10, 43
学区……………………………………………………………9, 19, 95-96, 107
学校
　──一教室学校　one-room school…………………………9, 48, 57, 96, 108, 205
　──学校精神　school spirit……………………………………………70, 72-73
　──学校調査　school survey……………20, 31, 85, 92-93, 96, 104-106, 108, 114, 122, 124
　──学校調査報告書……………………………………………………………67
　──学校の統合…………………………………………………………95, 108
　──公立学校　public school……13, 28-30, 35, 62-63, 66, 68, 71, 85, 87-90, 92, 109, 115, 147
　──社会センターとしての学校　school as social center…………………………69
　──単級学校　one-room school…………………13, 15, 18, 20, 41, 216-217
　──伝統的学校　conventional schools……………………… 96, 186, 188, 195
　──働き・学び・遊ぶ学校　work-study-play school…………………………173
学校経営……… 105, 134-135, 146-147, 156-158, 163, 166, 170, 172-173, 201, 207
　──学校経営研究……………………………………………………………133
　──学校経営者…………………………………………………………48, 168
学校建築　school architecture………………ix-xi, 4, 6-7, 9-11, 13-15, 19-20, 22, 24, 28-31,
　　　33-35, 41, 43, 57, 62-63, 67, 69-70, 72, 75, 77, 81-82, 95, 102, 104, 107-108, 110, 113,
　　　116-121, 129, 205-209
　──学校建築思想……………………………………………………………124
家庭モデル……………………………7, 9, 33, 37, 42, 104, 110, 116, 124-125, 205-207
可動式壁　sliding divisions, sliding walls………………………………………48
可動式机　movable desk……………………………………………………………99
カリフォルニア州　State of California…………………………………………70, 181
換気　ventilation………………15-16, 19-20, 22, 24-25, 30, 34, 36, 42, 44, 62-63, 97, 108, 114
基準……… 98, 106-110, 114, 116, 122, 124, 133, 174, 176-177, 206-207, 225, 229
　──建築基準…………………………………………………………………208
　──時間割編成基準…………………………………………………………176
　──全国基準…………………………………………………………………213
機能的計画………………………………………………………………………98
義務教育制度………………………………………………………………ix, 207, 216
義務就学法………………………………………………………………………174
休憩　recess…………………133, 140-142, 164, 170, 186, 188, 215, 226, 228, 241
　──休憩時間…………………………………180-181, 218, 220-221, 223-224, 229
休息　intermission…………………122, 133, 137, 140, 142, 149, 152, 181, 186, 215
教案…………………………………………………………………………………217
教育改革…………………………………ix, 3, 6, 9, 89-91, 105, 109, 147, 158
教育環境………………………………………………………………xi, 96, 163, 206
教育行政学………………………………………………………68, 112, 167, 170
教育心理学………………………………………………………………………105
教育長　superintendent……… 14, 25, 28, 35-37, 42, 70, 73, 88-90, 104-107, 133, 139, 152,
　　　161, 165, 168, 171, 175

教育能率	105
教会モデル	7, 9, 14, 18, 205, 207, 262-264
業間体操	215-216, 218, 220

教師
——教師の権威	17, 19, 133-134, 136-140, 143, 146, 161, 165, 169-170, 207-208
——教師の専門性	199-201

教室
——L字型教室　L-shaped classroom	99, 285
——屋外教室　outdoor classroom	119
——大教室　school room	16, 18, 22, 48, 57, 63, 71, 79
——特別教室　special room	9, 19-20, 28-29, 32, 67, 81, 96, 104, 106, 108, 114, 186, 205

教授細目	217
教授法書	134, 137, 139-140, 143, 145-148, 163, 165, 170, 179, 214-215
教授理論書	17, 41, 143, 215, 228
教場指令法　school tactics	159
教則	212-217
——下等小学教則	213
——三教科式教則	212, 215, 228
——師範学校式教則	213-214, 216
——小学教則	213, 215, 240
——小学校教則綱領	217
——小学校教則大綱	217
——上等小学教則	213
——沼津第一番小学集成舎教則	212
——文部省式教則	213, 215-216
教壇　platform	9, 16-17, 78, 205
郷土教育連盟	226-227
近隣住区論　Neighborhood Unit	69
クインシー・グラマー・スクール　Quincy Grammar School	152
空間　space	ix-xi, 3-4, 6-7, 10, 20, 29, 36, 53, 100, 112-113, 115-118, 121-122, 208-209
——屋外空間	125
——学校空間	206, 210
——教育空間	14, 41, 43, 205-206
クラス　class	28, 75, 147-150, 156-158, 161, 165-167, 171-173, 175
グラマー・スクール　grammar school	57, 152
クリーブランド　Cleveland, Ohio	20, 67, 152
グレイド　grade	147, 152, 155-157, 161, 165, 167
クロウ・アイランド小学校　Crow Island Elementary School	33-35, 37, 41-42, 45, 76, 81, 119, 209-210, 278, 285
クロウ・アイランド・アウォード　Crow Island Award	34
クロック　clock	147, 164

ゲーリー
——ゲーリー　Gary, Indiana	25, 28-30, 63, 67, 89-92, 172
——ゲーリー・プラン　Gary Plan	25, 28, 32, 72, 89-92, 102, 109, 170-174, 201, 206, 209

──ゲーリー学校連盟　Gary School League······················91
　　──ゲーリー公立学校　Gary Public Schools······················13
権威········17-19, 41, 133-134, 136-140, 143-144, 146, 161, 164-166, 169-170, 203, 205, 207-208
建築技術··36, 107
建築基準···208
公教育教授定型···217
講座···225-226
工作室···25, 29, 99, 171
校舎　schoolhouse（school building）········· 3-4, 6-7, 9-10, 13-16, 18-20, 22, 24-25, 28-37, 39,
　　　　　　41-43, 47-48, 53, 57, 62-63, 66-70, 73-76, 81, 85-86, 89-90, 92-93, 95-100, 102, 104-122, 124-
　　　　　　　　　　　　　　　　125, 129, 133, 160, 171, 201, 205-210
　　──活動プログラム型校舎　activity program type of school organization ··············· 99, 269
　　──校舎採点簿　Score Card for School Buildings··81, 104, 106-109, 114-116, 124-125, 129
　　──校舎中心···28-29, 31, 209
　　──校舎の地域開放···69
　　──校舎プラン··78
　　── 全国校舎問題諮問委員会　National Advisory Council on School Building Problems
　　　　···85, 98
　　──全米校舎建設委員会　National Council on Schoolhouse Construction ·····················76
　　──大規模校舎　school plant·················4, 10, 19-20, 22, 29, 42, 85, 97, 109
　　──プラツーン式校舎　platoon school ·····························68, 99, 269
　　──変形型伝統的校舎　usual with variations type of school organization ···············99
工場モデル···············7, 9, 19, 42, 62, 104, 110, 116-117, 124-125, 205-206, 209, 265
講堂　auditorium···· ix-x, 6, 10, 19-20, 25, 29, 31-33, 36, 39, 41, 47-48, 53, 62-63, 66-79, 81, 90-
　　　　　　　　　　　93, 95-96, 98-100, 107, 112, 171-173, 205-206, 273, 287
　　──講堂（アウラ）···53
口頭教授　recitation ································149-150, 155-156, 158, 170, 173
口頭試問　oral examination ··53
コース・オブ・スタディ　course of study·················33, 152, 161-162, 166-167, 176
子ども
　　──子ども研究　child study ···179-181
　　──子ども中心　child-centeredness ········· ix, 3, 6-7, 9-10, 14, 28-29, 31, 33, 36, 41-42, 133,
　　　　　　　　　　　　　　　　182-183, 206-210, 223-224
　　──子ども中心学校　child-centered schools ·····················186, 188, 203
　　──子どもの自主性····························170, 174, 178, 186, 191, 194, 199-200
　　──子どもらしい環境　childlike surroundings·····················36-37, 41
コモン・スクール　common school ··············· 4, 10, 15, 136-137, 142-143, 205, 207
　　──コモン・スクール運動···139
コリンウッドの学校火災　School Fire in Collinwood, Ohio·····························22
コロンビア大学　Columbia University·····································89, 116
　　──コロンビア大学ティーチャーズ・カレッジ·····························72, 85-86
サ行
採光　lighting·················15-16, 19-20, 22, 25, 34, 42, 44, 62-63, 97, 106
裁縫室···25, 32, 67, 96, 98

索　引　293

作業室　workroom ·· 4, 30, 39, 92, 95-96, 226
作業単元　unit of work ··· 186, 190
シカゴ　Chicago, Illinois ··············· 35, 45, 62, 69, 74-75, 89, 152, 161-162, 165, 209
シカゴ大学附属実験学校 ·· 176-179
時間　time ···························· ix-xi, 3-7, 10, 25, 37, 42, 75, 91,
　97, 121, 133, 136-143, 146-147, 149-150, 156, 158-161, 163-166, 172-173, 175-177, 179-183,
　　　　　　　　　186, 188-191, 194-196, 200, 207-209, 212, 214-216, 218-229
　　──機械時間 ·· 146-147
　　──自由時間　released time ·· 138, 175, 183
　　──単位時間 ··································· 5, 146, 211, 214-216, 218, 220, 223, 228, 240-241
時間割　daily programme, time schedule·············· ix-xi, 4-7, 25, 37, 46, 90, 133-143, 146-149,
　　　　　　152, 155-166, 168-183, 186, 188-191, 194-195, 199, 205, 207-229, 239
　　──アメリカ式時間割表 ·· 241
　　──時間割作成 ·· 202
　　──時間割表 ··· ix, 214, 241
　　──時間割編成 ····································· xi, 180, 181, 203, 222
　　──時間割編成基準 ·· 176
　　──時間割編成原理 ··················· 7, 133-134, 174, 179, 195, 207, 218, 229
　　──授業時間割 ··· x, 4, 222
　　──週間時間割表 ·· 5, 211, 223
シグナル　signal··· 159-160
試験　examination ·· 53, 79, 175
　　──公開試験　public examination···53, 68
自己制御システム　self-regulating system ···································163-164
自己統制心　self-control ··· 163
自己統治　self-government··· 163-164, 169
システム化··· 147, 157
実験室法　laboratory method·· 175-176, 202
シティ・アンド・カントリー・スクール　City and Country School·············191, 195, 204
児童の村小学校 ··· 225, 242
自発性··ix, 39, 112, 177, 179, 181, 199
師範学校 ··· 57, 138-140, 148, 212-217, 222
　　──ニューヨーク州立オスウェーゴー師範学校　Oswego State Normal School ···········152
　　──ニューヨーク州立オルバニー師範学校　Albany State Normal School············· 149, 159
　　──クック郡師範学校 ··75
　　──師範学校式教則 ··· 213-214, 216
　　──師範学校式教則 ··· 213-214, 216
　　──東京師範学校 ·· 213
　　──奈良女子高等師範学校附属小学校 ·····································224
　　──ニュージャージー州立師範学校 ·······································145
　　──広島高等師範学校附属小学校 ··································· 224, 237
　　──ミズーリ州立師範学校 ······································· 158
社会的活動·································39, 173, 178, 183, 188-190
社会的仕事　social occupations ··································· 177, 179

集会場 assembly hall⋯⋯⋯⋯⋯⋯⋯⋯⋯⋯⋯⋯47-48, 57, 63, 66-71, 75, 79, 206
集団活動⋯⋯⋯⋯⋯⋯⋯⋯⋯⋯⋯⋯⋯37, 114, 188-190, 195-196, 199-200, 229
集団的創造的活動 group and creative activities⋯⋯⋯⋯⋯⋯⋯⋯⋯35, 189
十二辰刻法⋯⋯⋯⋯⋯⋯⋯⋯⋯⋯⋯⋯⋯⋯⋯⋯⋯⋯⋯⋯⋯⋯⋯212, 215
主体性⋯⋯⋯⋯⋯⋯⋯⋯⋯⋯⋯⋯⋯⋯⋯⋯⋯5, 71, 118, 199, 210
小学生徒心得⋯⋯⋯⋯⋯⋯⋯⋯⋯⋯⋯⋯⋯⋯⋯⋯⋯⋯⋯⋯⋯⋯⋯214
小学校ノ学科及其程度⋯⋯⋯⋯⋯⋯⋯⋯⋯⋯⋯⋯⋯⋯⋯⋯⋯⋯⋯217
小学校令施行規則⋯⋯⋯⋯⋯⋯⋯⋯⋯⋯217-218, 221, 223, 229
ジョージ・M・ウォートン校 George M. Whaton School⋯⋯⋯⋯⋯⋯50, 53
職業教育 vocational education⋯⋯⋯⋯⋯⋯⋯⋯⋯⋯⋯⋯⋯31, 87-91
職業訓練 vocational training⋯⋯⋯⋯⋯⋯⋯⋯⋯⋯⋯⋯⋯⋯⋯⋯89
職業指導⋯⋯⋯⋯⋯⋯⋯⋯⋯⋯⋯⋯⋯⋯⋯⋯⋯⋯86-88, 100
新教育 New Education⋯⋯⋯⋯⋯⋯⋯⋯ix, 6-7, 10, 47, 134, 199, 205, 208
　　──新教育運動 New Education Movement⋯⋯⋯⋯ix-xi, 3-4, 6-7, 42-43, 133, 170, 174,
　　　　　　　　　　　　　　　　　176, 179, 205, 208, 223-224, 229
　　　──大正新教育⋯⋯⋯⋯⋯⋯⋯⋯⋯⋯⋯⋯⋯⋯⋯⋯⋯223, 229
進歩主義学校 progressive schools⋯⋯⋯10, 25, 73, 174, 183, 186, 188, 191, 195, 203, 207, 209
進歩主義教育 progressive education⋯⋯⋯⋯ix-x, 6, 9-11, 13-14, 29-31, 33-35, 41-42, 62-63,
　　　　　　　　　　　　　70, 72-74, 76, 81-82, 85-86, 96, 100, 110-113, 121, 124-125, 128
　　　──進歩主義教育運動 progressive education⋯⋯⋯⋯⋯⋯⋯174, 190
　　　──進歩主義教育協会 Progressive Education Association⋯⋯⋯⋯⋯134
スライド式の壁 sliding walls⋯⋯⋯⋯⋯⋯⋯⋯⋯⋯⋯⋯⋯⋯⋯⋯18
スリー・グレイド・プログラム three grade program⋯⋯⋯⋯⋯⋯⋯156
生活単元⋯⋯⋯⋯⋯⋯⋯⋯⋯⋯⋯⋯⋯⋯⋯⋯⋯⋯⋯⋯226-228
　　　──社会生活単元⋯⋯⋯⋯⋯⋯⋯⋯⋯⋯⋯⋯⋯⋯⋯⋯⋯188
生徒自治 student self-government⋯⋯⋯⋯⋯⋯⋯⋯⋯⋯⋯⋯⋯⋯71
生命の肯定⋯⋯⋯⋯⋯⋯⋯⋯⋯⋯⋯⋯⋯⋯⋯⋯⋯⋯118, 125
セント・ルイス Saint Louis, Missouri⋯⋯⋯⋯⋯⋯13, 63, 152, 162
全米教育協会（NEA） National Education Association⋯⋯⋯⋯30, 134
全米子ども研究協会⋯⋯⋯⋯⋯⋯⋯⋯⋯⋯⋯⋯⋯⋯⋯⋯⋯⋯⋯180
全米職業指導協会⋯⋯⋯⋯⋯⋯⋯⋯⋯⋯⋯⋯⋯⋯⋯⋯⋯⋯⋯⋯89
組織時⋯⋯⋯⋯⋯⋯⋯⋯⋯⋯⋯⋯⋯⋯⋯⋯⋯⋯⋯⋯⋯183, 191

タ行

体育館 gymnasium⋯⋯⋯⋯⋯ix, 6, 9, 19, 25, 28-29, 32, 36, 67-68, 81, 92, 96, 98, 117, 122
体操⋯⋯⋯⋯⋯⋯⋯⋯⋯⋯⋯213-216, 218-220, 222, 224, 240-241
大ブロック化⋯⋯⋯⋯⋯⋯⋯⋯⋯⋯⋯⋯173-174, 179, 183, 186, 195
多目的室 multi-purpose room⋯⋯⋯⋯⋯⋯⋯9, 74, 78, 81, 206, 287
団結心 solidarity⋯⋯⋯⋯⋯⋯⋯⋯⋯⋯⋯⋯⋯⋯⋯⋯⋯⋯⋯70
暖房 heating⋯⋯⋯⋯⋯⋯⋯⋯⋯16, 20, 22, 30, 63, 108, 114
　　　──暖房費 heating cost⋯⋯⋯⋯⋯⋯⋯⋯⋯⋯⋯⋯⋯⋯⋯36
弾力化⋯⋯⋯⋯⋯⋯⋯⋯⋯⋯⋯⋯⋯⋯⋯170, 174, 183, 195
地域社会⋯⋯⋯⋯⋯⋯⋯⋯⋯⋯⋯⋯⋯39, 41, 112, 115-116
秩序⋯⋯⋯3, 5, 7, 14-19, 48, 136-140, 142-143, 147, 157, 159, 163-164, 166, 169, 179, 208, 219
　　　──無秩序⋯⋯⋯⋯⋯⋯⋯⋯⋯⋯⋯⋯⋯⋯⋯⋯⋯⋯⋯xi

秩序は天が定めた最初の法則······138-139, 143
チャドウィク標準······181
調理室······32, 92, 95-96, 98
朝礼　morning exercise, opening exercise······71, 75, 81
ティーチャーズ・カレッジ　Teachers College···11, 31, 68, 75, 86, 104-105, 110, 112, 183, 206
定時法······146
テキサス州　State of Texas······70
デューイ・スクール　Dewey School······74, 176-179, 209
冬期休業······217
東京府教育談会······219
統計学······105, 107
道徳······137
　　──道徳教育······71, 97, 139
　　──道徳心······180
　　──道徳政治哲学······86
　　──道徳的······16, 140, 221, 224
特別教科　special subjects······152
時計　clock······5, 107, 120, 136, 138, 141, 146, 147, 158, 160-161, 163-164, 166,
　　　　　　　　　　　　　　　　　　　191, 199, 207-208, 212, 214
　　──砂時計······137
　　──電気プログラム時計······163
　　──電動時計······163
　　──連動時計······160
都市化······72, 88, 107, 179
都市計画······105, 115
図書館　library······4, 6, 9, 25, 67, 81, 96, 114
ドルトン・プラン　Dalton Plan······6, 176, 183, 189-191, 200, 202-204, 224

ナ行

内容教科　content subject······152
日課表······133, 211, 218, 222
ニューディール政策　New Deal······85, 96
ニューヨーク市　New York City······20, 22, 31, 62, 86-92, 113, 117, 171, 203, 206
　　──ニューヨーク市教育委員会······110
ノース・デンヴァー・プラン　North Denver Plan······175

ハ行

パーキンス・ウィーラー・ウィル建築会社　Perkins, Wheeler & Will······33
パイオニア・ルーム　pioneer room······36
ハイスクール······24, 57, 71, 76, 78, 86, 91, 104, 107
　　──エマソン・ジュニア・ハイスクール　Emerson Junior High School······118
　　──女子師範ハイスクール······53
標準化······31, 105-106, 109, 122
疲労測定器······181
フィラデルフィア　Philadelphia, Pennsylvania······53
プエブロ・プラン　Pueblo Plan······175, 182

不定時法······146, 166, 212, 240
プラツーン学校　platoon school······28, 72-73, 85, 93, 95-100, 102, 206
　　——全国プラツーン学校組織研究協会　The National Association for the Study of the
　　Platoon or Work-Study-Play School Organization······32, 96
　　——プラツーン式校舎　platoon school······68, 99, 269
フランシス・W・パーカー・スクール　Francis W. Parker School······75
フリー・プレイ　free play······181
フレーベル校　Froebel School······25, 67
プロジェクト・メソッド　Project Method······6
閉鎖型　closed-plan······22
ヘルバルト派······219
ホール　hall······20, 47-48, 53, 67, 75, 79, 206
　　——集会ホール······39
　　——ダンスホール······69
ホリングワース校　Hollingworth School······51, 53

マ行

民主主義　democracy······33, 71, 81
　　——民主主義社会······89-90, 171, 179, 195
　　——民主主義精神······70
モダニズム　Modernism······84, 118, 120-122, 125
　　——モダニズム建築　Modern architecture······77, 116-118, 125, 206
文部省······145, 148, 212-213, 215, 220-222, 240-241, 243-244
　　——文部省衛生顧問会議······220

ヤ行

ユニット　unit plan······78, 114, 119
　　——アクティビティ・ユニット　unit plan······227
幼稚園　kindergarten······19, 25, 67, 91-92, 181-182

ラ行

ラッセル・セイジ財団　Russell Sage Foundation······87
理科室······32, 67, 90, 92, 96, 98-99
リクリエーション　recreation······22, 32, 69, 78, 97, 115, 122, 188
リズム　rhythm······x-xi, 5-7, 37, 41-42, 133, 136-137, 146-147, 166, 170, 172, 179,
　　181-183, 188, 190-191, 194-196, 199-200, 202, 208-209, 211, 223-224, 229
リンカン・スクール　Lincoln School······183, 186, 188, 190-191, 195, 204
連邦教育局　Bureau of Education, Department of the Interior······29, 31, 85, 89, 93, 96,
　　98, 100, 168, 199, 206
廊下　corridor······20, 39, 47, 53, 57, 67, 79, 117
労作教育······227

ワ行

ワークブック　work book······189, 200
華盛頓府公学規則······241

索 引 297

書名索引

ア行

『明日の学校』 *Schools of To-morrow*······89, 171
『アメリカ教員委員会雑誌』 *The American School Board Journal*······43-46, 62, 82-83
『アメリカン・スペリング・ブック』 *American Spelling Book*······137

カ行

『改正教授術』······218
『改訂小学校管理法』······222
『学級教授術』······218-219
『学校管理の技術』 *The Art of School Management*······149, 158
『学校管理法講義』 *Lectures on School-keeping*······138
『学校教師』 *The Schoolmaster*······142
『学校規律』 *Schul-Ordnung*······134
『学校経営』 *School Management*······156
『学校建築』 *School Architecture*······14, 48
『カントリー・スクールハウジズ』 *Country School-houses*······14
『教育学百科事典』 *A Cyclopaedia of Education*······181
『教師、あるいは若者を教育し統治する際の道徳的影響力』 *The Teacher or, Moral Influence Employed in the Instruction and Government of the Young*······17, 138
『教師と親』 *The Teacher and the Parent*······17
『教師への助言、または学校規律と教育についての指針と方法』 *The Teacher's Assistant or Hints and Methods in School Discipline and Instruction*······139
『教授の理論と実際』 *Theory and Practice of Teaching*······14, 148
『郷土教育』······227
『劇場としての学校講堂』 *The School Auditorium as a Theater*······73, 99
『現代のアメリカの校舎』 *Modern American School Buildings*······57

サ行

『師範学校改正小学教授方法』······243
『小学校校舎の機能的計画』 *Functional Planning of Elementary School Buildings*······98
『小学校事彙（第二版）』······224
『初等学校校舎計画』 *Planning Elementary School Buildings*······75, 78, 110, 113-115

タ行

『等級制学校』 *The Graded School*······162, 165
『都市部の校舎採点簿』 *Score Card for City School Buildings*······68
『都市部の校舎プログラム』 *A School Building Program for Cities*······105

ナ行

『ニューヨーク・トリビューン』 *New York Tribune*······91

ハ行

『プラツーン学校』 *The Platoon School*······96-97
『彼日氏教授論』 *Theory and Practice of Teaching*······148, 167, 215
『補正小学校教師必携』······214

マ行

『マクガフィー読本』 *McGuffey Readers*······137, 144

『明治初年の教育』 ·· 212, 230-234, 240

ラ行

『理事功程』 ·· 214, 240-241

人名索引

ア行

アーノルド　Arnold, Felix ·· 71

阿部重孝 ·· 102, 168

アボット　Abbott, Jacob ·· 17, 138-142

伊澤修二 ·· 214, 241

イトナー　Ittner, William B. ·················· iii, iv, 13, 20, 22, 24-25, 28-31, 35, 42, 53, 63, 67, 69

稲垣忠彦 ·· 217, 240-241

ヴァン・シックル　Van Sickle, James H. ·· 175

ウィッカーシャム　Wickersham, James Pyle ·· 158

ウェイランド　Wayland, Francis ·· 139

ウェルズ　Wells, William H. ·· 152, 155

ウォシュバーン　Washburne, Carleton Wolsey ·················· 14, 35-37, 41-42

エマーソン　Emerson, G. B. ·· 142-143

エヤーズ　Ayres, Leonard P. ·· 67

エンゲルハート　Engelhardt, Nickolaus Louis ·············· v, 11, 68, 75, 78, 81, 104-129, 206-207

エンゲルハート、ジュニア　Engelhardt, Nickolaus Louis, Jr. ·· 110

エンデ　Ende, Michael ·· 4

大窪實 ·· 219

オーシア　O'Shea, Michael V. ·· 180, 203

尾高豊作 ·· 227

オットー　Otto, Henry J. ·· 183, 186, 188, 191

カ行

海後宗臣 ·· 212

キーナー　Keener, Edward E. ·· 75

木下竹次 ·· 204, 224-227

キャズウェル　Caswell, Hollis L. ·· 108

クック　Cooke, Flora J. ·· 75

グロピウス　Gropius, Walter ·· 116

ケロッグ　Kellogg, Amos ·· 149, 159, 163

高賀詵三郎 ·· 219

コーディル　Caudill, William Wayne ·················· 77-78, 119-121, 124, 129

コッブ　Cobb, Lyman ·· 136

小林佐源治 ·· 228

古茂田甲午郎 ·· 129

サ行

サーチ　Search, Preston Willis ·· 175-176, 178, 202

サーリネン　Saarinen, Eliel ·· 14, 33, 35

サーリネン　Saarinen, Eero···14, 33, 35
佐藤熊治郎（熊次郎）···222, 224
佐藤秀夫···240
鹽見静一···222
シュナイダー　Snyder, C. B. J.···20, 22, 25, 62
シュミット　Schmidt, H. W.···62
ジョホノット　Johonnot, James···14-16, 18, 48, 164
白井毅···218-219
ジンマーマン　Zimmerman, Jonathan···19
スコット　Scott, Marion McCarrell··213-214
ストレイヤー　Strayer, George D.···68, 105-109

タ行

高嶺秀夫···214
田中不二麿···214
団真琴···227
辻隆一···227
デューイ　Dewey, John ·······6, 11, 31-33, 69, 72, 86-87, 89-92, 98, 100, 171, 176-179, 206-207
ドック　Dock, Christopher···134, 137
ドネルソン　不明···220
ドノヴァン　Donovan, Joseph···62-63, 69-71
ドレスラー　Dresslar, Fletcher···70-71

ナ行

西本郁子···241
ノイトラ　Neutra, Richard···117-119, 120-121
野村芳兵衛···225-226, 242
ノルゼント　Northend, Charles···17, 139-140

ハ行

パーカースト　Parkhurst, Helen···183, 202
パーカー大佐　Parker, Colonel Francis W.·······································74-75
パーキンス　Perkins, Dwight Heald ···································30, 62-63, 69
パーキンス　Perkins, Lawrence B.·························vii, 33-36, 76, 119
バーク　Burk, Frederic Lister··181-182, 202, 203
バーナード　Barnard, Henry ···14-18, 43, 48
バロウズ　Barrows, Alice Prentice ·····v, 11, 13-16, 28-29, 31-33, 35, 42, 68, 72-73, 85-101, 206
ヒバート　Hebert, Beth···41, 285
藤原覚因···221
フランクリン　Franklin, Benjamin···136
ブリッグズ　Briggs, W. R.···57
ブルース　Bruce, Frank···24
ブルース　Bruce, William Conrad···69
プレスラー　Presler, Frances···35-37, 39
ペイジ　Page, David Perkins···························14, 145, 148-149, 215
ペリー　Perry, Clarence A.···69
ホイールライト　Wheelwright, Edmund March ···································63, 67

ポープ	Pope, Alexander	138
ホール	Hall, Samuel R.	14, 138, 144-145
ホール	Hall, G. Stanley	179, 181
ホーレスグランド（ホーレスグラント）	不明	219-220
ボーン	Bourne, Randolph	89, 173
ホケット	Hockett, John A.	183, 185-186, 188, 195
ボルドウィン	Baldwin, Joseph	149, 158-159, 163, 173
ホワイト	White, E. E.	156-157, 163, 173

マ行

槇山榮次		221
マクエイド	McQuade, Walter	76
マッコウン	McKown, Harry Charles	71-72
マン	Mann, Horace	48
マン	Mann, Charles H.	152, 154
ミース・ファン・デル・ローエ	Mies van der Rohe, Ludwig	116
ミッチェル	Mitchel, John P.	89-90, 92
宮澤康人		134
ミルズ	Mills, Wilbur T.	66
諸葛信澄		213-214
モンロウ	Monroe, Paul	181

ヤ行

| 山﨑博 | | 226, 228 |
| 湯本武比古 | | 219 |

ラ行

ライト	Wright, Frank Lloyd	116
ラウプ	Raub, Albert N.	158-159, 165
ラ・サール	La Salle, Jean Baptiste de 1651-1719	175, 202
ラッグ	Rugg, Harold	186-188, 190, 203
リード	Reed, Thomas Brackett	86
リンゼイ	Lindsey, Margaret	194-199, 203
ル・コルビュジェ	Le Corbusier	116
レゲット	Leggett, Stanton	110
レスケイズ	Lescaze, William	117-118, 125
ロッスム	Rossum, Gerhard Dohrn-van	147
ロブソン	Robson, Edward Robert	48, 53

ワ行

| ワート | Wirt, William A. | vi, 25, 28, 73, 90-92, 171 |
| 若林虎三郎 | | 218 |

著者紹介

宮本 健市郎 (みやもと・けんいちろう)

　1956 年　福岡県生まれ
　1987 年　東京大学大学院教育学研究科博士課程単位取得退学
　1990 年　兵庫教育大学学校教育学部講師
　1993 年　兵庫教育大学学校教育学部助教授
　2005 年　神戸女子大学文学部教授
　2009 年　関西学院大学教育学部教授。現在に至る。
横浜国立大学、京都大学、名古屋大学、神戸親和女子大学などで非常勤講師を務める。
フルブライト研究員（1995-96 年、インディアナ大学ブルーミントン校）。
専門は教育学、教育史、教育方法史、とくにアメリカ教育史。京都大学博士（教育学）

主要著書、訳書
『教育の個別化』（共著、明治図書、1988 年）、『教育学キーワード（第三版）』（共著、有斐閣、2010 年）、『教育哲学のすすめ』（共著、ミネルヴァ書房、2003 年）、『経験の意味世界をひらく——教育にとって経験とは何か——』（共著、東信堂、2003 年）、『アメリカ進歩主義教授理論の形成過程——教育における個性尊重は何を意味してきたか——』（東信堂、2005 年）、『学校改革抗争の 100 年——20 世紀アメリカ教育史』（共訳、東信堂、2008 年）など

Space and Time in History of Education:
The Schoolhouse and the Daily Program in American History

関西学院大学研究叢書　第 196 編

空間と時間の教育史——アメリカの学校建築と授業時間割からみる——

2018 年 3 月 30 日　初版第 1 刷発行　　　　　　　　　　　　〔検印省略〕

＊定価はカバーに表示してあります

著者 © 宮本 健市郎　　発行者 下田勝司　　　　　　　　印刷・製本　中央精版印刷

東京都文京区向丘 1-20-6　郵便振替 00110-6-37828　　　　　　　発行所
〒 113-0023　　TEL 03-3818-5521（代）　FAX 03-3818-5514　　株式会社 東信堂
E-Mail tk203444@fsinet.or.jp　URL http://www.toshindo-pub.com
Published by TOSHINDO PUBLISHING CO.,LTD.
1-20-6, Mukougaoka, Bunkyo-ku, Tokyo, 113-0023, Japan

ISBN978-4-7989-1487-9 C3037　　© Kenichiro Miyamoto

東信堂

書名	著者	定価
東京帝国大学の真実 —日本近代大学形成の検証と洞察	舘昭	四六〇〇円
大学史をつくる —沿革史編纂必携	寺﨑昌男・別府昭郎・中野実 編著	五〇〇〇円
国立大学・法人化の行方 —自立と格差のはざまで	天野郁夫	三六〇〇円
転換期を読み解く —潮木守一時評・書評集	潮木守一	二六〇〇円
大学再生への具体像【第2版】	潮木守一	二四〇〇円
フンボルト理念の終焉? —現代大学の新次元	潮木守一	二五〇〇円
いくさの響きを聞きながら —横須賀そしてベルリン	潮木守一	二四〇〇円
戦後日本の教育構造と力学 —「教育」トライアングル神話の悲惨	河野員博	三四〇〇円
新版 昭和教育史 —天皇制と教育の史的展開	久保義三	一八〇〇円
近代日本の英語科教育史 —職業系諸学校による英語教育の大衆化過程	江利川春雄	三八〇〇円
空間と時間の教育史 —アメリカの学校建築と授業時間割からみる	宮本健市郎	三七〇〇円
大正新教育の思想 —生命の躍動	橋本美保編著	四八〇〇円
大正新教育の受容史	橋本美保編著	三九〇〇円
アメリカ進歩主義教授理論の形成過程 —教育における個性尊重は何を意味してきたか	宮本健市郎	七〇〇〇円
人格形成概念の誕生 —近代アメリカの教育	田中智志	三六〇〇円
社会性概念の構築 —アメリカ進歩主義教育の概念史	田中智志	三八〇〇円
グローバルな学びへ —協同と刷新の教育	田中智志編著	二〇〇〇円
学びを支える活動へ —存在論の深みから	田中智志編著	二四〇〇円
教育の共生体へ —ボディエデュケーショナルの思想圏	田中智志編	三五〇〇円
アメリカ 間違いがまかり通っている時代 —公立学校の企業型改革への批判と解決法	D.ラヴィッチ著 末藤美津子訳	三八〇〇円
教育による社会的正義の実現 —アメリカの挑戦	D.ラヴィッチ著 末藤美津子訳	五六〇〇円
学校改革抗争の100年 —20世紀アメリカ教育史 (1945-1980)	D.ラヴィッチ著 末藤・宮本・佐藤訳	六四〇〇円
子どもが生きられる空間 —生・経験・意味生成	高橋勝	二四〇〇円
流動する生の自己生成 —教育人間学の視界	高橋勝	二四〇〇円
子ども・若者の自己形成空間 —教育人間学の視線から	高橋勝編著	二六〇〇円
文化変容のなかの子ども —経験・他者・関係性	高橋勝	二三〇〇円

〒113-0023　東京都文京区向丘1-20-6
TEL 03-3818-5521　FAX03-3818-5514　振替 00110-6-37828
Email tk203444@fsinet.or.jp　URL:http://www.toshindo-pub.com/

※定価：表示価格（本体）＋税

東信堂

ネオリベラル期教育の思想と構造
―書き換えられた教育の原理
福田誠治　六二〇〇円

アメリカ公立学校の社会史
―コモンスクールからNCLB法まで
Ｗ・Ｊ・リース著　小川佳万・浅沼茂監訳　四六〇〇円

現代学力テスト批判
―実態調査・思想・認識論からのアプローチ
北野秋男　下司晶　小笠原喜康　二七〇〇円

ポストドクター―若手研究者養成の現状と課題
北野秋男　三六〇〇円

日本のティーチング・アシスタント制度
―大学教育の改善と人的資源の活用
北野秋男編著　二八〇〇円

現代アメリカの教育アセスメント行政の展開
―マサチューセッツ州（MCASテスト）を中心に
北野秋男編　四八〇〇円

アメリカ公民教育におけるサービス・ラーニング
唐木清志　四六〇〇円

［増補版］現代アメリカにおける学力形成論の展開
―スタンダードに基づくカリキュラムの設計
石井英真　四六〇〇円

ハーバード・プロジェクト・ゼロの芸術認知理論とその実践
―内なる知性とクリエティビティを育むハワード・ガードナーの教育戦略
池内慈朗　六五〇〇円

アメリカにおける学校認証評価の現代的展開
浜田博文編著　二八〇〇円

アメリカにおける多文化的歴史カリキュラム
桐谷正信　三六〇〇円

現代教育制度改革への提言　上・下
日本教育制度学会編　各二八〇〇円

日本の教育をどうデザインするか
村田翼夫　上田学編著　二八〇〇円

現代日本の教育課題
―二一世紀の方向性を探る
村田翼夫　岩槻知也編著　二八〇〇円

日本の教育制度と教育行政（英語版）
関西教育行政学会編集委員会編　二五〇〇円

バイリンガルテキスト現代日本の教育
村田翼夫　山口満編著　三八〇〇円

社会形成力育成カリキュラムの研究
西村公孝　六五〇〇円

社会科は「不確実性」で活性化する
―未来を開くコミュニケーション型授業の提案
吉永潤　二四〇〇円

〒113-0023　東京都文京区向丘 1-20-6
TEL 03-3818-5521　FAX03-3818-5514　振替 00110-6-37828
Email tk203444@fsinet.or.jp　URL:http://www.toshindo-pub.com/

※定価：表示価格（本体）＋税

東信堂

溝上慎一監修 アクティブラーニング・シリーズ（全7巻）

① アクティブラーニングの技法・授業デザイン　安永悟・関田一朗・水町衣里 編　一六〇〇円
② アクティブラーニングとしてのPBLと探究的な学習　溝上慎一・成田秀夫 編　一八〇〇円
③ アクティブラーニングの評価　松下佳代・石井英真 編　一六〇〇円
④ 高等学校におけるアクティブラーニング：理論編［改訂版］　溝上慎一 編　一六〇〇円
⑤ 高等学校におけるアクティブラーニング：事例編　溝上慎一 編　二〇〇〇円
⑥ アクティブラーニングをどう始めるか　成田秀夫　一六〇〇円
⑦ 失敗事例から学ぶ大学でのアクティブラーニング　亀倉正彦　一六〇〇円

学びと成長の講話シリーズ1

アクティブラーニング型授業の基本形と生徒の身体性　溝上慎一　一〇〇〇円

アクティブラーニングと教授学習パラダイムの転換　溝上慎一　二四〇〇円

グローバル社会における日本の大学教育
—全国大学調査からみえてきた現状と課題　河合塾編著　三八〇〇円

大学のアクティブラーニング　河合塾編著　三二〇〇円

「学び」の質を保証するアクティブラーニング
—3年間の全国大学調査から　河合塾編著　二〇〇〇円

「深い学び」につながるアクティブラーニング
—全国大学の学科調査報告とカリキュラム設計の課題　河合塾編著　二八〇〇円

アクティブラーニングでなぜ学生が成長するのか
—経済系・工学系の全国大学調査からみえてきたこと　河合塾編著　二八〇〇円

附属新潟中式「3つの重点」を生かした確かな学びを促す授業
—教科独自の眼鏡を育むことが「主体的・対話的で深い学び」の鍵となる！　新潟大学教育学部附属新潟中学校 編　二〇〇〇円

ICEモデルで拓く主体的な学び
—成長を促すフレームワークの実践　柞磨昭孝　二五〇〇円

社会に通用する持続可能なアクティブラーニング
—ICEモデルが大学と社会をつなぐ　土持ゲーリー法一　二〇〇〇円

ポートフォリオが日本の大学を変える
—ティーチング/ラーニング/アカデミック・ポートフォリオの活用　土持ゲーリー法一　二五〇〇円

ティーチング・ポートフォリオ
—授業改善の秘訣　土持ゲーリー法一　二〇〇〇円

ラーニング・ポートフォリオ
—学習改善の秘訣　土持ゲーリー法一　二五〇〇円

〒113-0023　東京都文京区向丘1-20-6　　TEL 03-3818-5521　FAX 03-3818-5514　振替 00110-6-37828
Email tk203444@fsinet.or.jp　URL:http://www.toshindo-pub.com/

※定価：表示価格（本体）＋税

東信堂

- 多様性と向きあうカナダの学校 —移民社会が目指す教育 / 児玉奈々 / 二八〇〇円
- カナダの女性政策と大学 / 犬塚典子 / 三九〇〇円
- 多様社会カナダの「国語」教育（カナダの教育3）/ 関口礼子・浪田克之介編著 / 三八〇〇円
- 21世紀にはばたくカナダの教育（カナダの教育2）/ 小林順子他編著 / 二八〇〇円
- ケベック州の教育（カナダの教育1）/ 小林順子 / 二〇〇〇円
- トランスナショナル高等教育の国際比較 —留学概念の転換 / 杉本均編著 / 三六〇〇円
- チュートリアルの伝播と変容 —イギリスからオーストラリアの大学へ / 竹腰千絵 / 二八〇〇円
- ［新版］オーストラリア・ニュージーランドの教育 —グローバル社会を生き抜く力の育成に向けて / 青木麻衣子・佐藤博志編著 / 二〇〇〇円
- 戦後オーストラリアの高等教育改革研究 / 杉本和弘 / 五八〇〇円
- オーストラリアのグローバル教育の理論と実践 —開発教育研究の継承と新たな展開 / 木村裕 / 三六〇〇円
- オーストラリアの教員養成とグローバリズム —多様性と公平性の保証に向けて / 本柳とみ子 / 三六〇〇円
- オーストラリア学校経営改革の研究 —自律的学校経営とアカウンタビリティ / 佐藤博志 / 三八〇〇円
- オーストラリアの言語教育政策 —多文化主義における「多様性と」「統一性」の揺らぎと共存 / 青木麻衣子 / 三八〇〇円
- 英国の教育 / 日英教育学会編 / 三四〇〇円
- イギリスの大学 —対位線の転移による質的転換 / 秦由美子 / 五八〇〇円
- イングランドのシティズンシップ教育政策の展開 —カリキュラム改革にみる国民意識の形成に着目して / 菊地かおり / 三三〇〇円
- 統一ドイツ教育の多様性と質保証 —日本への示唆 / 坂野慎二 / 二八〇〇円
- ドイツ統一・EU統合とグローバリズム / 木戸裕 / 六〇〇〇円
- 教育における国家原理と市場原理 —チリ現代教育史にみるその軌跡と課題 / 斉藤泰雄 / 三八〇〇円
- インドの無認可学校研究 —公教育を支える〈影の制度〉 / 小原優貴 / 三三〇〇円
- 中央アジアの教育とグローバリズム / 嶺井明子・川野辺敏子編著 / 三二〇〇円
- タイの人権教育政策の理論と実践 —人権と伝統的多様な文化との関係 / 馬場智子 / 二八〇〇円
- マレーシア青年期女性の進路形成 / 鴨川明子 / 三六〇〇円
- バングラデシュ農村の初等教育制度受容 / 日下部達哉 / 四七〇〇円
- 東アジアにおける留学生移動のパラダイム転換 —大学国際化と「英語プログラム」の日韓比較 / 嶌内佐絵 / 三六〇〇円

〒113-0023　東京都文京区向丘1-20-6
TEL 03-3818-5521　FAX03-3818-5514　振替 00110-6-37828
Email tk203444@fsinet.or.jp　URL:http://www.toshindo-pub.com/

※定価：表示価格（本体）＋税

東信堂

放送大学中国・四国ブロック学習センター編

放送大学に学んで
——未来を拓く学びの軌跡　　　　　　J・フィールド　　二〇〇〇円
　　　　　　　　　　　　　　　　　　矢野裕俊監訳

ソーシャルキャピタルと生涯学習　　　　　矢野裕俊監訳　　二五〇〇円

成人教育の社会学——パワー・アート・ライフコース
　　　　　　　　　　　　　　　　　　高橋満編著　　　三二〇〇円

NPOの公共性と生涯学習のガバナンス　　高橋満　　　　二八〇〇円

コミュニティワークの教育的実践　　　　　高橋満　　　　二〇〇〇円

学級規模と指導方法の社会学
——実態と教育効果　　　　　　　　　　山崎博敏　　　三二〇〇円

高等専修学校における適応と進路　　　　　伊藤秀樹　　　四六〇〇円

「夢追い」型進路形成の功罪
——後期中等教育のセーフティネット　　　荒川葉　　　　二八〇〇円

進路形成に対する「在り方生き方指導」の功罪
——高校進路指導の社会学　　　　　　　望月由起　　　三六〇〇円
——高校改革の社会学

教育から職業へのトランジション
——若者の就労と進路職業選択の社会学　　山内乾史編著　二六〇〇円

教育と不平等の社会理論——再生産論　　　小内透　　　　三二〇〇円
　　　　　　　　　　　　　——をこえて

マナーと作法の社会学　　　　　　　　　加野芳正編著　二四〇〇円

マナーと作法の人間学　　　　　　　　　矢野智司編著　二〇〇〇円

〈シリーズ　日本の教育を問いなおす〉
　　　　　　　　　　　　　　　　　　倉元直樹・木村拓也編
拡大する社会格差に挑む教育　　　　　　西村和雄・大森不二雄　二四〇〇円
　　　　　　　　　　　　　　　　　　倉元直樹・木村拓也編

混迷する評価の時代——教育評価を根底から問う
　　　　　　　　　　　　　　　　　　西村和雄・大森不二雄　二四〇〇円

教育における評価とモラル　　　　　　　西村和雄編　　　二四〇〇円

〈大転換期と教育社会構造：地域社会変革の学習社会論的考察〉
　　　　　　　　　　　　　　　　　　　　西村和雄編

第1巻　教育社会史——日本とイタリアと　小林甫　　　　七八〇〇円

第2巻　現代的教養 I
——生活者生涯学習の地域的展開　　　　小林甫　　　　六八〇〇円

現代的教養 II
——技術者生涯学習の生成と展望　　　　小林甫　　　　六八〇〇円

第3巻　学習力変革——社会自治と
　　　　　　　　　　　　社会構築　　　小林甫　　　　近刊

第4巻　社会共生力——東アジアと
　　　　　　　　　　　　成人学習　　　小林甫　　　　近刊

〒113-0023　東京都文京区向丘1-20-6　　　TEL 03-3818-5521　　FAX03-3818-5514　　振替 00110-6-37828
　　　　　　　　　　　　　　　　　　　　Email tk203444@fsinet.or.jp　URL:http://www.toshindo-pub.com/

※定価：表示価格（本体）＋税